苏州文博论丛

2017年（总第8辑）

苏州博物馆 编

文物出版社

图书在版编目（CIP）数据

苏州文博论丛.2017年：总第8辑／苏州博物馆编.—
北京：文物出版社，2018.6

ISBN 978 - 7 - 5010 - 5586 - 9

Ⅰ.①苏… Ⅱ.①苏…   Ⅲ.①文物工作 - 苏州 - 文集
②博物馆事业 - 苏州 - 文集   Ⅳ.①G269.275.33 - 53

中国版本图书馆 CIP 数据核字（2018）第 102871 号

苏州文博论丛

2017 年（总第 8 辑）

编　　者：苏州博物馆

责任编辑：窦旭耀
封面设计：夏　骏
责任印制：陈　杰

出版发行：文物出版社
地　　址：北京市东直门内北小街 2 号楼
邮　　编：100007
网　　址：http://www.wenwu.com
邮　　箱：web@wenwu.com
经　　销：新华书店
印　　刷：北京京都六环印刷厂
开　　本：880×1230　1/16
印　　张：12
版　　次：2018 年 6 月第 1 版
印　　次：2018 年 6 月第 1 次印刷
书　　号：ISBN 978 - 7 - 5010 - 5586 - 9
定　　价：106.00 元

考古与文物研究

通济渠安徽段的考古发现与研究述论　　　　　　　　　　　　　陈　超　　1

故宫藏明清碑形墨　　　　　　　　　　　　　　　　　　　　林　欢　　8

江苏苏州吴中区渡村明墓发掘简报　　　　　　　　　　苏州市考古研究所　　22

从宜侯夨簋再谈宁镇地区周代青铜遗存　　　　　　　　许　洁　钱公麟　　27

溧阳地区印纹硬陶与原始青瓷窑址的初步调查与分析　　　　　　　史　骏　　30

草鞋山遗址的考古意义及当代社会价值国际学术研讨会会议综述　　宦小娴　　38

历史与文献研究

试论魏晋时期屯田的转化及豪族庄园的发展

　　——以嘉峪关画像砖所见军屯与坞为中心　　　　　　　　　石佳佳　　42

从主动到被动：近代苏州商团的改编问题研究（1906—1936）　　纪浩鹏　　48

从毁淫祠看中国社会转型的内推力

　　——以晚清苏州上方山五通祠为中心　　　　　　　　　　　董圣兰　　56

敦煌出唐《水部式》残卷所见会宁关渡船数考辨　　　　　　　赵晓峰　　63

苏州地方志记载明清进士履历漏录例说　　　　　　　　　　　陆晓芳　　71

苏州博物馆馆藏谢家福档案选辑校释（九）

　　——凌淦（等）致谢家福（等）函稿　　　　　　　　　　徐钢城　　76

吴门画派研究

耀州窑博物馆所藏有关寇慎的书画图册　　　　　　　　　　　陈宁宁　　84

文徵明的"仰天长啸、壮怀激烈"　　　　　　　　　　　　　朱晋詠　　94

吴门工艺研究

关于上海潘允徵墓出土家具模型的考察与管见

　　——兼论明代晚期苏作家具在松江地区的影响　　　　　　　刘　刚　　97

清代徽籍苏州墨工的生平及其成就   林 欢 107

新样和古式

  ——以清高宗御制诗为核心谈乾隆与苏州治玉   宁方勇 125

回归本土语境：苏作鼻烟壶的艺术成就   王 振 136

"万唐人物"：内森·邓恩收藏及展出的中国工艺品   谭倚云 144

明清点螺漆器的审美情趣   梁文杰 151

明清外销绣品对欧洲的影响   罗兴连 159

试析广东民间工艺博物馆所藏清代漆器的髹漆工艺与装饰图案 胡 舜 163

博物馆学研究

传播福音与科学考察的产物

  ——西方传教士在天津所办的博物馆   郭 辉 169

关于博物馆内图书馆辅助展览筹备的思考   陶 成 174

文本解读与意境架构

  ——记汤显祖纪念展策展   王 蕴 陈 端 180

通济渠安徽段的考古发现与研究述论[*]

陈　超（安徽省文物考古研究所）

内容摘要： 自柳孜运河遗址 1999 年发掘及考古报告 2002 年出版之后，关于通济渠安徽段运河的研究逐渐多了起来。近几年安徽省致力于境内运河考古调查发掘及研究，成果颇丰。运河沿线的濉溪、宿州、泗县和灵璧等地均有重要的考古发现。研究内容涉及运河史、瓷器、船舶及桥梁等。

关键词： 安徽　隋唐　宋元　通济渠

通济渠是我国重要的人工运河，它以洛阳为中心，南至洪泽湖，纵贯东南沿海和华北大平原，经过河南、安徽、江苏三省市，沟通黄河、淮河两大水系。《资治通鉴·隋纪四》载大业元年（605），命皇甫议"发河南淮北诸郡男女百余万，开通济渠"。运河从洛阳出发，经过郑州、偃师、荥阳、板渚、开封、杞县、睢县、宁陵、商丘、夏邑、永城等县，向东南进入安徽境内，经过濉溪县、宿州埇桥区、灵璧县、泗县（图一），进入江苏盱眙后注入洪泽湖，注入淮河。通济渠全长 650 公里，新开河道 400 公里，通漕 500 年。安徽境内总长 180 多公里，主要沿泗永公路（303 省道）呈东西向走势，流经淮北市、宿州两市三县一区。其中淮北市境内约 42 公里，宿州市境内 130 多公里。

一　历年调查与考古发现

通济渠在安徽境内主要流经濉溪、宿州、灵璧和泗县。自 20 世纪 70 年代开始，通济渠的调查与发现大致可以分为三个阶段：

第一阶段，20 世纪 70—90 年代。

宿县文物工作组（今宿州市文物管理所）1979 年至 1981 年在社会调查中于宿县东二铺、三铺、四铺、大店镇等窑厂、集镇和村庄征集一批唐宋时期珍贵陶瓷器。1983 年宿县文物工作组又一次对运河进行考察，考察点大致在一条线上，基本上是沿着泗永公路北侧向东西延伸[1]。1984 年，中国唐史学会组织了一个由历史、文物、地理、水利等多学科专家组成的"隋唐大运河综合科研考察团"开展隋唐大运河学术考察，重点是宿州、濉溪地区。考察团结束后，出版了《唐宋运河考察记》和《运河访古》论文集[2]。这两本书详细介绍了当时通济渠安徽段保存状况和沿线的风土人情，同时也对安徽段的运河做了初步研究，摸清了通济渠的走向。1985 年，宿州市拓宽南北向的淮海路，在大隅口南面的大河南街南侧路面下出土一批金代钧瓷碗，其中有一件完整的白釉褐彩四系"风花雪月"瓷瓶。该瓷器被证明是运河沿岸地区的遗物[3]。1987 年宿州市工商银行宿州支行在大隅口淮海路西侧建办公大楼，动土时在大河南街北侧与中山街南侧两处距地表 2 米深的地方发现大量凿制规整、错缝叠砌的长方形条石建筑遗存，该处应该是埇桥遗址。发掘地基坑出土古蕲县界碑半截[4]。《元和郡县图志》记载："宿州本徐州符离县也，元和四年以其地南临汴河，有埇桥为轴舻之会，运漕所历，防御是资。"[5] 唐宪宗时，淮西藩镇叛乱，曾在埇桥驻军。

灵璧县花石纲遗址位于县内娄庄镇蒋圩村，303 省道北侧，余桥西至王赵沟一带，东西长 700—1100 米。遗址南北宽约 40 米，整体地形为带状隆起，高出地表约 1 米。《续资治通鉴》记载："盛章守苏州，

* 本文由 2016 年国家社科基金青年项目《安徽柳孜运河遗址考古资料综合研究报告》（16CKG012）资助；2017 年安徽省高等学校人文社会科学研究重点项目《数字技术在安徽物质文化遗产中的应用研究》（SK2017A1028）资助。

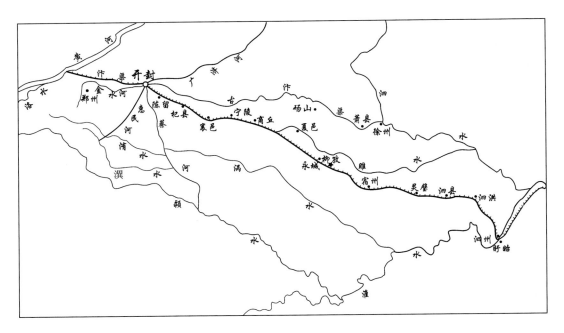

图一 通济渠沿线示意图

及归，作开封尹，亦主进奉，然朱勔之纲为最。四年以后，东南郡守，二广市舶，率有应奉，多主蔡攸，至是则又有不待旨者。但进物至，计会诸阉人，阉人亦争取以献焉，天下乃大骚然矣。大率太湖、灵璧、慈豀、武康诸石。"[6] 朱勔是否在灵璧取过石头不得而知，但如果他要运送贡品走水路到开封，必然是要经过灵璧的。在灵璧县还发现一处宋代运河上的拱桥遗址[7]。

1972年，在泗县长沟镇邓村境内（鹿鸣山）西北1公里处挖出一只木船，长约10米，前后两仓。部分木船船板现藏于县文物所，经鉴定为宋代以前的木船。2003年泗县在挖掘虹都大厦地基时，在古汴河遗址中出土唐三彩、邢窑、定窑、均窑、建窑、景德镇窑、磁州窑等数十个窑口的残瓷数百斤[8]。

1985年，安徽省社科院朱玉龙先生描述："淮北市兴修水利，曾于百善、柳孜、四铺挖了三条南北大沟，穿汴堤而过，可以清楚地看到汴河断面情况。河槽口宽40米，底宽15米。堤为夯土结构，坡度较小，河床内为淤泥沙土，从地表向下7米未见原始土层。"[9]

1999年濉溪县百善镇柳孜村隋唐柳孜码头遗址

的发掘，开辟了隋唐运河安徽段研究的新篇章。此次发掘面积共900余平方米，取得了丰硕的成果。发现一处石构建筑遗存、8艘沉船、木构建筑，出土唐宋时期全国二十余座窑口的陶瓷器文物。此次发掘的主要成果，是解决了通济渠流经地点和线路的问题。出土的大量文物和沉船，证明在唐宋时期柳孜地区是一处重要的集镇，有助于了解当时人们的社会生活[10]。此次发掘被评为1999年度全国十大考古新发现之一。

在柳孜当地发现了一块砖塔碑刻，记载了当时柳孜镇捐钱建塔的人员和过程。碑文记载："维大宋国保静军临涣县柳子镇天王院，谨募在镇内外信心共修大圣砖塔一座，七级高八十尺……"另外也发现一些清代石碑，上面记载了柳孜地区的区划和历史。

这一阶段四个市县的运河考古均有收获。早期以调查为主，了解运河的走向和沿线的风土人情。到了后来，随着经济建设的发展，在一些施工过程中暴露出运河内的一些遗迹，考古单位采取了抢救性发掘。比较重要的一次即柳孜码头遗址的发现，是安徽隋唐运河考古标志性的事件，奠定了安徽运河考古的基础。

第二阶段，21世纪头十年。

2006年，安徽省文物考古研究所主持发掘宿州市区西关步行街（环城河外西侧）通济渠遗址，发掘面积600平方米，文化层从晚到早共分为九层，基本上反映了河道的开凿、使用和废弃年代。考古发掘得知古运河的岸线宽为32.65米，河底宽近20米，深5米。出土遗物1500余件，主要有瓷器、陶器、铜器、铁器、骨器、石器、琉璃器、玉器及动物骨骼等，其中瓷器所占比例最大，约占出土文物的85%。涉及窑口较多，是研究古运河和古陶瓷重要的实物资料[11]。

2007年，安徽省文物考古研究所和宿州市文物管理所联合组织对宿州市区"埇上嘉苑"工程通济渠遗址进行了考古发掘。发现宋代石建筑码头、沉船木块和涉及十多个窑口的1800余件瓷器，瓷器涉及磁州窑、龙泉窑、吉州窑、定窑、均窑等窑口十多处。其中石建筑码头是宿州境内首次发现。在码头边沿岸的堤坡上发现成排的木桩。在南堤上还发现唐代建筑基址的成排柱洞和夯筑的路面[12]。

2009年3月，中国文化遗产研究院、安徽省文物考古研究所和宿州市文物所联合组织大运河安徽段考古调研队，通过现场踏查、布点考古钻探、走访等方法确定了沿线运河的情况，为明确界定古运河提供了翔实的基础资料[13]。

泗县境内一段隋唐时期的"活运河"，目前运河故道仍在使用，发挥着灌溉和分洪的作用。该段运河西起泗县长沟镇唐河交叉点，东至濉河，全长28公里，是安徽境内运河走向的重要参考。从唐河到西城河，汴河上口宽30米，深6米，坡度1：2。目前对该段运河实施了保护性规划，期望这段运河能长久保留。

濉溪县文物管理所对濉溪县百善镇百善老街遗址进行发掘，发掘了运河一段探沟，有完整的运河形成、使用、废弃的断面。并且出土了一些唐宋时期的瓷器，有瓷碗、盘、壶等。

2010年，安徽省文物考古研究所联合濉溪县文物管理所在泗徐高速工程项目中对四铺镇颜道口村处的运河遗址进行了抢救性发掘，出土一批瓷器，有碗、盆、壶等[14]。

这一阶段考古发掘占主要位置，但依然是配合经济建设为主。比较重要的是宿州的两次发掘和濉溪百善老街的发掘。在宿州也发现了类似于柳孜码头遗址的石筑台体，并且运河河道和河堤堆积情况比较清楚，尤其是百善老街一个完整的运河河道堆积呈现在人们眼前。

第三阶段，2011年至今。

2011年，安徽省文物考古研究所对安徽泗县刘圩遗址进行了抢救性发掘，揭露一批汉至唐宋遗迹。其中，唐宋汴河北堤的发现，在隋唐大运河泗县段尚属首次，还发现宋代踩踏面及相关遗迹[15]。

2012年发掘了泗县境内的曹苗段古河道，考古发掘时沿运河故道横向开挖一条探沟，贯穿南北两岸及河底，发掘面积280平方米。发现凹槽及柱洞型遗迹，出土一批唐宋时期的陶瓷器、骰子、围棋子、铜钱等[16]。

2012年，濉溪刘孜运河遗址进行二次考古发掘，弄清了河道埋藏层位的堆积形成过程，发现左岸宋代石筑台体。两岸河堤、堤坡的发现使文献记载的河道宽度得到印证。目前清理的堤坡为北宋时期，南堤坡上发现大量木桩，且排列方式不同，应该是文献中"木岸狭河"的最好证明。当时人通过缩窄河道来提高水位，增加水流量，以达到疏通河道的目的。靠近右岸的北宋河床上发现的沉船是了解北宋时期船体结构、通航情况的实例。发掘出土大量的遗物，有瓷器、陶器、骨器等[17]。

2012年7月安徽省文物考古研究所组织人员对省内隋唐运河又做了一次田野调查，分为濉溪段、宿州段以及泗县段，进一步确认了运河的走向和相关遗迹。在濉溪境内找到两岸堤的剖面，堤顶宽13米左右，运河的跨度在40—60米之间，沿途还发现一些古井、古槐等和运河相关的遗迹[18]。

2014年，泗县刘圩遗址进行了第二次考古发掘，揭露了一段河道遗迹，显示该段河道至少经过3—5

次的大规模疏浚，且河道逐渐南移。北宋以后该河道逐渐淤塞，尤其是河床北部淤塞严重，古河道宽度明显缩窄。出土一批唐宋时期的黄釉、青釉、黑釉、白釉、青白瓷器，以碗居多，另有盏、钵等[19]。

2017年的成果主要是《柳孜运河遗址第二次考古发掘报告》和《汴水蕴物华——柳孜运河遗址出土文物》两本大书的出版。考古发掘报告对第二次考古发掘进行了详细的报道，对通济渠柳孜段河堤与河道的水利工程建设进行了科学分析，同时对运河的开挖、使用、淤塞及废弃的历史变迁做了深度分析研究，针对出土遗物的种类和来源进行了贸易线路的研究[20]。《汴水蕴物华》是一本图录，系统地梳理了柳孜运河遗址1999年和2012年两次发掘出土的珍品，按照文物种类分类整理，是古柳孜地区依托通济渠而兴起的唐宋时期重要贸易集散地的体现[21]。

这一阶段，在配合基本经济建设的同时，开始主动关注和研究隋唐运河的发展演变过程，目的是获得隋唐运河更加翔实的第一手资料，为研究隋唐运河安徽段做好基础工作，同时也是对世界文化遗产大运河的保护和研究做出贡献。

二 相关研究

安徽段隋唐运河研究大致可以分为三个阶段。

第一阶段是20世纪80年代至90年代。

1986年，著名历史地理学家马正林先生曾对汴河做过论述，其中安徽段的考证尤为详细，对于安徽境内汴河的形成、发展及淤废详加说明。这篇论文具有较高的参考价值[22]。

1986年出版的《运河访古》论文集，集结了当时运河考古研究的大部分学者，主要论述隋唐运河人文地理、历史风貌，其中也涉及安徽段运河的研究情况[23]。

著名隋唐史学家潘镛1984年考察隋唐运河之后，编著的《隋唐时期的运河和漕运》翔实地论述了隋唐运河通济渠段的开挖、使用、淤塞、清淤等过程，其中对安徽段的运河情况描写得也比较详细。该书引用了诸多历史文献，是研究大运河不可或缺的参考资料[24]。

《中国的运河》也单独有几节论述唐宋时期通济渠的变迁史，详细论述了汴渠的形成和路线以及使用、改道和废弃的历程[25]。白寿彝《中国交通史》也对通济渠有过考证："通济渠底开凿似利用旧曰鸿沟已废的故道不少。……渠水又东经荥阳北，……开汴水，起荥阳，入淮，千余里，乃为通济渠。"[26]

这一阶段基本是根据调查和文献记载做的研究，涉及范围比较狭窄，主要集中在运河史和漕运史方面。

第二阶段是2000—2011年。

柳孜运河遗址1999年发掘之后，较为重要的成果便是《淮北柳孜——运河遗址发掘报告》。该书详细地记录了柳孜运河遗址的发掘情况，同时还附录了大量的历史文献，对柳孜运河遗址的重要性、功用、石筑台体的性质及造船技术都做了详尽的分析研究[27]。

自柳孜码头遗址发掘后，相应的运河研究也多了起来。如关于淮北柳孜考古发掘报告的书评《读〈淮北柳孜——运河遗址发掘报告〉》，从编写体例、创新点等几个方面对报告的特点作了归纳[28]。《揭秘安徽隋唐运河》一文则比较全面地论述了安徽隋唐运河考古的历程和申请世界文化遗产的准备工作[29]。

淮北煤炭师范学院的剑声从淮北隋唐运河的考古发现、出土遗物以及柳孜历史等几方面论述了安徽隋唐运河研究的状况以及柳孜运河遗址的重要历史地位[30]。

柳孜运河遗址发掘之后，关于出土的石筑台体的性质一直争论不休。大致有两种观点："码头说"和"桥墩说"。赞成"桥墩说"的文章占主流，如任晓勇论述柳孜石筑台体是"虹桥"的桥墩[31]。任晓勇和付先召还结合文献和地理，对通济渠的流经线路提出了新的考证[32]。

中国文化遗产研究院的王晶从文化遗产保护的角度研究安徽段大运河，提出大运河安徽段的保护应实行以点带线、重点保护、加强管理、合理利用的方针[33]。

陈桥驿先生主编的《中国运河开发史》一书，单独开辟一章写隋通济渠和唐宋汴河的兴修与演变，这是目前中国运河史研究比较新的成果[34]。

1999年运河沉船的发掘也是一大发现，对研究隋唐时期的造船技术和航运史都有重要价值。相关研究文章涉及出土沉船的复原[35]。安徽省考古研究所所长宫希成对汴河内出土的沉船做过科学系统的研究[36]。有学者采用科技手段对沉船的树种进行鉴定，发现沉船所用木料有樟树、杉树、枣树等[37]。这是科技手段应用到安徽隋唐运河研究的一个尝试。

省内各市和各地区都致力于对大运河的研究与开发。2009年，由全国政协主办、淮北市承办的"第五届中国大运河文化节——大运河保护与申遗高峰论坛"，从考古、遗产保护、申遗、旅游开发等几方面对全国及安徽境内的隋唐运河做了研讨，会后结成论文集《第五届中国大运河文化节——大运河保护与申遗高峰论坛论文集》（内部出版）。为了保护古陶瓷文化遗产，2003年淮北市古陶瓷研究会成立。古陶瓷研究会围绕隋唐大运河遗址，在古陶瓷研究、鉴赏、收藏等方面开展了大量的工作。原淮北市博物馆馆长王红五致力于隋唐大运河的研究，出版了《运河瓷——辨识与鉴赏》《古睢、涣水考古之谜》[38]，涉及运河沿线出土的瓷器和运河在淮北地区的历史变迁。淮北市博物馆的相关人员也积极关注隋唐运河的研究与开发。

淮北市政协编著的《运河名城——淮北》《永远的大运河》等书促进了对大运河的研究与宣传[39]。全国政协文史和学习委员会、政协安徽省宿州市委员会编著的《运河名城——宿州》介绍了运河流经宿州段的情况，主要涉及运河考古发现、沉船研究、出土瓷器等方面[40]。泗县地区编著的《古今诗人咏泗洲》一书，收罗了唐至清关于泗县地区和运河的古诗词，可以了解古人对泗县段运河的情怀，内部资料《泗洲游韵》涉及泗县境内运河的发现[41]。2011年6月26日至28日，由中国古陶瓷学会、淮北市人民政府主办的"淮北隋唐大运河出土陶瓷器学术研讨会"在淮北市举办，中国古陶瓷学会近40位学者出席了此次会议[42]。

此阶段是安徽隋唐运河研究的繁荣期，涉及范围比较广，包括运河史、漕运史、瓷器研究、桥梁、造船、文化遗产、历史地理等。相关部门也有意识地关注和保护隋唐运河的历史古迹，并且成立了一些相关的研究机构，为安徽隋唐运河的研究做出了贡献。

第三阶段是2012年至今。

柳孜运河遗址第二次考古发掘开始以后，关于安徽通济渠的研究文章逐渐多了起来。宫希成对历年通济渠安徽段的考古发现进行了梳理[43]；郝红暖认为通济渠的开凿完善了安徽北部的水网，同时促进了沿线城镇的发展，也促进了运河沿线文化的发展[44]；康武刚针对安徽大运河的保护与开发提出了完善保护机制、科学管理民间参与、增强遗产地居民的文化认同等措施[45]；任唤麟等从旅游资源管理视角对皖北隋唐大运河文化遗产资源的保护利用提出了应对策略，如做好总体旅游规划、强调资源保护的责任及法律手段的重要性等[46]；余敏辉从专业角度论述了隋唐大运河安徽段的申遗历程及通济渠的前世今生[47]。

关于运河文物的研究，有《淮北柳孜隋唐运河遗址出土的钧瓷器》[48]、《淮北柳孜隋唐运河遗址出土的金代定窑印花盘赏析》[49]、《安徽柳孜运河遗址出土红绿彩瓷器的艺术成就》[50]和《柳孜运河遗址出土待修瓷器的检测分析——以刻莲瓣白釉盏和青白釉碗为例》[51]等诸多文章，从考古、艺术和科技等角度分析柳孜运河遗址出土瓷器的特点。

该阶段伴随着中国大运河的申遗过程及申遗成功之后所产生的积极影响，政府和学者都积极地加入对安徽大运河的研究及保护中。对通济渠历史的考证、文化遗产保护对策的提出和出土文物的研究，都极大地丰富了安徽大运河的研究成果。

三 结语

综上所述，安徽隋唐运河研究在早期是以考古调查为主，考古发掘为辅。而今在运河申遗成功之后的后申遗时代，运河考古田野发掘的工作做得比较多，成果也是丰富的。运河田野发掘结束后及时发表材料，让我们更加清楚地认识隋唐宋金时期大运河的历史演变过程。相关出土遗物的研究成果颇丰，尤其是瓷器研究。运河沿线出土的大量瓷器来自全国近二十个窑系，是当时内销瓷流通的重要证据。运河研究涉及运河史、漕运、造船、桥梁、商贸等，通济渠安徽段作为整个隋唐运河线路上的重要一段，其历史地位是显而易见的。

注释：

［1］政协淮北市委员会编：《通济渠遗址宿州段考古收获》，《永远的中国大运河——沿河城市征文集》，安徽人民出版社 2009 年。

［2］中国唐史学会唐宋运河考察队编：《唐宋运河考察记》，陕西省社会科学院出版发行室 1985 年；唐宋运河考察队编：《运河访古》，上海人民出版社 1986 年。

［3］目前收藏于宿州市文物管理所。

［4］目前收藏于宿州市文物管理所。

［5］李吉甫：《元和郡县图志》卷九河南道五，中华书局 1983 年，第 228 页。

［6］毕沅：《续资治通鉴》卷九十二，中华书局 1957 年，第 2388 页。

［7］安徽省第三次全国文物普查领导小组办公室：《记忆安徽：安徽省第三次全国文物普查新发现选编》，黄山书社 2012 年。

［8］中国政协泗县委员会编：《皖北乡土影像——泗洲游韵》，泗县文史委员会 2010 年。

［9］朱玉龙：《汴河对安徽淮北地区的影响》，《安徽史学》1985 年第 2 期。

［10］安徽省文物考古研究所、淮北市博物馆编：《淮北柳孜运河遗址发掘报告》，科学出版社 2002 年。

［11］高雷、贾庆元等：《安徽宿州隋唐大运河遗址首次考古发掘取得重要成果》，《中国文物报》2006 年 12 月 8 日第 2 版。

［12］王俊：《揭秘安徽隋唐运河》，《江淮文史》2007 年第 5 期。

［13］王晶：《隋唐大运河线性文化遗产特点及保护方式初探——以安徽段大运河为例》，《东南文化》2010 年第 1 期。

［14］安徽省文物考古研究所内部资料。

［15］贾庆元等：《安徽泗县刘圩汴河古道遗址发掘简报》，《东南文化》2011 年第 5 期。

［16］笔者考察过现场发掘情况。

［17］资料是笔者现场参与发掘。

［18］资料是笔者参与调查所得。

［19］安徽省文物考古研究所：《安徽泗县刘圩汴河故道遗址的第二次发掘》，《东南文化》2014 年第 12 期。

［20］安徽省文物考古研究所等：《柳孜运河遗址第二次考古发掘报告》，科学出版社 2017 年。

［21］宫希成、闫红：《汴水蕴物华——柳孜运河遗址出土文物》，科学出版社 2017 年。

［22］马正林：《论唐宋汴河》，《陕西师范大学学报》（哲学社会科学版）1986 年第 3 期。

［23］唐宋运河考察队编：《运河访古》，上海人民出版社 1986 年。

［24］潘镛：《隋唐时期的运河和漕运》，三秦出版社 1987 年。

［25］史念海：《中国的运河》，陕西人民出版社 1988 年。

［26］白寿彝：《中国交通史》，商务印书馆 1993 年，第 121 页。

［27］安徽省文物考古研究所，淮北市博物馆：《淮北柳孜——运河遗址发掘报告》，科学出版社 2000 年。

［28］裴士京：《读〈淮北柳孜——运河遗址发掘报告〉》，《考古》2003 年第 2 期。

［29］王俊：《揭秘安徽隋唐大运河》，《江淮文史》2007 年第 5 期。

［30］剑声：《淮北隋唐大运河考古发现及其意义和价值》，《淮北煤炭师范学院学报》（哲学社会科学版）2000 年第 8 期。

［31］任晓勇：《悠远的虹桥——淮北柳孜运河遗址"石构建筑"之谜新探》，《宿州学院学报》2007 年第 5 期。

［32］任晓勇：《隋通济渠流经线路的一条较早新证据》，《合肥学院学报》（社会科学版）2009 年第 4 期；付先召：《隋、唐通济渠宋州段

流经考辨》，《中国农史》2012 年第 1 期。

[33] 王晶：《隋唐大运河线性文化遗产特点及保护方式初探——以安徽段大运河为例》，《东南文化》2010 年第 1 期。

[34] 陈桥驿主编：《中国运河开发史》，中华书局 2008 年，第 278—304 页。

[35] 龚昌奇、席龙飞：《隋唐大运河及其船舶的复原研究——为淮北市博物馆大运河展馆建设而作》，《哈尔滨工业大学学报》（社会科学版）2004 年第 6 期；阚绪杭、龚昌奇、席龙飞：《隋唐运河柳孜唐船及其拖舵的研究》，《哈尔滨工业大学学报》（社会科学版），2001 年第 4 期。

[36] 张辉、宫希成：《隋唐大运河通济渠（汴河）唐宋沉船与沿岸古文化遗存》，《中国历史文物》2010 年第 6 期。

[37] 邵卓平、卫广扬、王建林、阚绪杭：《应用扫描电镜对隋唐大运河古沉船木构件树种的鉴定研究》，《安徽农业大学学报》2003 年第 1 期。

[38] 王红五：《运河瓷——辨识与鉴赏》，上海大学出版社 2011 年；王红五：《古睢、涣水考古之谜》，中国文化出版社 2011 年。

[39] 政协淮北市委员会编：《永远的中国大运河——沿河城市征文集》，安徽人民出版社 2009 年；政协淮北市委员会：《运河名城——淮北》，安徽省人民出版社 2009 年。

[40] 全国政协文史和学习委员会、政协安徽省宿州市委员会编著：《运河名城——宿州》，中国文史出版社 2012 年。

[41] 泗县古今诗人咏泗洲编委会：《古今诗人咏泗洲》，2011 年；中国政协泗县委员会编：《皖北乡土影像——泗洲游韵》，2010 年。

[42] 《淮北隋唐大运河出土陶瓷器学术研讨会举办》，《中国文物报》2011 年 7 月 6 日第 2 版。

[43] 宫希成：《大运河安徽段考古发掘与研究》，《安徽日报》2014 年 7 月 14 日第 7 版。

[44] 郝红暖：《通济渠开凿对安徽地区的影响》，《安徽日报》2014 年 7 月 14 日第 7 版。

[45] 康武刚：《大运河安徽段的保护与开发对策》，《安徽日报》2014 年 7 月 14 日第 7 版。

[46] 任唤麟、张辉：《皖北隋唐大运河文化遗产调查及保护利用策略——基于旅游资源管理视角》，《淮北师范大学学报》（哲学社会科学版）2015 年第 4 期。

[47] 余敏辉：《从"地下"走出的辉煌——世界文化遗产视野下的隋唐大运河安徽段》，安徽人民出版社 2016 年。

[48] 陈超：《淮北柳孜隋唐运河遗址出土钧瓷器》，《文物鉴定与鉴赏》2014 年第 9 期。

[49] 解华顶：《淮北柳孜隋唐运河遗址出土的金代定窑印花盘赏析》，《文物鉴定与鉴赏》2014 年第 9 期。

[50] 王倩：《安徽柳孜运河遗址出土红绿彩瓷器的艺术成就》，《中国陶瓷》2015 年第 11 期。

[51] 胡珺、陈超：《柳孜运河遗址出土待修瓷器的检测分析——以刻莲瓣白釉盏和青白釉碗为例》，《中国科学技术大学学报》2016 年第 10 期。

故宫藏明清碑形墨

林　欢（故宫博物院器物部）

内容摘要： 在清代，由于"碑学"大兴，徽墨的造型多以古碑作为参考。它们已经不再拘泥于传拓技艺中必不可少的工具，而是成为文人交往的媒介，以及他们雅致的鉴藏赏玩之物。我们通过对碑形墨的分析，有助于理解以下观点：徽墨作为一个兼具实用性与艺术性的地理性名牌，迎合了当时金石学研究与碑帖艺术发展的要求。

关键词： 碑形、徽墨、金石文化

墨是中国古代的文房用品之一，它因文化交流而生，并凭借其巧妙的造型设计倍受文人们的喜爱。借助于这种神奇的材料，中国古代书法奇幻美妙的艺术意境才得以实现，正所谓"笔墨精良，人生一乐"。自明嘉靖年以后，徽墨作为一个地理性知名品牌逐渐成为文人案头的欣赏把玩之物。他们不仅质地精良，而且装饰题材也更加丰富，集中反映了当时文人阶层的兴趣爱好。尤其是清乾隆以后，"碑学"大兴，金石考据学盛行之下，碑形墨作为一个典型代表，开始在明清两代徽墨造型中处于较为显著的地位。它集明代以来图像墨与文字墨于一体，集中反映了古人精神世界的寄托、道德的追求，以及对未知世界的想象。这种记录信息的方式在相当程度上迎合了文人内心的诉求并贯穿整个时代。本人拟从故宫博物院所藏明清两代墨品之中，选择具有代表性者进行专文探讨，以期引起金石、碑帖研究家和古墨爱好者的重视和关注。

一　墨品中碑形设计的具体表现

墨品按照内容大致可分为三类：人、自然界中天然之物（自然物）与人造之器（人造物）。其中碑形墨属于人造之器。故而碑形墨的形制分析是本文最基本和最首要的环节，它是后续明清两代墨品特点分析的基础。许慎在《说文解字》中将"碑"注解为"竖石也"[1]，即竖立在地上的石头。而在《现代汉语大辞典》中，"碑"被解释为："书刻图案或文字，记死者生平功德，作为纪念物或标记的石头。也用以刻文告。秦称刻石，汉以后称碑。"[2]

自东汉始，中国古碑作为文化艺术品载体，其基本形制得以确定。不仅如此，其内涵也往往与"金石""碣""石""刻石""石刻""摩崖"等相互重叠，综合了雕刻、书法、文学、历史等诸多信息。

故宫博物院藏有明清时期多位制墨名家所制的碑形墨，尤其是在清乾隆年到民国初年近二百年间，徽州三大制墨派别："歙派"、"休宁派"、"婺源派"各个代表墨家纷纷有精品问世。由于碑首是碑的形制中最具造型活力以及装饰多样性的区域，也最能体现碑"物美工巧"的特质。据此，本文依据墨品自身造型差异，将其大致分为以下六型。

1. 圭首（A型）

碑首即碑身正上方部分。碑形墨中所见碑首多为圭首、半圆、平首和螭（龙）首四种，皆与汉代流行的谶纬思想有直接的关联。就石碑本身而言，圭形碑的形制与圭本身丰富的寓意内涵相映衬。圭首之形来自玄圭的形状，含有"言洁"的寓意。圭为五瑞（珪、璧、琮、璜、璋）之一。《说文解字》曰"瑞玉也。瑞者，以玉为信也。"其基本形状为上锐下方，系古代用于祭祀、丧葬和朝聘活动中的玉石礼器，又取之以为信物。不仅如此，汉代以圭比喻人的品德高洁且显示身份。故《礼记·聘义》云："圭璋特达，德也。"[3]

（1）首策体

金凤元珍珠香墨（图一）：高8.7、宽2.5、厚0.7厘米。墨体似竹策。正面上端为日月，其内分别

图一　金凤元珍珠香墨

有金乌飞翔与玉兔捣杵，下饰祥云。其下有阳文楷书"定册惟幕，有安社稷之勋"十字。背面署阳文楷书作者名款"龙飞宣德岁次甲辰宫在应钟鉴撰"及"新安金凤元家藏珍珠香墨"。

（2）圭首平体

方鼎录、方鼎锐合制既翕堂墨（图二）：长13.8、宽3.1、厚1厘米。正面中部凸起似剑脊，双螭戏珠，珠下楷书"既翕堂"三字；一面光平，楷书"同治甲戌（1874）方悟斋、退斋合制"，侧款分别为"五石顶烟"及"徽州休城胡开文造"。"既翕"二字取自《诗经·小雅·常棣》："妻子好合，如鼓瑟琴，兄弟既翕，和乐且湛。"表示兄弟和睦之意。

2. 圆首（B型）

圆首碑为"琬圭"之形，当属于"天圆地方"哲学思想的产物，又称为"琬碑"[4]。通常碑首与碑身等齐，且为一整块石料制成，故此类碑型可称为齐肩式，多见于汉碑。

（1）首有穿

在碑额部位，多有被称为"穿"的圆形孔洞。代表日、月。关于其来源，当是为穿系简牍或佩玉而设，以便人们保存或佩戴之。在清代墨品中，常有穿之表现。如胡澍、赵之谦联名墨（图三）的

图二　胡开文造方悟斋退斋合制既翕堂墨

图三　胡澍赵之谦校经之墨

"穿"孔即是如此。此墨长8.8、宽3.3、厚0.9厘米。正面作两行楷书阳识"绩溪胡甘伯会稽赵撝叔校经之墨"；背面亦两行"同治九年（1870）正月初吉"，篆书阴识。侧款"徽州休城胡开文制"。"胡甘伯"即胡澍，"赵撝叔"即赵之谦，二人均为清末金石名家。墨上手迹"盖胡之手笔。"[5]

（2）圆首无穿

与此类相似的墨式，可见于明人程君房所辑《程氏墨苑·夏禹书墨》（图四）。墨上十二字传说为治水有功的夏代王室祖先——大禹所书。十二字分两排布于墨面上，墨背面题"夏禹书"三字，下

图四　《程氏墨苑·夏禹书墨》图样

钤"玄玄室"印。又如余旭亭惜如金墨（图五）。其正面"惜如金"三字，背面"新安余春舫藏墨"，皆阴识填金。侧款"徽州余子上旭亭氏选烟"。

（3）圆首带晕

汉代圆首碑的顶端边缘部分多有晕或螭纹装饰。位置多在穿之上，象征着日月光环。《说文》："晕，日月气也。"唐裴骃《史记集解》则引孟康说："晕，日旁气也。""穿"与"晕"一道，成为汉碑的基本特征之一。在实例中，晕的数量多为三道，少数刻四道或五道。晕纹形成的半弧皆偏向一方，即是碑额题字所在。在具体的墨品中，螭纹通常被简化为晕纹。胡开文制褚德彝角茶轩碑形墨（图六），正面篆文二行"礼堂属士陵选烟"，阴识填金；背面篆文"光绪甲辰年造"，阳识。侧款为"徽州休城胡开文制"及"顶烟"，俱楷书。"士陵"为黄士陵，"礼堂"为褚德彝（德仪）。此墨半圆形碑首上左有一晕，右有二晕，皆凸起，呈弧线相交。碑额位于碑身中心偏左。碑上有圆穿一，位置在中间偏上处。

图五　余子上旭亭氏惜如金墨　　图六　褚德彝角茶轩勘碑墨

（4）笏式圆首

某些碑形墨品的造型被处理为圆首偏平或碑首稍带弧形的样式，类似于大臣上朝时使用的笏版，故可称之为"笏版"式或"木牍"式。目前我们可见最早的实例为明代罗小华曹娥碑墨（图七）：高9.1、宽2.5、厚0.9厘米。墨为长方形，正面上端横排阳文篆书"曹娥碑"三字，下竖排阳文隶书"黄绢幼妇外孙齑臼"八字。背面有凹槽，内竖排阳文行书"绝妙好辞"四字，下署阳文楷书作者名款"小华藏"三字。又如《程氏墨苑·墨卦》图样（图八）中，编者使用三个最基本的图形来表示天（圆形）、地（方形）、人（三角形）三者之间的关系。墨的总体造型仍为笏式圆首。

图七　罗小华曹娥碑墨

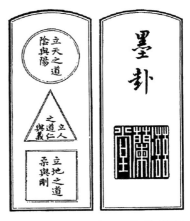

图八　《程氏墨苑·墨卦墨》图样

3．平首（C 型）

平首碑式应该与"碣"有关，符合魏晋南北朝时期"碑志合一"这一趋势。汉时品级较低的臣下或某些名人去世后可立碣，这种碑形也就随之出现。魏晋时期，碣多充作墓志使用，具有"既私褒美"的作用。此类墨多被人们归入长方形或正方形墨的变化范围中。

（1）平首圆角

天琛再和墨（图九）：正面额间隶书"天琛"二字，阴识填金，下阳文篆书"再和墨"三字；背面阳文楷书"王量提学取李承晏李惟一张谷潘谷墨之断碎者再和胶成之"，侧款为"玄粟斋仿古"。又明代吴去尘墨光歌墨（图一○），长8.7、宽4.2、厚0.9厘米。墨面有阳识隶书《墨光歌》："品茶欲白墨欲黑，古人风雅千秋隔……为去尘词兄作光歌。钱塘社弟潘之淙无声甫"以及"之淙"长方小印。背面阳识钟鼎文字体题录"崇祯元年八月朔始至三年春二月望止共采烟一百六十三两炼墨八十九锭止一"，侧款为阳识篆书"延陵吴去尘藏墨"。

图九　天琛再和墨

图一○　吴去尘墨光歌墨

（2）平首折角

乾隆御制梅石碑诗墨（图一一），正面为山水亭台图，四周有框，框上饰以"〰"纹。背面为阴文楷书《题梅石碑用乙酉仿孙枋蓝瑛画韵（庚子）》："蓝石孙梅合作碑，曾经考证仿图之。有疑质乃从来惯，大略观其夫岂为。落落一拳犹古貌，英英几朵亦春姿。笑他四柱新亭覆，先我来兹尔许时。"此文亦刻见于《清高宗御制诗四集》卷七十。

图一一　乾隆御制梅石碑诗墨

4. 螭首（D型）

碑首中以"螭首"最为精美，同时又保留了圆首与圭形的丰富寓意。"螭"本指一种不带角的龙。东汉许慎《说文解字》："螭，若黄而龙，北方谓之地蝼……或云'无角曰螭'。"汉以后，螭首的造型产生了极为丰富的变化，一般是通过盘曲的螭纹取代晕纹，并采用对称手法。不仅在石碑上形式新颖，在墨品上也变化多端。

（1）螭首带穿

其一，齐身式。如吴锡麟金壶仙液墨（图一二）：面背俱为双螭拥一穿，作戏珠状。面篆书"金壶仙液"四字。背隶书三行"道光岁在柔兆敦牂（二十六年，1846）小阳月休宁知县吴锡麟选料监

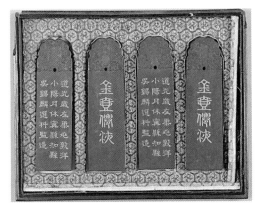

图一二 吴锡麟金壶仙液墨

图一三 叶韵笙
说剑盒藏墨

图一四 陶文毅安化
陶氏校书之墨

制"，俱阴识填金。侧款为"徽州胡开文按十万杵法"十字，俱楷书阳识填金。又叶韵笙说剑盒墨（图一三）：面额双螭，下光平，隶书"说剑盒藏墨"。背面楷书三行"同治阏逢阉茂（十三年，1874）古歙叶韵笙选烟属同郡胡子卿法制。"下钤二篆文方连珠印"韵""笙"。侧"顶烟"二字，楷书阳识。

其二，收身式。安化陶氏校书之墨（图一四）长 9、宽 2.3、厚 0.8 厘米。正面填金楷书"安化陶氏校书之墨"，碑额顶端边缘饰二螭戏珠，背面阳文楷书"道光二年（1822）制"。侧款阳文楷书"汪节庵监造"。陶文毅，字子霖，号六汀，湖南安化人，嘉庆壬戌进士。曾任安徽布政使。

（2）螭首带有字碑额

碑首中间题署之处，称为"碑额"。它一般都处于使用者或所有者的视觉中心。墨品上的碑额多为长方形，通常空白，如前文所述若干墨品者。但某些墨品

也有祈语祝词。此类碑额周边多环以螭龙纹，广泛采用对称形式。如明万历孙玉泉万寿无疆墨（图一五），残长 10.3、宽 5.8、厚 1.2 厘米。正面额间阴文楷书"万寿无疆"四字，下阴文篆书三十余字，填金；背面额间"万历己亥年（1599）制"，俱阴文隶书，正反两额间龙凤两两相对。周侧缠枝松梅纹，隙间阳文楷书"孙玉泉"三字。

图一五 孙玉泉万寿无疆墨

5. 云（阙）首（E 型）

"唐碑"中碑首与碑身的分开制作，使得古碑装饰的形式更为丰富。这种变化，直接影响到了墨品的设计。例如在碑首的设计上，原汉碑中常见的圭形碑首得以改变，最终形成如意云朵或亭檐楼阁等形式。仿佛在碑身上添加了一个冠帽。如胡开文造墨农选烟墨（图一六）：顶端作云头状，面作回纹栏，额间一珠，中间楷书"墨农选烟"。背线栏，中间篆书"宣统二年闰二月制"。一侧下端楷书"徽州休城胡开文造"。文字俱阴识填金。"墨农"为清代末任安徽巡抚朱家宝。

图一六 胡开文
造墨农选烟墨

6. 阙首带碑座（F 型）

碑座又称"碑趺"，为碑身下端承托稳固的部分。唐以后，方形、长方形、须弥座形或龟（赑屃）

形的碑趺更为普遍，装饰的精细程度也日益加强起来。胡开文八宝奇珍套墨（图一七至图二〇）中有碑形墨三锭。其中之一长13、宽3.2、厚1厘米。此墨中的碑首为阙首，略窄于碑身，另带碑颈。碑座为须弥式，略宽于身。三者均饰以如意纹。碑颈即碑首与碑身连接的部分。墨上通体龙缠碑图样。正面阴文填金楷书"湘阴左式藏烟"。墨侧阴文楷书"徽州休城胡开文造"。除此之外，另外两锭碑形墨分别为圆首和残碑式：前者饰以"有虞十二章"图，后者饰以双龙戏珠纹装饰。

图一七　徽州休城胡开文造八宝奇珍墨

图一八　徽州休城胡开文
造八宝奇珍墨——阙首须
弥座式碑形墨

图一九　徽州休城胡开文
造八宝奇珍墨——有虞十
二章图圆首式碑形墨

7. 其他

从广义上讲，关于清代碑形墨还包括石鼓式墨、钟形墨、柱形墨以及覆瓦（铁券）式墨等。其中乾隆御制石鼓套墨（图二一）仿秦代石鼓。其石鼓之型亦可视作碑的雏形。此套墨上的文字为籀文，内

图二〇　徽州休城胡开文造八宝奇珍墨——
双龙戏珠纹首残碑式碑形墨

容记叙了秦国君主游猎的情况。然而仿秦刻石之墨品与本文所论之碑形墨在形制上尚有较大差异，故不必多论。又如造像碑式墨。南北朝时期佛教的盛行，催生了"造像碑"这一重要形式的出现，同时也与"碣"一样符合魏晋南北朝时期"碑志合一"的趋势。在清墨中尤其以巴慰祖金涂塔墨（图二二）独树一帜：此墨为南朝金涂塔式，长9.5、宽4.9、厚0.8厘米。墨品正面为塔面佛造像图案，背面则有楷书阳文四行："乾隆壬子（1792）浴佛日巴慰祖子安黄洙依宣胡唐寿客朱文翰见庵集黄钺左君紫阳山馆观钱忠懿王金涂塔拓本因缩摹四面之一同造墨"。顶角内侧有篆文"金涂塔"三字，阴识填金。类似的墨形还有巴慰祖中大同刻石如此墨（图二三）：此墨仿梁萧侍中神道石柱形，顶上一狮。正面阴识篆书"中大同刻石如此"，填金。背面阴识楷书"圣清嘉庆六年青龙在作孟月会于天府蟫藻阁造"，填金。侧款"孟嘉"二字，楷书。"孟嘉"为巴慰祖字。"梁萧侍中"，是指梁吴平忠侯萧景。萧景墓石柱是南朝陵墓石柱中保存最为完好的一件。据张子高先生考证：《礼记·月令》："季秋之月，日在房。"按房宿四星曰天府，日月会于天府者，九月也[6]。又吴大澂"铜柱"墨（图二四）圆柱形，通体涂金。

正面篆书阴文填蓝"铜柱"二字，下端楷书阳文"徽州屯镇老胡开文造"九字竖列于旁边。后面篆书铭文"光绪十二年（1886）四月都察院左副都御史吴大澂珲春副都统依克唐阿奉命会勘中俄边界既竣事立此铜柱铭曰疆域有共国有维此柱可立不可移"，共五十八字，阴文填蓝；墨的顶部有"五石顶烟"

图二一　御制重排石鼓文墨

图二二　巴慰祖金涂塔墨

图二三　巴慰祖中 　　图二四　吴大澂
大同刻石如此墨 　　　　　　铜柱墨

四字分布于四方，为楷书阳文。吴大澂，清代官员、金石学家和书法家，字清卿，号恒轩。同治年间进士，曾任广东和湖南的巡抚。

二　碑形墨与古代碑石形制的联系与区别

碑形墨之形制，基本概括了中国古代碑形制演变的轨迹，同时体现了功能与形式的相互影响、相互统一的特点。例如碑石所具有的纪念标识、信息传播和教育警示三大意义同样适合于墨品，两者在漫长的历史时期中既有各自的不断发展、演绎历程，又有着密不可分的互动和交融关系。从一定程度上讲，如果没有墨这种工具，中国的传拓技术也许要经历另外一条路才能得以施行。同样，古代碑刻的艺术再现与流传，也需要墨色的表现。

1. 碑形墨的不同种类反映了中国碑石艺术发展的演变历史

从前文所述若干碑形墨的种类来看，汉碑的定型与演化与汉代后期"天圆地方""天人一体"等思想逐渐兴起或有关联。汉代流行的谶纬思想影响了汉碑的形制。尽管汉碑作为具有真正独立意义的碑开始出现，并且具备了"碑首、碑身、碑座"这一基本结构要素，进而被唐碑所继承，但是从记录其功用表述的历代文献来看，"碑"的概念几乎涵盖所有石刻文化乃至铭刻文化。以致成为一种独特的承载多种文化信息的载体。狭义的汉碑专指东汉时期形成的、具有形制制度的石刻文字，包括碑、碣、画像石、题记、摩崖、石经等汉代所有的石刻文字。汉碑皆有穿。此时的圭首碑和圆首碑它们与晕纹一道是具有时代识别性的：圭首和圆首的形制来源于玉圭之形。随着时代的变迁，穿的形制渐渐变为象征式的直至基本消弭。就碑的形制而言，汉碑的基本形制没变，而且作为碑形墨造型艺术中最主要的组成部分之一，是清墨造型的基本参照物。

2. 墨品图案设计中对于具体碑型的简化处理

"螭首龟趺"虽然代表了唐碑最具寓意性的部分，但是具体到墨的设计中，由于各种因素制约，在墨品中也不易经常见到。最能体现碑的价值的碑穿、圭首、碑趺等部位只能是用意会的手段体现。

但作为碑形墨中的一种特殊存在，其形式和寓意，皆有特定的解释空间。

（1）碑首

碑首是碑形墨结构的核心造型要素，由此走向了一个独特发展的轨迹。与扁立方体的碑身相比，虽然碑首上的文字不多，并非碑刻内容的主要载体，但是因其种类相对更为丰富，多设计有精美纹饰，对碑文内容起到了相互补充的作用。它同时也是碑石设计丰富发展的部分。

在常见的大型石碑顶上，多有相对缠绕的螭龙，数量多四或六，最多的有八条。而在具体的墨造型中，除了前文已述的齐肩式（B型）外，还有过肩式和收肩式。所谓过肩式：即碑首两侧螭体部分略宽于碑身。如吴邦庆订制霁峰氏监制碑式墨（图二五）。而收肩式则是碑身宽度超过碑首，如凤池氏世宝墨（图二六）。三者之间的区别，在于碑首螭纹与碑身之间的宽窄差别上。螭龙纹的出现，不仅使碑首更具有装饰性，更主要的是增加了深层的神圣感和神秘感。它源于东汉时"河图洛书"谶纬学说的出现，进而有了"龙龟负衔""青龙衔玄图"之意。清代民间墨品中碑首的螭纹部分有两个发展方向。

图二五　霁峰氏
监制碑式墨　　　图二六　凤池氏
世宝墨

一是简化，即螭纹成为边框的一部分，或者转变为云纹；如胡魁章法制漱金家藏墨的图案为双螭共戏一珠，原本在碑首的双螭下移到碑身之上，而穿则演变为火珠，或仅存象征性的痕迹。类似的还

有胡奎章法制裕盛选烟漱金家藏墨（图二七）和胡奎章法制漱金家藏墨（图二八）。又如关于四螭的设计：如胡魁章纯一氏古隃麋墨（图二九）即是将原本分配与碑正背两边的四螭集中于一面，环成一框，形成四螭追逐龙珠的动感十足。由此可见，此时的螭纹已经与碑首为一整体，形似而已，不再是像搭在碑首上的样子。有的不太真实罢了。

图二七　胡奎章法制
裕盛选烟漱金家藏墨　　图二八　胡奎章法
制漱金家藏墨

图二九　胡魁章纯一氏古隃麋墨

二是夸张。即螭纹在碑首上仍以相对前者较为烦琐的形式表现。最初，石碑上的螭龙是缠在碑顶上的，先是作双龙攫碑首形以作护持，后又因为碑有两面，又作四龙相交，如此便显得更为稳固。具体而言，抽象的螭纹变形可以分为双螭、四螭两种情况。如凤池氏世宝墨：碑首主题为两螭对戏一珠，尾部相交。正面隶书"世宝"二字，阴识填蓝，下阳文"凤池氏"三字，楷书。背面"玉壶冰冽且

清……贾沽诸"等共六十六字，另"张习孔题"，皆楷书。

值得注意的是，某些碑形墨中弯曲的螭纹经过极度变形，已经转变为天空中卷曲的云首纹。如朱烈爵禄封侯墨（图三〇）：长 10.7、宽 4.7、厚 1 厘米。正面阴识"爵禄封侯"，隶书。下"文公裔孙朱烈按易水法制"，凹底阳文。背面"爵禄封侯"图。此墨碑首即为单头云式。又双头云式：睢阳五老图墨（图三一）中的始平冯平墨，长 8.3、宽 3.3、厚 1 厘米。正面碑身处与其他碑形墨无异，唯独在碑首的设计上独具特色——云纹两朵，分别在其中间饰有一点，象征双螭之眼。从总体来看，双"云"仍然起到了双"螭"盘于碑身的效果。

图三〇　朱烈爵　　图三一　睢阳五老图
禄封侯墨　　　　墨——始平冯平墨

穿是辨识汉碑的特点之一。从现存资料来看，有"穿"的汉碑绝大多数为圭首碑和圆首碑。现存最早的带穿圆首汉碑是桓帝时期的《孔谦碑》（东汉永兴二年，公元 154 年）和《泰山都尉孔宙碑》（东汉延熹七年，公元 164 年）。关于其作用，在历史上大致有"下棺"说、"丽牲"说、"神主"说和"日月"说四种。其位置高低、形状大小各不相同。但就一般而言，穿孔位于碑额的额题之下，碑身的碑文之上，起到分界碑额与碑身的作用。在具体的碑形墨中，虽然在制作中生产成本较高，不被商家所推荐，但是穿仍以多种形式存在，并且演变为不同的形式。如某些墨品上的穿的位置，在碑首之上，

距离顶端较远，如胡宝春钱叔云同造墨（图三二）：碑身正面篆书"道光四年四月丁甲朔歙西胡宝春娄东钱叔云同造"，阴识填金；背光平无字。此墨的穿已经位于碑额的题字之下。再程公瑜制庆云露墨（图三三）：平首，长 6.1、宽 2.8、厚 0.8 厘米。碑首双螭相对中间"国宝"二字作下沉状。其上火龙珠一颗，当为穿之变形。由于穿作用的减弱，此墨的碑身版式发生了重要的变化。特别是墨品的边框得以突出，以抽象螭纹为主体的四栏分布明确，纹饰也较为精美。不过，穿的各种变形在整体上属于日趋简化并渐渐消失。如詹奎监制刘瑞芬论道经邦墨（图三四）正面额上一珠，楷书"论道经邦"，下"新安詹奎仿古选烟监制"，背楷书"芝田方伯著书之墨"，皆阴识填金。两侧铭曰："用紫草桐油下缸将生漆麻油亥油搅混用红芯点文火制成担烟造"，共

图三二　胡宝春　　图三三　程公瑜
钱叔云同造墨　　　制庆云露墨

图三四　詹奎监制论道经邦墨

三十二字，楷书阳文。在此墨中，穿的位置仅有细微的痕迹，并无珠的存在。又胡爱棠鉴莹斋制胡澍、赵之谦联名墨一锭，形制、纹饰、题识与前者完全相同，唯面额间穿孔被简化为一微痕，嵌一珠。

（2）额

碑额处于碑首正中，处于人们的视觉中心位置，是碑形墨中最具设计创意与变化的一个区域。其造型相对而言更为细致，并因工匠的创意而充满了表现力。如霁峰氏监制碑式墨正面中间碑额处有圆形"寿"字一，周边饰有花纹，在众多碑形墨的碑首中独具一格。这种在碑额周围盘曲缠绕的螭龙纹加以装饰，更加突出了碑额的重要性。不仅如此，在墨品碑额上书写与墨有关的内容也成为碑形墨得以整体传颂，并可以记于典籍，流传于世。如程洪溥积古斋墨（图三五），碑头额间篆书三行"积古斋摹拓金石文字之墨"，阴识填金，其下半截光素。背籀文三行："太岁在己巳（1809），四月既生霸，歙程洪溥用奚廷珪法造"，阴识填蓝。又如前述孙玉泉万寿无疆墨，在墨品已残且墨身字迹甚难认清的情况下，其碑额间的内容："万寿无疆"及"万历己亥年（1599）制"等文字，已经成为辨别其年代的重要标识之一。

图三五　程洪溥积古斋摹拓金石文字之墨

三　碑形墨在明清时期得以发展的原因

1. 清代金石学的大兴与中国传统制墨技术的总结

清代是中国传统制墨技术的总结时期，同时也是金石学的大兴时期。碑拓的盛行不仅与清代中后期碑学书法的兴起有关，而且与乾嘉时期人们推崇汉儒朴实治学之风的考据之风有关。另外，清代文人心中普遍的崇尚古雅的心态也是金石学兴起的一个重要因素。

此时，传拓技法作为传统金石学载体的资料复制方法与保存形式，在我国已流传甚久。其基本方法是将宣纸用水刷湿覆在要传拓的部位，再用棉花或打刷等一点点地按压捶打，利用纸的韧性和蘸湿后的黏性，令其完全附着，再用沾了墨的扑子在表面轻轻扑打，凸出的部分着墨变黑，凹陷的文字和花纹空白显现。根据拓片的墨色特征，人们将古代拓印碑刻分为"蝉翼拓"与"乌金拓"两种。种类不同，效果各异。在用墨方面，早期拓本均用松烟墨。松烟墨色虽然较淡，但层次分明。拓片的表面墨色雅淡而匀净素洁，浅淡的底纹会把主体画像衬托得鲜明而突出。望之如鸣蝉之翼，纤毫毕露。故此法被人形象地称为"蝉翼拓"。宋及以后，随着松林资源在北方的匮乏，油烟墨得到长足的发展。因其具有墨色饱满细腻、表现力强，光洁沉稳、不易形成积墨板结的特点，故宋代以后的精拓本多用油烟墨拓成乌金拓。所谓"乌金拓"，是指用油烟墨拓出拓片的表面墨色既黑且光，黑白对比度强烈，色似乌金，具有一种震撼人心的魅力。多用于拓印平面阴线刻画像。这种拓法可使黑色的底面与白色的阴刻线条形成一种强烈鲜明的对比色调。在捶拓过程中，面对较小的碑刻时，由于耗墨不多，人们可直接使用墨锭在砚台上研磨。但是在捶拓较大和较多的碑刻时，所需墨品的数量和质量便严格起来，适当的时候还需根据需要在墨汁中加适量清水。当然无论应拓的碑石数量多少、形制大小，从墨色上讲，都要使墨色匀净一致，特别是在同一张拓片或同一套碑帖墨本中，仍然以墨色如一为至高境界。由此可知，传统传拓技艺的形成与发展不仅依赖于中国历史与文化发展的大背景，更依赖于中国传统纸墨的发明和纸墨质量的保证。其所追求的目标便是准确地将金石铭刻上的文字再现于拓片之上，并使之保存长久。例如清代金石学家黄易在给友人的信札一再提到"薄楮精墨"的字眼。他的《致赵魏妙极札》（新 180743－43/44）[7]提到："三公碑一经品题，顿觉纸贵，弟欲得佳拓，饥渴之至，正定拓《秋碧堂帖》之匠甚佳，昨专请此人携薄楮精墨往拓多张，约在中秋必得，当择其尤者奉寄，何如？……"[8]"楮墨"即纸与墨。借指诗文或书画。唐刘知几《史通·暗惑》："无礼如彼，至性如此，猖狂生态，正复跃见楮墨间。"由此可见，精良的纸墨工具，已经成为清代乾嘉时期金石学发展的重要物质保障之一。故宫藏有数锭靳治荆雁堂墨（图三六）上便提到了当时的制墨法：此墨亦为碑式，凹地阳文："康熙岁在屠维大荒落（二十八年，公元 1689 年），购得仲将古法酌以君房程氏旧传用紫草染镫茎独炷然点每桐子油五石参漆十二得烟百两入熊胆龙脑麝脐金箔如数于凝清书屋秘制法胶诹吉和炼铁臼中捣三万杵始成"，背凹地阳文隶书填金赞语："烟温一线生微芒日月积累冰紫霜筑之范之铿珪璋触石而出流耿光洋溢艺苑垂芬芳雁堂铭"。印二，分别为"黄山长""靳氏熊封"。从墨品文字来看，此墨主料为"桐子油"，另有熊胆、龙脑、麝香、金箔等配料若干。按古法制胶并捣制而成。

图三六　靳治荆雁堂墨

2. 文人收藏与文人墨

有清以来，文人之间互赠文房用品的事例层出不穷，在当时的社会风尚中，此举不仅为一种高雅而婉转的增强彼此感情的方式，而且也是当时士人交游的一般惯例。有证据表明，文人阶层的参与以及商品经济的发展对于明清徽墨的装饰设计起到了重要的指导作用。不论是自行设计，抑或求购于墨商，他们希望通过墨品的独特设计，来彰显自己的品位。金棻清啸阁拓碑之墨（图三七）：高 9.4、宽 2.4、厚 0.9 厘米。长方形，通体凸起冰裂纹。正面作者题款"清啸阁拓碑之墨"七字，背面阴文填金楷书作者年款"嘉庆三年制"五字。又阮元拓泰华双碑之墨（图三八）：长 7.5、宽 1.6、厚 0.9 厘米。正面隶书"墨松使者"，下墨精小像。背面隶书"拓泰华双碑之墨"，下"阮氏"二字方印，皆阴识填金。此时随着考据学的兴起，金器碑碣的大量出土，人们逐渐发现了一个新的艺术世界，唐碑、魏碑、汉碑、秦刻石乃至周铭文、商甲骨等，那些早已被遗忘的、带着粗犷、进取、刚强和自信的古典之美苏醒了，再次放射出夺目的光彩。圆劲浑朴的篆书、丰厚雄劲的隶书取代了楷书、行书，成为书家效仿的主要书体。故宫藏有翁方纲制天都捣松三万杵墨（图三九），长 7.6、宽 2、厚 0.5 厘米。正面阴文隶书"天都捣松三万杵"。背面阴文楷书"乾隆癸巳（1773）九月望日北平翁方纲制于苏米斋中"。松烟质，字口填银，风格朴雅，反映了清代文人墨重于表现个人情趣的特点。此墨当为歙县著名士绅、墨工吴舜华所制，翁氏有诗赞曰："天都捣松三万杵，不用君房建元谱。自候桐芭紫草烟，神理绵绵轻一缕，呼吸黄庭内景经。磊砢册书群玉府，元之又元我虚室。碧影窗纱日当午，我室苏诗扁陆书。文以载道道集虚，相着而黑信有诸。诗境磨人习不除。更秃千兔穿五车，子惠制之珍琼琚，谢郎押字入我室，天下朋友皆胶漆。"[9]翁方纲不仅仅本人涉及墨品样式，而且专门向当时社会上的知名墨家定做墨品作为礼品相送。如汪节庵造钱塘黄易摹碑之墨（图四〇）腰圆形，正面有隶书"小蓬莱阁"四字，下楷书"翁方纲题"四字，皆阴识填金；背面为楷书"钱塘黄易摹碑之墨"八字，分作两行，阳识。侧款为"乾隆甲寅（1794）仲春歙汪节庵造"，楷书阳文。目前虽然未发现黄易向翁方纲回赠过墨品的证据，但是他在诗文中透露出他曾与许多友人之间互索、互赠墨品的事实。在《记室录黄易古墨札》（新00151921－32/32）[10]中他曾写道："（乾隆六十年）夏初，接奉手函，深荷垂注。并承远赐古墨等物，祗领之余，感深五内，比维大兄（陈灿）大人近祉绥和，起居安吉，以颂以慰。"又《黄易致汪峹等奉候札》（新069087－5/12）涉黄易向汪峹（汪大峹）求佳墨等事："弟苦无墨用，前札奉求者，幸惠我为祷。十斛量珠，千丝结网，兄得其人否？念念。"又如黄易书于乾隆四十四年（1779）九月十六日的《黄易致汪峹等楚事札》（新69087－11/12）中提到："封茅社墨乞见惠，弟自北来，墨已告尽。祈大哥转恳鹤亭（江春）先生随日读书楼小墨数笏妙极，拜托拜托。"[11]文中的"随日（月）读书楼墨"为扬州籍徽州盐商江春的私人定制墨，在当时算得上墨中精品。故宫藏有曹素功监制江鹤亭选烟随月读书楼墨若干（图四一）：方柱形，面额间一珠，下题"乾隆甲子（1744）"，背题"随月读书楼"五字，俱楷书阴识填金。一侧"江鹤亭选烟"，一侧"曹素功监制"，俱楷书阳识。清李斗《扬州画舫录》卷十二："江方伯名春，字颖长，号鹤亭，歙县人。初为仪征诸生，工制艺，精于诗，与齐次风、马秋玉齐名。……遇事识大体。居南河下街，建随月读书楼。选时文付梓行世，名《随月读书楼时文》。……自著有《水南花墅吟稿》。"此墨署款"曹素功监制"，时为"乾隆甲子（九年，1744）"从《曹氏墨林》考之，这是主持曹素功墨务者，当是曹素功的曾孙曹士悦（1692—1769）、士恂（1696—1758）。江春作为乾隆时两淮总商，在乾隆皇帝南巡中承办一切供应[12]，一时有"布衣上交天子"的盛誉[13]。许承尧在他的名著《歙事闲谭》也说："江春，字颖长，号鹤亭，仪征籍，诸生。以总理盐务赐内务府奉宸苑卿，加授布政使衔。著《黄海游录》《随月读书楼集》。"[14]江春本为文人出身，"喜吟咏，广结纳，主持淮南风雅"[15]。因此其豪宅之中"奇才之士，座中常满"[16]。

图三七　金荃清啸阁拓碑之墨　　图三八　阮氏拓泰华双碑之墨

图三九　翁方纲天都捣松三万杵墨　　图四〇　钱塘黄易摹碑之墨

图四一　江鹤亭选烟随月读书楼墨

对于文中所提"封茅社墨"，目前不知哪家墨肆所制，但我们可以参考周绍良先生之兄周珏良所藏詹致和封茅社墨的著述。此墨为六角形，通体涂金，面镌双龙捧珠，中间楷书阳识"封茅社"三字，下有小方印"致和监制"。背花纹与正面同，中间题字两行："质惟一，化五色，受天苞，祚侯祐。詹致和藏。""致和"二字已坏，仅可依稀辨识。顶"辛未"二字，亦楷书阳识[17]。据汉人孔安国《尚书注疏》中《韩诗外传》云："天子社，广五丈，东方青，南方赤，西方白，北方黑。上冒以黄土。将封诸侯，各取其方色土，苴以白茅，以为社。"蔡邕《独断》云："天子大社，以五色土为坛。皇子封为王者，授之大社之土，以所封之方色，苴以白茅，使之归国以立社，谓之'茅社'。"[18]由此可知，墨取"封茅社"名，当有求取功名之意。而书于乾隆四十一年（1776）"七月初三日清苑署中"的《黄易致赵魏妙极札》（新 180743－43/44）也提到："……有二墨致东河（邱学敏），甚妙，兄可赏之。"[19]邱学敏，乾隆时期著名的藏墨家之一，著有《百二十家墨录》，历来是研究中国古墨的必读书目之一。黄易曾赠诗于邱学敏（图四二），他题道："余客扬，得合肥、虞山两尚书藏墨各一，乃其门人冯、吴二君所制。时邱广文东河有墨癖，遂联为一匣，题句以赠：合肥才与虞山并，藏墨留名一样新，素手定拈妆阁底，尚书传里两夫人。……先生宝墨如宝贤，隃麋百二罗窗前（君新筑百二十笏墨斋）。古人新迹摩挲遍，此乐人间便是仙。"又"北山秋水名相亚，古墨生香一样新。记取芸总拈素手，尚书传里两夫人（时方得龚铁两尚书墨，邮书寄之甬上）。白门烟柳舞东风，江上蘼芜态不同。只有西园旧桃李，春来得气美人中。先生宝墨如宝贤，隃麋百二罗总前。古人亲迹摩挲遍，此乐人间便是仙。"[20]对比两段文字，虽然在内容上略有不同，但是我们仍可以从中体会到两人之间的墨趣相投。文中所谓"尚书墨"，当为吴守默尚书奏草墨（图四三）：此墨亦为碑形，通体涂金。高 7.1、宽 1.8、厚 0.7 厘米。康熙墨之珍品。两面上端均是由凸起的垂

云纹。墨面阴文楷书"尚书奏草"四字，填蓝。背饰双龙戏珠纹。两侧有分书阳文楷书作者年款"吴守默墨"及"康熙年制"各四字。吴守默，清代徽州歙县人，墨肆延绿斋。其制墨匠心独具，康熙年间与曹素功齐名。

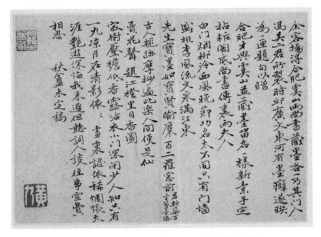

图四二 黄易书画合册（无锡博物院藏）

图四三 吴守默尚书奏草墨

四 结论

碑形墨作为怡情养性的工具，在我国具有悠久历史并深受文人们的欣赏和喜爱。徽墨之名扬天下，除制墨技法高超是至关重要的原因外，还包含有美术、图案、设计、墨模雕刻、漆器、书画、裱糊、印刷等诸多因素。就中国古代碑的形制而言，取象于竹木简版及佩玉，并深受汉代谶纬思想的影响。

自明代中后期以来，墨面的装饰题材更为丰富，数量也骤然增多。注重文具的外表之风发展到了极致。人们对墨面装饰的重视，甚至会达到追逐外形而忘记墨的实用功能的程度，如碑形墨就是一个典型实例。制墨家们在设计时既要照顾到表里相称，仿照碑的造型来制作墨形，又必须精心设计，使墨的造型、圆案、色调、题识等也需要殚精竭虑。当然最关键的还是要有卓越的造墨技法与墨模的雕刻技术，这才能显示出墨的尽善尽美。就总体而言，东汉"碑首、碑身、碑座"这一典型形制确立后，进一步

延伸而产生的丰富变化，使得对碑形墨的认识需要更为系统和严谨的总结。当然，社会风气的变化会逐渐影响时人的审美趣味。碑形墨在清代的发展过程中，在保留"碑首、碑身、碑座"这一核心结构要素的情况下，也相应发生了丰富的变化，其具体形制渐渐消殒，一般多只具有象征意蕴。这种文字墨大量增加，反映了清人对于汉学追求的本质更为务实，给人朴质、实用之感。同时，由于清代文人对书法的研究与挚爱，对文房清玩十分重视与偏爱并会自己设计墨样。反映了清代文人的喜好与风气。

注释：

［1］（汉）许慎：《说文解字》卷九，中华书局1963年，第90页。

［2］《现代汉语大辞典》，汉语大词典出版社2010年，第244页。

［3］（清）阮元：《十三经注疏》，中华书局1980年，第922页。

［4］刘海宇：《汉碑的形制与谶纬思想》，《齐鲁学刊》2011年第2期。

［5］周绍良：《蓄墨小言·胡澍、赵之谦墨》，北京燕山出版社1999年，第638—639页。

［6］张子高：《清墨图录：张子高藏墨》，故宫出版社2013年，第343页。

［7］故宫博物院编：《故宫藏黄易尺牍研究·手迹》，故宫出版社2014年，第164—169页。

［8］《张廷济录黄易致赵魏北来（妙极）札（新69087–12/12）》中无"当"字。详见故宫博物院编《故宫藏黄易尺牍研究·手迹》，第44—46页。

［9］（清）翁方纲：《赠吴舜华制墨歌——墨铭放翁书诗境字》，翁方纲：《复初斋诗集》卷十五，《续修四库全书》，上海古籍出版社2003年，第490页。

［10］故宫博物院编：《故宫藏黄易尺牍研究·手迹》，第112—113页。

［11］故宫博物院编：《故宫藏黄易尺牍研究·手迹》，第32—33页。

［12］徐珂：《清稗类钞》第一册《园林类·大虹园之塔》，中华书局1984年，第206页。

［13］许承尧等：《歙县志》卷九《人物志·义行》，1937年铅印本，国家图书馆古籍馆藏，第45页。

［14］许承尧：《歙事闲谭》卷八《江氏诸人诗》，黄山书社2001年，第247—248页。

［15］（清）阮元：《淮海英灵录（戊集）》卷四《"江春"条》，摘自张海鹏、王廷元：《徽商研究》，安徽人民出版社1995年，第493页。

［16］（清）李斗一：《扬州画舫录》，中华书局1960年，第274页。

［17］周绍良：《清墨谈丛·詹致和墨》，紫禁城出版社2000年，第289页。

［18］《今文尚书考证》卷三《禹贡三·夏书三》，刘俊文总纂《中国基本古籍库》（电子版），北京爱如生数字化技术研究中心研制，黄山书社2005年。

［19］故宫博物院编《故宫藏黄易尺牍研究·手迹》，第164—169页。

［20］（清）黄易：《题邱铁香太守百十二家墨》，见黄易：《秋盦遗稿·秋盦诗草》，收入《续修四库全书》，2003年，第1466册，第5页。

江苏苏州吴中区渡村明墓发掘简报

苏州市考古研究所

内容摘要：2010 年 3 月，苏州市吴中区渡村太湖帕堤欧三期建设工地发掘一处明代家族墓群。墓葬已遭破坏，出土器物较少。该墓群的发现，丰富了苏州地区明代中晚期墓葬资料，也为明代苏州地区葬制葬俗的研究提供了新的资料。

关键词：苏州　渡村　明墓　明代中晚期

2010 年 3 月苏州市吴中区渡村太湖帕堤欧三期建设项目施工过程中发现古墓葬，为配合基本建设，苏州市考古研究所于 2010 年 3 月 30 日对其进行了抢救性发掘，共清理了三组七座墓葬，确认该处墓葬群为明代家族合葬墓（图一）。现将发掘情况简报如下。

一　墓葬结构

渡村明代墓葬群为多室并列石质平顶砖室墓（图二），共两排三组，呈品字形排列，正北向 0°，M1 位于东侧，为三室并列墓，东西宽 334、南北长 252 厘米，M2 及 M3 为两室并列墓，M2 位于中部，

南北长 252、东西宽 250 厘米，M3 位于西侧，南北长 252、东西宽 229 厘米。三组墓室均用青砖紧靠着墓壁平砌起筑，M2 略向北延伸约 95 厘米，位于品字上部。墓砖为长方形，长 42、宽 20、厚 13 厘米，砌至约 90 厘米高处上盖石板，但是遭到基建损毁，基本不存。墓底平铺地砖，用砖与壁砖相同。葬具及尸骨皆已荡然无存。

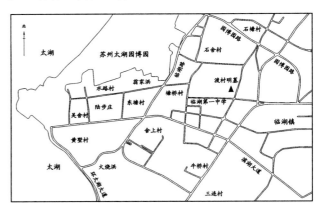

图一　苏州渡村明墓位置示意图

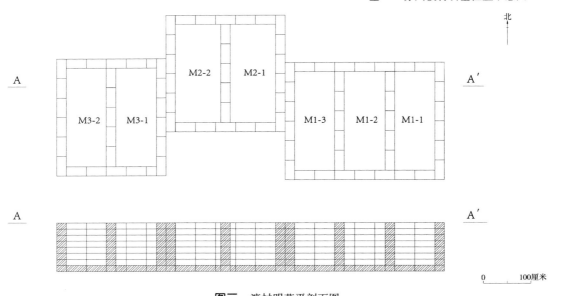

图二　渡村明墓平剖面图

二 出土遗物

该墓群石质盖板损毁，葬具及尸骨皆已不存，虽墓室保存较好，但出土遗物较少，仅韩瓶2件，铜镜4面，墓志方砖2块。介绍如下。

韩瓶 2件。器型及尺寸略有差别。

采集：1，敛口近直，尖圆唇，平沿，束颈，溜肩，腹微鼓，下腹略内收，平底。酱釉，施釉不甚均匀，釉质较差，釉面斑驳。泥质硬陶，胎呈棕红色。口径4.8、底径3.8、高18.1厘米（图三）。

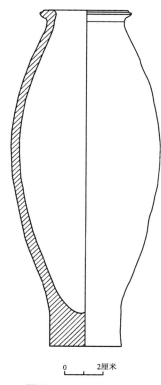

图三 2010 渡村采集：1

M3－2：2，敛口，尖圆唇，平沿，束颈，溜肩，鼓腹，下腹略内收，平底。器身有数条凹弦纹，酱釉，基本施满釉，但釉质较差，釉面斑驳。泥质硬陶，胎呈棕红色。口径5.4、底径3.8、高19.2厘米（图四）。

铜镜 4面。皆为圆形。

仿汉四乳四神镜 1件。M1－3：1，圆形，桥型纽，圆纽座。纽座外饰弦纹及篦纹，器外饰四乳，于四乳间有青龙、白虎、玄武、朱雀四神纹，空间

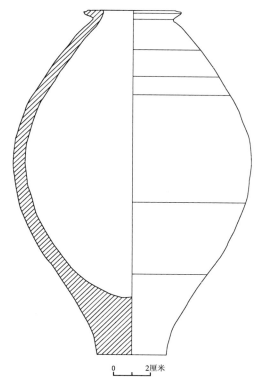

图四 2010 渡村 M3－2：2

填以单线云气纹，图案外饰一凸起圆环及篦纹一周，篦纹外有一周圆环及锯齿纹，外侧有一周圆环及双粗线三角形纹，素平缘。直径9.3厘米（图五）。

图五 渡村 M1－3：1

仿汉五乳神兽镜 1件。M2－2：1，圆形，圆纽，圆纽座。座外一圆环，主纹漫漶不清，较难辨认，似为五乳及神纹相间环绕，外有数圈弦纹，素缘。直径7.6厘米（图六）。

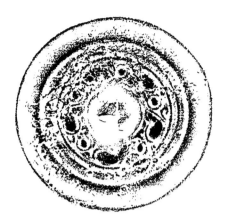

图六　渡村 M2-2:1

　　仿汉魏四兽镜　1 件。M3-1:2，圆形，桥型钮，圆钮座。主纹为浮雕式禽兽纹，兽纹漫漶难辨，似为龙、虎，其他二兽漫漶难辨，均作奔驰或行走状。其外一周篦纹，一周锯齿纹及一周波浪纹，素缘。直径 13.6 厘米（图七）。

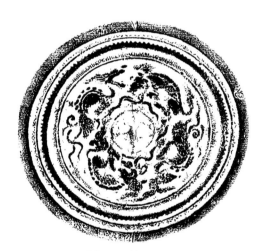

图七　渡村 M3-1:2

　　仿唐瑞兽葡萄镜　1 件。M3-2:1，圆形，伏兽钮。内区兽钮上下左右各二兽相对，左右两兽下侧有铭文"敬亭"，环列一串串葡萄和一片片叶纹，外区有不同形态的禽鸟环列，或飞翔，或栖息于葡萄枝蔓上，有的头向镜缘，有的头向镜钮，变化多样，近缘处又环绕一串串葡萄和一片片叶纹。花叶纹缘。直径 11.5 厘米（图八）。

　　墓志　2 方。砖质，平面近方形，皆无志盖。

图八　渡村 M3-2:1

　　M2-1:1，长 29.2、宽 28.5、厚 3 厘米，志石用横竖各十六条细阴线分割成十七行十七列，共 289 方形小格。志文由朱砂书写，然朱砂脱落严重，字迹漫漶难辨，志文内容不详（图九）。

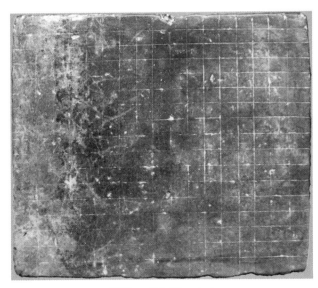

图九　墓志 M2-1:1

　　M1-1:1，边长约 33.3、厚 3.1 厘米，素面。

三　结语

　　苏州吴中渡村明墓群为多室并列石质平顶砖室

墓，当为苏州地区明代中晚期墓葬的典型形制之一，也是该种形制墓葬资料的重要补充。渡村明墓与虎丘王锡爵墓[1]、洞庭山许裕甫墓[2]、常熟陆润墓[3]、常熟城郊明墓[4]、太仓施贞石墓[5]及吴山岭刘德贞墓[6]等在形制上皆有不同，与虎丘明墓[7]、高新区大墩明墓[8]在形制上较为相近，三者皆未使用浇浆，其余明代中晚期墓葬多施浇浆，然虎丘明墓与大墩明墓皆为一个墓葬的两室或者三室并列的夫妻合葬墓，而渡村明墓群不仅单个墓葬的墓室并列，且三座墓葬并列，更显特别，当为三座夫妻合葬墓并列的家族墓地（表一）。

渡村明墓群的发掘，不仅丰富了苏州地区明代中晚期墓葬资料，而且对明代苏州地区的葬制葬俗的研究具有重要的参考价值。

领队：张铁军

发掘：张铁军 钱松浦 钱法根 钱海江 钱桂树 陈少华

绘图：周金波 张铁军

执笔：周金波 张铁军

表一　苏州明代墓葬一览表

年份		墓葬	墓葬形制	资料出处
1370 年	洪武三年	吴山岭刘德贞墓	单室券顶砖室墓	《江苏苏州吴山岭明刘德贞墓发掘简报》，《东南文化》，2016 年第 6 期
M1 为 1518 年；M2 为 1508 年	夫：正德十三年；妻：正德三年	常熟陆润夫妇合葬墓	两室并列浇浆墓	《常熟市虞山明温州知府陆润夫妇合葬墓发掘简报》，《东南文化》2004 年第 1 期
1610 年	万历三十八年	吴县许裕甫墓	三室并列平顶浇浆墓	《江苏吴县洞庭山发掘清理明许裕甫墓》，《文物》1977 年第 3 期
1613 年	万历四十一年	虎丘王锡爵夫妇合葬墓	券顶双室砖式浇浆墓	《苏州虎丘王锡爵墓清理纪略》，《文物》1975 年第 3 期
M1 为 1631 年；M2 为 1627 年	夫 M1：崇祯四年；妻 M2：天启七年	太仓施贞石夫妇合葬墓	两室并列砖砌浇浆墓	《太仓南转村明墓及出土古籍》，《文物》1987 年第 3 期
明代中晚期		常熟城郊明墓	两室并列浇浆墓	《常熟城郊发现明代墓葬》，《东南文化》1991 年第 6 期
		虎丘明墓	三室并列平顶砖室墓	《苏州虎丘明墓清理简报》，《东南文化》1997 年第 1 期
明代晚期		高新区大墩明墓	两室并列平顶砖室墓	《江苏苏州高新区大墩土墩遗存抢救性考古发掘报告》，《东南文化》2015 年第 5 期

注释：

[1] 苏州市博物馆：《苏州虎丘王锡爵墓清理纪略》，《文物》1975 年第 3 期。

[2] 南京博物院：《江苏吴县洞庭山发掘清理明许裕甫墓》，《文物》1977 年第 3 期；苏华萍：《吴县洞庭山明墓出土的文徵明书画》，《文物》1977 年第 3 期。

[3] 常熟市博物馆：《常熟市虞山明温州知府陆润夫妇合葬墓发掘简报》，《东南文化》2004 年第 1 期。

[4] 杨新民：《常熟城郊发现明代墓葬》，《东南文化》1991 年第 6 期。

[5] 吴聿明：《太仓南转村明墓及出土古籍》，《文物》1987 年第 3 期。

［6］苏州市考古研究所：《江苏苏州吴山岭明刘德贞墓发掘简报》，《东南文化》2016 年第 6 期。

［7］苏州博物馆：《苏州虎丘明墓清理简报》，《东南文化》1997 年第 1 期。

［8］苏州市考古研究所：《江苏苏州高新区大墩土墩遗存抢救性考古发掘报告》，《东南文化》2015 年第 5 期。

从宜侯夨簋再谈宁镇地区周代青铜遗存

许　洁　钱公麟（苏州博物馆）

内容摘要：以江苏六合程桥东周墓、六合程桥二号东周墓、六合程桥三号东周墓、丹徒北山顶春秋墓、丹徒县青龙山春秋大墓、丹徒粮山大墓、镇江谏壁王家山东周墓的原始出土报告为研究基点，探索宁镇地区周代青铜遗存的性质。

关键词：宁镇地区　青铜遗存　性质　年代

2016 年 10 月 21 日的《中国文物报》发表了《从宜侯夨簋谈起》一文，主要观点是：江苏宁镇地区的烟墩山西周墓、母子墩西周墓，如同"丹徒司徒公社西周窖藏"一样，性质都应为周代青铜器窖藏；这三座窖藏的年代应该为东周，虽然三处遗存中出土了不少西周青铜器，如"宜侯夨簋""伯簋"，但在每个遗存中都有东周时期的遗物，所以窖藏的年代无疑应为东周时期。

宁镇地区出土了较多周代青铜器的其他遗存，除上述介绍的三处之外，较为典型的还有六合程桥东周墓地、丹徒青龙山春秋墓、丹徒粮山春秋大墓、丹徒北山顶春秋大墓及丹徒王家山春秋墓等，这些遗存的情况又是如何呢？

六合程桥东周墓地，地处长江之北，在南京市六合区程桥镇程桥中学内。最早发现于 1964 年 6 月 24 日，该校师生在学校东北角开土方时挖出马衔、管状车饰、剑、镞等青铜器。26 日函告省文管会，发掘工作从 7 月 18 日开始至 28 日结束，属于抢救性发掘。土层填土大部分已被挖去，有些土层（出土青铜器的地方）已经挖到底，因此墓口面貌已无法了解。葬具都已经腐朽，只有西北部残留一片赭色漆皮，东西长 0.44、南北宽 0.41 米，附近有零星的漆皮分布，漆皮下有人牙八枚，人骨已腐朽。另一组人牙发现于坑中部，共 14 枚。随葬器物都出在深

2.3 米左右的坑底，正式清理前，挖出的部分器物根据发现人的回忆大体复原了位置，在图上用虚线画出，以供参考。最重要的发现是一批青铜器共 57 件，分食器、乐器、兵器、车马器和工具五类。令人关注的是有编钟 9 件，形制、花纹皆相同，大小渐次成编。编钟正面均有铭文，多为反文，内容基本相同，最完整的铭文三十七字。铭曰："隹王正月，初吉丁亥，攻敔中（仲）冬（终）𦉥之外孙，坪之子㦰（臧）孙，择氒（厥）吉金，自乍（作）龢钟，子子孙孙，永保是从。"[1] 还有刻纹铜器和一件铁器。此墓被破坏后进行了抢救性清理，发掘者根据出土青铜编钟上的铭文有"攻敔"二字，在发掘简报的结语中，提出墓葬时代相当于春秋末期，国别为吴国，墓主身份为贵族。这样在宁镇地区第一座春秋末期的"吴国墓葬"就被确定了，一起出土的遗物都被认为是吴国春秋末期的遗物，如浅刻铜器，还有铁器等。

六合程桥东周二号墓（M2）又是什么情况呢？1968 年 2 月 20 日，程桥公社长青大队在镇东的陈岗坡地上取土，发现了一批青铜器，有鼎、编钟、编镈等，共二十余件。1972 年 1 月 22 日至 25 日间南京博物院在出土地点进行清理，又出土了剑、戈、矛等青铜兵器和一些残陶器，可知是一座东周墓。M2 距离 M1 仅 100 米。这次清理在原出土地点又向四面扩展，清理面积达 42 平方米。在耕土层下是质地坚硬的黄胶土，墓葬全貌已不甚清楚。根据墓底白泥和器物分布，知此墓范围近长方形，东西长 5 米，南北宽 4.5 米，墓底离地面 1.3 米，随葬品如鼎、镈、编钟等铜器都出土在墓坑西南部。从发现此墓到清理相距近 4 年，结论又是如何呢？二号墓出土的 II 式鼎、编钟、II 式剑、戈、矛和小方格纹

印纹硬陶小罐在一号墓都有出土，于是报告顺理成章地将时代定为春秋末期，虽未说明国属，但确认是一处值得注意的春秋时代的墓地[2]。

1988 年 1 月 1 日六合程桥中学在建筑施工中于地下发现了一批青铜器，农民工将其中一部分拿回家，另一部分砸碎后卖给废品收购站。校方得知后积极追缴文物，并电告文保部门，南京市博物馆立即派人赶赴现场。出土文物的地层已被农民工破坏，墓圹与葬式不清。因此处遗存位于程桥一号墓西边 80 米，被定为三号墓。该墓共随葬器物 12 件，分为青铜器、石器和陶器三类。其中青铜器 9 件，包括鼎 2 件，甗 1 件。还有盘 1 件，有铭文："工盧大（太）叔口口自乍（作）行盘。"簠 1 件，有铭文："曾子义行自乍（作）饮簠子孙其永保用之。"匜 1 件，有铭文："罗儿口口吴王之侄子口公口坪之子罜（择）氒（阙）吉金自乍（作）盥鈃（匜）。"[3] 还有舟 1 件，勺 1 件，剑 1 件。虽然 M3 遭到破坏，根据 M1、M2 的情况，发掘简报肯定其为春秋末期的墓葬，也应当属吴国墓葬。M1、M3 墓主分别为"吴王外孙"和"吴王之甥"，所以整理执笔者认为此墓是一处特殊的吴国墓地。吴王之甥实际不是吴国之人，而是死后葬于吴国。事实上，程桥东周墓地都是遭到破坏后于数周或数月甚至若干年后才得到清理，所以对这批遗物的性质必须慎重考证分析，才可下结论。

长江以南宁镇地区典型的周代青铜遗存，首选北山顶春秋大墓。墓葬位于北山顶部，海拔 81.6 米，为大港—谏壁之间诸山最高峰，西面为青龙山，北临滔滔长江，该墓封土底部南北长 32.75、东西宽 32.25、高 5.15 米，墓室长 5.8、宽 4.5、深 1.35—1.45 米，墓道偏墓室南北长 5.8、宽 2.35 米，呈刀形[4]。

磨子顶大墓坐落于青龙山顶，海拔 74 米，此墓封土底径长 60、残高 8 米，此墓凿山为穴，墓室长 12、宽 7、深 5.5 米，墓前正中有长方形斜坡墓道，长 13、宽 4.3 米，呈甲字形[5]。

粮山二号墓位于粮山顶部，海拔 78.3 米，该墓封底径 14、高 4 米，封土堆下为人工建成的斗式石穴，穴口东西长 11.2—12、南北宽 6.4—7 米，底部东西长 9.4—9.8、南北宽 5.2—5.9、深 9 米，呈口字形。

这三座墓，分别位于北临长江毗邻相望的北山、青龙山和粮山，墓上都有高大的封土，都有人殉，都出土大量的青铜器等随葬品，这些共同点标志着墓主人均有一定的身份和地位。有些学者推断它们是春秋不同时期的吴王墓，似乎也不无道理。但奇怪之处在于，上面介绍的三座墓葬的墓室形制分别为"刀"形、"甲"字形和"口"字形，而且墓室形制差异较大，丝毫没有一脉相承之感。如果认定墓主是各代吴王，那么任何诸侯国总有其风俗、典章制度，总有一定的嬗递规律，其墓形制各异不得不使人疑窦顿生。

有人要问，对北山顶余眛墓如何解释呢？事实上，在东周时期的青铜大墓中发现"余眛矛"一类的器物也是常见的，不能说明问题，东周时期列国之间或联姻结盟，或兵戈相见，占地掠物，馈赠品、盗掘品、战利品等在诸侯之间交流十分常见，用作随葬品的现象也十分普遍。2015 年 5 月 18 日苏州博物馆举办了"兵与礼——吴王余眛剑特展"及研讨会，根据对余眛剑铭文的隶定，认为"余眛矛"是值得商榷的一件兵器。

要确定墓主的国别和地位，在青铜大墓中应看其主流，也就是青铜器中的礼乐器而不是兵器。北山顶墓出土有铭文的遱邟编钟和遱邟鼎，都是徐国器，这说明此墓应为徐国贵族墓，[14]C 年代测定为 2355±95 年，树轮校正后为距今 2370 年。越灭吴为公元前 473 年，此时正值越国统治时期，是越王礼遇徐国之贵族而葬之，是越国统治下的徐国贵族墓葬。在墓葬中发现了一批越国典型器，如鸠杖、錞于、丁宁等。

对王家山东周墓又如何解释呢？我们来重温《江苏镇江谏壁王家山东周墓》[6]一文，简报描述墓坑南北宽约 3、东西残宽 6、深约 6 米，墓内东部为生土二层台，残长 3、宽 3、高 1.2 米，生土台以西为一方坑，边长约 3 米，坑内除西南角空敞外其余地方放置了 13 件瓮，瓮口皆盖一灰陶盆。瓮内有谷类、鱼骨、蛤壳、牛骨残迹。请问棺椁置于何处？这能是墓葬吗？

遗存内发现铜器共 102 件，包括容器、杂器、乐器、兵器、车器和车饰、生产工具之类。陶器为瓮、盆、纺轮等共 30 件，铜器的分布有一定的规律，墓坑的二层台北壁有铜盘、铜削及陶纺轮等，另一组遗物在东侧，主要是铜器，有戟、矛、镞等兵器和軎、辖等车器和车饰。

如何重新认识王家山遗存？从出土遗物的分布，特别是坑内的 13 件大瓮的分布来看，此处应该为一窖藏。从兵器、乐器的放置可以看出它早期应为一建筑遗存，是否可以将它作为具有仓廪性质的建筑遗存去探索呢？

总之，宁镇地区周代青铜器研究中宜侯夨簋的"一器定乾坤"，六合程桥东周墓的"一锤定音"，更有北山顶墓的"先入为主，喧宾夺主"等，这一系列的研究方法是值得商榷的。

当我们重温这些遗存的原始报告时，不由产生了一个疑问：在宁镇地区周代遗存出土的青铜器中到底哪一件是公认的吴国青铜器呢？望同仁和读者们指正。

注释：

[1] 江苏省文物管理委员会、南京博物院：《江苏六合程桥东周墓》，《考古》1965 年第 3 期。

[2] 南京博物院：《江苏六合程桥二号东周墓》，《考古》1974 年第 2 期。

[3] 南京博物院、六合县文教局：《江苏六合程桥东周三号墓》，《东南文化》1991 年第 1 期。

[4] 江苏省丹徒考古队：《江苏丹徒北山顶春秋墓发掘报告》，《东南文化》1988 年增刊第 1 期。

[5] 中国考古学会：《丹徒县青龙山春秋大墓》，《中国考古学年鉴》1988 年。

[6] 镇江博物馆：《江苏镇江谏壁王家山东周墓》，《文物》1987 年第 12 期。

溧阳地区印纹硬陶与原始青瓷
窑址的初步调查与分析

史　骏

内容摘要： 本文依据"三普"期间溧阳地区印纹硬陶与原始青瓷窑址数量、概况、现状的调查材料，以及窑址的发现和对标本的比较与分析，初步分析溧阳地区印纹硬陶与原始青瓷窑址的烧造年代、发展及没落等。

关键词： 印纹硬陶　原始青瓷　窑址　调查　分析

一　溧阳地区印纹硬陶与原始青瓷窑址的调查与发现

印纹硬陶是夏商周时期至汉代长江中下游和东南沿海地区生产的一种质地坚硬、表面拍印几何图案的日用陶器，质地比一般陶器细腻，原料含铁量较高，烧成温度也比一般陶器高，颜色多呈紫褐、红褐、黄褐、灰褐或青灰色。成型方法主要采用泥条盘筑法，也有轮制成型。器鼻和系等附件是手捏成型后粘贴的。初步成型后要用"抵手"抵住内壁，用刻有花纹的拍子拍打器壁，使胎体坚固致密[1]。

原始青瓷或称"原始瓷器"，有的也称"釉陶""青釉器"等。商周时的原始瓷器称为早期原始瓷器，而西周原始瓷器主要用泥条盘筑法成型，并用拍印、刻划、堆塑等技法做出各种装饰花纹，如方格纹、篮纹、叶脉纹、锯齿纹、弦纹、"S"形纹、绳纹、网纹、附加堆纹、云雷纹、水波纹等。这些瓷器工艺很原始，处于瓷器的发明阶段。首先它选择的是一种含熔剂较少的黏土作原料，这种黏土称为瓷土或高岭土。烧成以后胎色灰白，含铁量在2%左右，胎体表面施--层石灰釉，氧化钙含量在16%—20%左右，和胎体一道经1200℃以上的高温烧成，颜色为黄绿色或灰青色，光亮透明。根据釉色，这种瓷器称为原始青瓷[2]。

1. 印纹硬陶与原始青瓷窑址的调查背景

近年，溧阳通过多次文物勘探和考古，发现境内西周至战国时期的江南土墩墓保存较多，据市文物部门统计，全市有土墩墓近两百处[3]，而土墩墓出土器物以印纹硬陶与原始青瓷器为主，特别是2009年12月至2010年3月间对溧阳抽水蓄能电站建设征地范围内的文物点进行考古勘探、发掘，共发掘土墩墓9座，出土印纹硬陶与原始青瓷器200余件[4]，约占出土文物数量总数的95%以上。溧阳市文物管理委员会办公室于2008年至2011年的第三次全国文物普查期间开始专注于西周至战国时期烧造窑址的调查。由于窑址的存在需要有大量优质的瓷土矿资源、丰富的森林资源及充沛的水力资源，我们开始对符合自然要素，且交通方便，具备烧造环境的上黄、天目湖等镇区展开相关调查。

2. 印纹硬陶与原始青瓷窑址的调查

上黄镇位于溧阳市东北部，距县城20公里，地处溧阳、宜兴、金坛三市交界，紧靠长荡湖流域（古称洮湖），交通方便，附近分布着大量瓷土矿。

2008年初，溧阳市文物管理委员会办公室接到上黄镇一村民报告，在镇南洋渚村东振新采石场附近山上[5]（图一、图二）发现大量古代陶瓷标本，这些标本是为春秋至汉的印纹硬陶和青瓷残片，与馆藏器物标本相比明显相近，很有价值。随后又于2009年和2010年相继发现市域南部天目湖镇大溪水库内下马滩窑址[6]（图三）和前家岗窑址[7]（图四）。两处窑址都处于大溪水库岸边，环水背山，部分淹没水中。地表散布大量各类器物残片，以印纹陶、原始青瓷为主，器形有罐、盘、瓮等，纹饰有网格纹、席纹、折线纹、钱纹、菱形填线纹等，其中发现有支烧器物的窑具残片。

图一 洋渚村东窑址

图二 洋渚村东窑址残片

图三 下马滩窑址

2011年5月25日，我们又前往前家岗窑址作进一步调查。此次调查，我们在水库干涸的滩涂处，

图四 前家岗窑址

发现一处断面，残存有长期火烧留下的厚厚的烧结层，基本确定此处窑址所在。另外，还发现大量原始瓷残片和印纹陶残片，有的陶片胎为褐色或红色，纹饰像绳子压下去的"绳纹"、鱼网状的"网纹"、草席状的"席纹"，有的瓷片表面有一层淡青色或黄褐色的釉，有的是圆弧形卷曲的回旋线条的"云雷纹"，有的像用竹片在上面戳成"S"形的"戳点纹"，这些都是原始青瓷的典型花纹。根据调查情况，印纹陶片和原始瓷片分布范围较广，有可能不止一处窑址。

二 标本介绍与分析

洋渚村东窑址采集标本：

1. 青瓷残片，瓷片的上部是用瓷土捏成的一个圆圈形的铺首粘贴，往下有竖条形绳纹。施淡青色釉，釉面几乎脱落，只残留局部（图五）。

图五 青瓷残片

2. 印纹硬陶片，满饰方格纹和折线纹，纹路清晰（图六）。

图六　印纹硬陶片

3. 青瓷残片，上部用竹篾划出不规则的斜道，往下是水波纹，然后凸出两道弦纹，在这两道弦纹间用小竹签压印小圆圈而形成的一排圆形阴纹。瓷片表面施一层淡青色的釉，釉面发色纯正（图七）。

图七　青瓷残片

4. 青瓷罐残片，罐口口沿外侈，口沿下唇有两道凸弦纹，自罐口往下顺势，逐渐鼓腹，内外皆施淡青色釉，偶尔有垂釉现象。口沿的内沿直径为 11.37 厘米，外沿直径为 16.28 厘米（图八）。

5. 印纹硬陶片，罐类的腹部，陶片满饰方格纹和折线纹，撇口，残片的上直径为 8 厘米，下直径为 11.4 厘米（图九）。

6. 青瓷钵残器，口沿和内部通体满饰弦纹，外

图八　青瓷罐残片

部素面无纹饰，内外皆施淡青釉，口径 20 厘米（图一〇）。

图九　印纹硬陶片

图一〇　青瓷钵残器

7. 印纹硬陶片，饰多道方格纹，近口部有弦纹一道（图一一）。

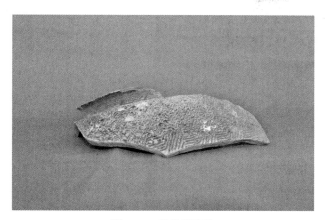

图一一　印纹硬陶片

8. 青瓷残片，饰弦纹，施黄褐色釉，内外施釉（图一二）。

图一二　青瓷残片

9. 青瓷残片，饰绳纹，施黄褐色釉，内部釉面有些许脱落，只有小部分残留（图一三）。

图一三　青瓷残片

10. 青瓷残片，表面饰有横向和纵向线条相接，中间布满网格纹，表面施淡青色釉，釉面滋润均匀（图一四）。

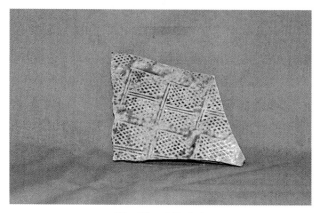

图一四　青瓷残片

11. 印纹硬陶残片，罐形器的腹部，依稀可见泥条盘筑痕，通体饰规整而丰富的纹饰，有水波纹、弦纹（弦纹两侧均压印锯齿纹）、直道纹等相间（图一五）。

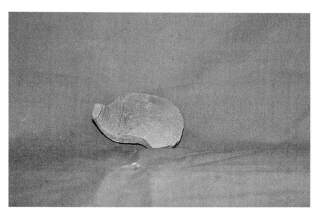

图一五　印纹硬陶残片

12. 青瓷罐残片，口沿之下溜肩，用小竹筒压印规整的圈点纹，施淡青色釉，内外施釉。

下马滩窑址采集标本：

13. 青瓷双系罐残片，表面布满米筛纹，装饰讲究规整，精细。通体施青黄釉，釉色温润。

14. 16块印纹陶片，饰网纹、方格纹、折线纹、弦纹、直道纹（图一六）。

图一六 印纹陶

15. 青瓷罐残片，饰圈点纹，施淡青色釉。

16. 青瓷双系罐残片，罐耳刮 6 道直条纹，腹上有系断裂。施淡青色釉。

17. 青瓷钵残器（修复），口沿和内部通体满饰凸弦纹，施淡青色釉（图一七）。

图一七 青瓷钵残器

前家岗窑址采集标本：

18. 青瓷罐残片，胎质较粗，罐体外部饰指甲纹，内部无规则几何竖线纹刻划，施黄褐色釉，内外施釉。

19. 青瓷碗底足残片，胎质较粗，修底足，内部刻划几何线条花卉，内外施淡青色釉，甚为罕见（图一八）。

20. 印纹陶片，胎质较粗，器物外部饰有篾纹，内部刻划几何横向和纵向交叉线条纹饰（图一九）。

21. 窑具、垫圈，断截面呈圆通状（图二〇）。

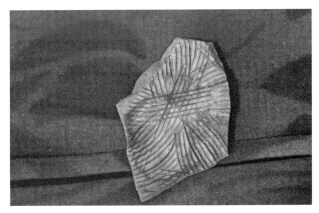

图一八 青瓷碗底足残片

图一九 印纹陶片

图二〇 窑具

三 窑址烧造年代、烧制工艺、器物的变化发展

关于印纹硬陶与原始瓷的相对年代，一直以来无文字记载，只能从同类器物比较研究来发现。普

查新发现的这三处窑址器物大都有相同或相似器物，从中对比可以推测其烧造年代、工艺及其他。

前家岗窑址发现大量的石锛、石斧等新石器，推测溧阳可能早在新石器时代晚期就在当地开始制作印纹陶器，当时生产的陶器是以软陶为主，胎质疏松，器物上的纹饰不规整，粗浅不一，松散紊乱。所用工具简陋，制作多为手制，其装饰手法采用刻划和拍印，发现的原始瓷较洋渚村东窑址、下马滩窑址的原始瓷标本粗糙、釉薄且温度较低，装饰手法如同印纹陶一样采用刻划和拍印，多为手制，说明可能与印纹陶同期或较晚，溧阳已经开始大规模生产原始瓷。

洋渚村东窑址器形成熟丰富，说明在春秋至战国时期，溧阳印纹硬陶与原始瓷发展到了鼎盛时期。比较前家岗窑址这一前期分布较广的情况，其分布更加广泛，出土器物仍以印纹陶和原始青瓷为主，以生产生活类器皿为典型，辅以墓葬等用途，且功能上有了更详细的划分。这一时期的印纹硬陶，胎壁较厚，产品极大部分为贮盛器，胎色有深褐色、灰褐色、紫红色等类。纹饰以方格纹、重回纹、米筛纹、菱形填线纹、金钱纹、叶脉纹、直线交叉纹为主，同时有组合纹饰出现。原始青瓷器胎质坚致，呈灰白色，施青褐色和黄绿色釉，采用内外壁施满釉或外部施釉，釉层厚薄不匀，尤其是早期的器物有流釉现象。器物上盛行装饰弦纹和S形纹饰，器物造型日趋规整，常见器形有折腹、圆腹罐、豆、盅、碗、钵等。洋渚村东窑址出土的原始青瓷器较印纹硬陶器有明显的增加。

下马滩窑址除发现大量印纹陶和原始瓷外，还在窑址西北侧发现大量汉代的釉陶、青瓷等各类器物残片，以红陶、灰陶为主，器形有罐、壶、盘、瓶等，纹饰有钱纹、网格纹、席纹、菱形填线纹等。此时生产的印纹硬陶器仍以生活用具为主，主要为贮盛器。器形以坛、罐为大宗产品。胎质呈紫褐色、砖红色和灰白色。纹饰为曲折纹、米筛纹、回字纹、弦纹、蕉叶纹、方格交叉纹、米字纹、水波纹等，器物制法已经基本由泥条盘筑法转向轮制。这一时期

的原始青瓷生产，无论在产品的质量和产量上已接近汉代的青瓷，其胎色灰白，质地细腻，釉色为青色和青中泛黄色，釉层厚薄均匀。纹饰流行钱纹、网格纹、席纹、菱形填线纹等，从而形成了吴、楚、越接壤地区独特的装饰风格。

综上所述，溧阳境内分布较多印纹硬陶和原始青瓷遗址，其出土器物数量之多、类型丰富，充分说明商周时期以前，溧阳地区已经能生产印纹硬陶和原始青瓷，春秋晚期至战国时期印纹硬陶和原始青瓷的生产规模和产量都较前期有了很大的发展和提高，秦汉时期终于在继承印纹硬陶和原始青瓷的基础上创造出了高温釉陶和青釉瓷器。

四　相关问题研究

1. 溧阳印纹陶和原始青瓷的发展

根据作者调查，早在新石器时代晚期溧阳地区的古代先民就开始使用印纹陶器，但烧造温度低、胎质粗糙。商代时，随着印纹陶的日趋发展，产品质量不断提高，人们逐渐开始挑选精细的原料用以烧造器物，从而发现了瓷土，在此基础上创烧出了原始青瓷。西周至春秋早中期，是溧阳原始青瓷发展的兴盛时期，产品的质量和数量都较前期有所提高和增加。春秋晚期至战国早期，溧阳的印纹硬陶逐步趋于衰弱，特别是战国以后更趋明显。战国早中期，印纹硬陶器的花纹装饰较前期趋于简化，主要以米筛纹、米字纹、方格纹、水波纹为主。器物的种类和款式大同小异。坛，口沿以直口、侈口、卷沿为主，丰肩，深削腹，平底。罐亦以直口，鼓腹，近底收削较甚，平底。从战国晚期起，当印纹硬陶处于衰落时，正是原始青瓷迅速发展之时，当时不但大量生产生活用器，而且还生产明器，烧制技术日益增强，胎质细腻坚密，釉色青绿明亮，器形规整，制作技术采用轮制。另外原始青瓷的种类不断增多，除原有的碗、盅、杯等实用器外，还盛行各种仿铜礼器，有鼎、豆、编钟等。总之，这一时期的原始青瓷器生产不但在质量和数量上都进入极盛时期，而且为今后东汉晚期产生的成熟青瓷打下了坚实的基础。

2. 溧阳地区印纹陶的衰退原因

春秋战国时期，印纹陶衰退的原因是多方面的，有环境的，有经济的，也有政治的原因。随着春秋五霸、战国七雄的覆灭，整个中华民族趋于大融合之势，同样作为吴、楚、越文化重要特征的印纹陶器也日趋简化和衰落。特别是在春秋时期，溧阳已是各诸侯纷争的对象，先是吴楚两国出于争霸的需要，都在战事上投入了大量人力和财力，据史籍记载，周景王二十三年楚平王七年（公元前 522 年），楚平王杀死大臣伍奢及其长子伍尚，次子伍员（子胥）途经溧阳逃往吴国，致使吴楚战备以及人才的变化，后来伍子胥率领吴国兵马大败楚国，攻克溧阳。此后，溧阳被吴、楚、越交替配属，依据当时吴越青铜冶铸业发展的优势，除生产兵器外，还生产了一定数量的农具、工具、日用品。所以，在一定程度上青铜器的发展影响了溧阳印纹陶与原始瓷的制作和发展。当时生产的印纹硬陶器以大件坛、瓮为主，其原因可能而大件的印纹硬陶器既可以贮存农具、工具、生活用品，又可以贮存兵器，且坚固耐用。因此，这大大促进了生产力的提高和发展，同时也有力地推动了商业、农业、手工业的发展，进一步促进了南北文化的大融合，使得制瓷业已日趋发展，取代印纹陶。

3. 溧阳地区原始瓷的衰退及窑址的迅速没落

尽管原始瓷器比印纹硬陶具有更多的优越性，但仍带有明显的原始性和过渡性，注定将被东汉时期的成熟瓷器取代，这是历史发展的必然。随着本地区汉代大一统的开始，政局相对稳定，人口大量增多，促使了人民对陶瓷日用品的需求，为瓷业生产的进一步发展创造了有利条件。此外，当时江南厚葬之风较盛行，也在一定程度上刺激了瓷业生产，这一点已被溧阳汉墓中出土的大量冥制瓷器所证实[8]。再加之原始青瓷所选用的原料淘洗也不够精，坯料处理糙，烧成温度低，胎釉结合不牢固。从而促使窑工不断改进原有的窑炉结构和窑具，致使烧成温度提高，胎釉结构牢固，同时也降低了生产成本。根本原因可能还在于溧阳地区境内湖泊水域较广，船运方便，促使周边宜兴、绍兴、上虞一带众多窑场加入竞争，在对方工艺精湛，成本低廉的情况下，当地窑场不仅没能提高产品的质量，而且在样式品种上也不能推陈出新，以满足人们的日常生活需要。因此，在具有时代特色的新工艺、层出不穷的新产品面前，本地窑场终于败下阵来，致使千百年来烧造窑炉的薪火就此熄灭，直到宋代以后才在溧阳戴埠牛场村一带重燃。

本文是对溧阳古窑址初步探究的初步成果。我们从实地调查入手，进行基础的野外调查，全面深入地了解溧阳地区古窑址的现状；同时，还收集整理了一部分文献资料。另外，限于调查材料，对古窑址存在、发展、消亡的研究，则是在调查基础上，利用自己所积累的文物知识进行科学的架构和合理的推论。

致谢：首先要特别感谢导师贺云翱先生给予我极大的鼓励和支持。他肯定了课题研究的价值和意义，增强了我研究的信心；同时又从研究方法上给予指导，使我受益匪浅。我还要感谢副研究员狄富保、徐建中两位先生，作为溧阳本土文物专家，他们在文物方面的学识和建树令我敬佩，使我在思考深度和广度方面有很大的扩展。此外，我还要感谢在论文答辩中对我的论文提出意见的各位专家。

注释：

[1] 彭适凡：《中国南方古代硬纹陶》，文物出版社 1987 年，第 320 页。

[2] 王屹峰：《中国南方原始瓷窑业研究》，中国书店出版社 2010 年，第 41 页。

[3] 国家文物局主编：《中国文物地图集·江苏分册》，中国地图出版社 2008 年，第 290 页。

〔4〕溧阳市文物管理委员会办公室：溧阳市"三普"调查资料（内部资料）。

〔5〕溧阳市文物管理委员会办公室：溧阳市"三普"调查资料（内部资料）。

〔6〕溧阳市文物管理委员会办公室：溧阳市"三普"调查资料（内部资料）。

〔7〕溧阳市文物管理委员会办公室：溧阳市"三普"调查资料（内部资料）。

〔8〕溧阳旧县村（江苏弘博热电有限公司热电厂一期地块）考古勘探资料，常州市博物馆（内部资料）。

草鞋山遗址的考古意义及当代社会价值国际学术研讨会会议综述

宦小娴（苏州博物馆）

内容摘要：2017 年 10 月 26—27 日，"草鞋山遗址的考古意义及当代社会价值"国际学术研讨会在苏州召开。本次研讨会共有 11 位专家代表围绕草鞋山遗址水稻田的发掘与研究成果、遗址的考古学意义、遗址的当代社会价值等内容进行了主题发言，体现出考古发掘与专业研究基础深厚、观察视角多元化、紧密联系现实与发展需求等特点。

关键词：草鞋山遗址 马家浜文化水田 苏州史前文化 研讨会

草鞋山遗址位于苏州市工业园区唯亭镇东北、阳澄湖南岸，为 1956 年 10 月江苏省文物管理委员会在全省文物普查中发现，1957 年复查后正式命名。2017 年 10 月 26—27 日，在草鞋山遗址正式命名 60 周年之际，由苏州市工业园区宣传部（文化事业局）、苏州博物馆主办，南京博物院、苏州市文化广电新闻出版局支持举办的"草鞋山遗址的考古意义及当代社会价值"国际学术研讨会在苏州召开。研讨会邀请了中国和日本近 20 位专家学者共同探讨交流，共有 11 位专家代表分别从水稻田的发掘研究、考古学层面的意义和当代社会价值等不同角度阐述了对草鞋山遗址的认识与思考。现将会议综述如下：

一 草鞋山遗址水稻田的发掘与研究成果

水稻田的发现是草鞋山遗址考古发掘的最重要成果之一。与会的多位专家将视线聚焦于草鞋山遗址的水稻田，总结和分析了水田遗址发掘与史前稻作文化研究的成果。

日本宫崎大学原校长、名誉教授藤原宏志亲身参与了 1992—1995 年中日合作的"苏州草鞋山古稻田研究"课题，运用日本植硅体（即 Plant Opal，也称"植物蛋白石"）分析法对草鞋山遗址马家浜文化水稻田进行了分析研究。他表示，植硅体分析法可探查分析水田的埋藏场所，便于开展更精细的考古挖掘。长江中下游是水田稻作的起源地之一，草鞋山遗址马家浜文化水田稻作距今约 6000 年，尚为初期水田稻作，生产力水平不高，应为采集狩猎与初期水田农耕并存的混合经济，且以采集狩猎为中心。此后，水田稻作技术迅速发展，崧泽到良渚文化期中国的水田稻作时代大体形成。

宫崎大学农学部宇田津彻朗对植硅体分析的结果做了进一步的阐述。他指出，通过植硅体定量分析计算，草鞋山遗址马家浜文化层稻作产量相当于日本江户时代的 80—100kg/1000m^2，平均生产量极高。另一方面，植硅体形状解析法分析判断其栽培稻类型应为热带粳稻。此外，考古工作者开展了水田广域调查，推定以草鞋山遗址石碑为中心至少向北 600 米，南 500 米，东西 200—300 米存在稻田，且东南方应有大片稻田，水田范围逐渐向西面和东北扩展；遗址北侧湿润环境逐渐扩大，为水稻生长创造了良好的环境，收获量随时代演进而增加，稻作稳定持续下来。草鞋山遗址稻作是长江下游流域新石器时代利用冲积低洼地种植水稻技术的萌芽，其时稻田修建技术和栽培管理技术已有普及性和一般性，构成新石器时代的稻作技术的重要水田布局模式和位置。

宫崎大学名誉教授柳沢一男以福冈市板付遗址和唐津市菜畑遗址为中心，对日本的重要水田遗址做了介绍，为草鞋山遗址的建设提供了重要思路。

板付遗址位于福冈县福冈市博多区，遗址内发现弥生时代早期的水田，有成熟的水田样态，是日本最古老的水田遗构之一。1992 年遗址内建设弥生馆进行展示。菜畑遗址位于佐贺县唐津市，遗址内发现绳文时代晚期中叶的水田，且在弥生时代早期的地层里发现了侧面开孔、用棒串联起的猪下颚骨，推测与农耕祭祀相关。1990 年遗址公园和展示设施末卢馆建成开放，并有青少年水田耕作体验。此外，静冈登吕遗址、群马县日高遗址、奈良中西遗址、大阪安满遗址均发现水田遗迹，其中奈良中西遗址先后发掘出的水田为日本同时期最大规模的水田遗址。

苏州市考古研究所丁金龙则对苏州地区的各水田遗址进行了全面梳理。草鞋山遗址、绰墩遗址、姜里遗址相继发现马家浜文化水田遗迹，澄湖遗址、姜里遗址发现崧泽文化水田，朱墓村遗址又发现良渚文化水田。草鞋山、绰墩、姜里遗址的地层叠压堆积，表明了水田的延续发展和文化的承袭关系。其中，草鞋山遗址共计发现马家浜文化水田遗迹 74 块，是目前国内揭示马家浜时期水田最多的遗址，也是国内发现最早带有灌溉系统的水田。马家浜文化期，苏州地区的水稻种植面积已十分可观，且水田由小变大，由单个到多个逐渐联合，周边高地上有居住址、墓葬等生活遗存。崧泽文化期，居住址与水稻田以水沟为界而分开，可能出现田间管理。良渚文化期水田、居住、墓地分设，水田趋于规整，出现牛耕。

江苏省农业科学院粮食作物研究所汤陵华从农学角度对处于不同进化阶段的稻种类型进行了取样比较，结合稻作栽培化探讨分析了进化过程中各类型稻种间的粒形变化。通过对太湖流域现代品种、现代各地野生稻和稻作遗址出土炭化米的比较分析发现，中国的栽培稻在粒型上有着明显的差别，新石器时代的炭化米从粒型上看为粳稻，从野生型到栽培型的进化过程中稻谷呈大粒化趋势；野生稻粒型较籼稻更为细长，较炭化米更大；籼稻和粳稻的分化约在 20 万年前，而栽培稻的发现约在 1 万年前，

长江流域遗址出土的古代栽培稻应源于具有粳型基因的野生稻，籼稻则可能来自古代栽培的粳稻与籼型野生稻的后代。同时，他指出现代野生稻与祖先野生稻的异同，野生稻与籼稻、粳稻以及炭化米之间的亲缘关系都需要进一步深入调查。

南京博物院谷建祥结合草鞋山遗址水稻田的研究，从宏观层面对史前稻作文化的发展阶段进行了探索。水田的发展共分四个阶段，在水源、区划规模上相互区别，水田的线性发展与长江下游新石器时代的经济结构变化相吻合。马家浜文化期仍为采集渔猎经济的高度发展时期，稻作农业仅仅处于经济生活的从属地位；崧泽文化早、中期，生业系统中的广谱经济与稻作农业经济大体持平；从崧泽文化晚期至良渚文化期，稻作农业随着犁耕的兴起而成为社会经济结构的核心内容。另一方面，稻作农业是一种社会文化现象，它是人类社会生产力水平与文明进程达到一定程度的产物。马家浜文化水田和栽培稻及相关行为遗存的出现，说明水稻耕作已从其他获取食物的手段中独立出来，进而支撑起稻作文化的"水田时期"。

二 草鞋山遗址的学术意义

草鞋山遗址先后历经九次发掘，发掘总面积达 3230.5 平方米，是迄今为止在江苏境内发掘次数最多、面积较大的新石器时代聚落遗址，也是长江下游东部太湖平原典型的新石器时代文化遗址，2013 年 3 月被国务院公布为全国重点文物保护单位，有着不容忽视的考古学价值。与会学者对此进行了详尽地阐释。

南京博物院邹厚本结合自己在草鞋山遗址考古方面的丰富经验和研究经历，分阶段介绍了草鞋山遗址的考古收获，说明了它在江南史前考古学上具有的里程碑意义与价值。20 世纪 70 年代初两次发掘探明了遗址文化层堆积，清理了新石器时代墓葬 204 座，发现了马家浜时期墓葬与居住痕迹，并出土了一批良渚时期的精美随葬品。90 年代野外考古研究发现了马家浜文化水田结构的不同类型，并有了东周水田结构遗迹的线索。21 世纪初三次发掘确认了

遗址的主体区域，发掘了马家浜文化、崧泽文化墓葬，以及新的水田与马家浜文化期房址。编织物、刻符玉璧、陶器、木桨等丰富的文化遗存建立起文化编年的标尺，良渚文化随葬品极大地推动了良渚玉器的断代工作，水田遗迹的发现开启了考古学、农学、古生物学等多学科合作研究的模式。

南京博物院谷建祥表示，草鞋山遗址树立了太湖地区史前文化序列研究的典型标尺。草鞋山遗址的文化堆积厚达 11 米，可分 10 层，是我国文化层堆积最厚的史前遗址之一，完成了马家浜文化、崧泽文化、良渚文化，直至进入春秋时代的吴越文化的文化序列，尽管各堆积层在存在时间上均未跨越各自所属文化的全部阶段，但仍然展现了各时期的丰富内涵、社会面貌。同时，草鞋山遗址水田遗构的发现是中国稻作农业起源研究的坚实支点，特别是马家浜文化时期不同形态的水田结构，确认了水田的相对年代及水田发展阶段，为史前水田形态的研究提供了明确的证据。

江苏省考古研究所林留根围绕草鞋山遗址水田遗构集中探讨了它在水田考古方面的坐标意义。苏州草鞋山遗址的水田考古研究发掘出东、西区两种不同类型的小块水田群，代表了马家浜文化时期两种不同形态的水田结构，是探索我国早期稻作农业文化的一次突破性进展。遗址水田遗构显示出了较为完整的水稻田系统，同时完成了考古学意义上从关注大遗存到关注微遗存、从关注人工遗存到关注自然遗存的转向，为田野考古水田遗构的标准化提供了依据。考古学界对水田的研究在此完成了从稻到稻作文明研究的转折，推动了中国稻作文化、农耕文明、聚落考古、生业环境等各方面的研究。水田遗构的发现还将农业生产区纳入遗址的有机整体，对遗址保护的范围、理念提出了新的启示。

苏州吴中区文物管理委员会办公室姚勤德则将视线投向草鞋山遗址出土的一件良渚刻符玉璧。这件良渚玉璧上的刻符图案清晰完整，位于璧中心与边缘的垂直线上，阴线刻划，上下端平直，两侧稍内弧，呈"钺"形，轮廓线的左侧下部刻有一个叶脉纹，轮廓内则有小圆圈和纵向的三道直线。据研究推断，这种"钺"形刻符璧是良渚文化时期战事前进行巫术活动的一种神器，祈求战争的胜利。良渚文化墓葬中大量玉器的发现，证明了良渚时期社会财富的流向，以及建立与维护这种财富流向的社会权力的存在，对研究良渚文化时期的社会性质，认识太湖地区原始社会向文明时代发展的历史进程，有着十分重要的作用。

宁波市考古研究所雷少另辟蹊径，以人海关系为视角对宁波地区史前考古发现进行了概述，与草鞋山遗址考古研究互为借鉴，以期进一步综合认识环太湖地区的史前文化。宁波地区东靠大海，海岸线曲折漫长，新石器时代时人海关系已非常密切。从井头山遗址、河姆渡文化、良渚文化到钱山漾文化、广富林文化等各处史前遗址考古发现可知，宁波地区先民对于海洋的认识有一个逐步深入的过程，从适应海洋环境进行生产、生活，到利用海边滩涂和海水中的各种资源，再到开发海盐等海洋资源，先民不断走向海洋。扎实、细致的开展考古工作，提取丰富的考古信息，重建史前时期社会、环境应成为今后宁波地区史前考古发展的主要方向之一。

三　草鞋山遗址的当代社会价值

草鞋山遗址的价值并不仅仅停留在学术层面。作为一种不可再生和不可移动的特殊文物资源，草鞋山遗址的保护和利用必然"功在当代、利在千秋"。如何更透彻地阐释草鞋山遗址的历史性、科学性和艺术性，如何发挥草鞋山文化遗产的当代社会价值，让文物保护成果更多惠及人民，仍有待坚持不懈的探索。与会专家围绕这一命题发表了自己的观点。

苏州博物馆钱公麟认为，苏州工业园区草鞋山遗址不仅是太湖流域史前文化的标杆，更标示了苏州地区史前文化的摇篮，为研究苏州史前文化提供了丰富的实物资料，对引领苏州史前文化研究具有灯塔般的作用。就水田发现来看，从马家浜文化时期水稻田的出现到逐步改进，其核心的技术在于灌排设施的进步，是苏州水利系统中排灌的雏形，是目前发现最早的水利工程的先声，由此开创了苏州水利文化的先河。其后的数千年里，苏州先民不断积累治水经验，根据自然规律利用流水创造出了苏州水乡生态文明，启发着当代苏州的治水工作。当前苏州工业园区对草鞋山遗址的再关注和大力建设，必将让文化的传承重拾光彩，引领苏州文化继续前进。

南京博物院邹厚本围绕草鞋山遗址公园的建设，以实现现代文明与古代文明的交相辉映为目标，提出了具体可行的建议。他指出，草鞋山遗址区位优势明显，有着充足的文化底蕴，因此遗址公园总体上应以生态修复和文化底蕴展现为主，以绿植标识、覆土保护、景观示意、原状展示等方式向公众展现草鞋山遗址考古的亮点，如，以植被方式投现东太湖平原远古文化的标尺——夷陵山的探方位置，恢复历史记忆；提升复原古稻田，将这里建设成为稻田探源的科学实践基地。同时，应当规划好遗址的后续考古发掘工作，夷陵山下重元寺现已不宜复建，可列入发掘规划，复原古寺庙平面，增添亮点。此外，可充分利用阳澄湖这一地理区位，筹建阳澄湖生态环境博物馆，构建区域联动发展。

综合来看，此次"草鞋山遗址的考古意义及当代社会价值"国际学术研讨会呈现出以下特点：

第一，以考古发掘与专业研究为支撑，内容详实有据。与会的多位专家学者曾亲自参与到草鞋山遗址的考古发掘中，并进行了长期不懈的科学研究，不断加深着对草鞋山文化的认识。此次会议，专家代表以精确的数据、清晰的思路、细致的分析，对草鞋山遗址的文化遗存作出了透彻的解读，让会议真正成为研究成果的集中展示平台，让学界同仁得以进行充分的分享与交流，有利于增进对遗址的深入了解，对今后继续开展遗址相关的科研活动有着重要的导向意义。

第二，观察视角多元化。草鞋山遗址承载的是苏州丰富的史前文化，蕴藏了当时人类生产生活的各个方面，因此对草鞋山遗址的认识方式也是多样的。与会学者有的全面观察草鞋山遗址所折射的苏州史前文化，有的重点突出遗址水稻田的特殊地位；有的宏观认识人类稻作文明，有的集中探讨马家浜水稻的种植技术；有的横向比较分析草鞋山遗址与其他遗址，有的纵向梳理多个堆积层标示的线性序列和社会变迁。多方面的阐释让草鞋山遗址的面貌更加丰满。

第三，自古由今，紧密联系现实，反映发展需求。就学术层面来看，与会学者不仅对草鞋山遗址发掘研究的既有成果做了总结阐述，还就未来的研究课题、目标及发展方向作出了重要提示。就社会建设层面来看，无论是日本史前文化遗址的保护、展示实践，还是草鞋山遗址公园建设的目标、方式构想，都将指引着草鞋山遗址及其文化遗产以现代化的形式融入苏州人的生活，融入发展的大局。

作为新石器时代的重要文化遗产，草鞋山遗址是苏州文化之源，是江南史前文明的耀眼晨光。当前，草鞋山遗址公园的建设已在积极地探讨与推进中，此次"草鞋山遗址的考古意义及当代社会价值"国际学术研讨会的顺利举办，对草鞋山遗址公园的建设、苏州文化遗产的保护和传承都有着重要的启示作用，有利于进一步挖掘遗址的价值，认识遗址保护的重大意义，为合理利用、有效管理文化遗产奠定了更加坚实的基础，让文化遗产真正"活"在当下，切实满足人民日益增长的美好生活需要。

试论魏晋时期屯田的转化及豪族庄园的发展

——以嘉峪关画像砖所见军屯与坞为中心

石佳佳（苏州市吴中区文管办）

内容摘要：嘉峪关壁画墓反映出的魏晋时期河西地区丰富的社会生活历来为众多学者所关注，学者大都认为其体现了魏晋时期河西地区屯田制度的盛行及豪族地主庄园经济两方面的内容。本文拟从嘉峪关壁画墓画像砖所见的军屯和坞着手，通过对屯田及坞的分析，联系曹魏的给客制度，试说明嘉峪关画像砖反映出的是魏晋时期河西地区屯田制度的破坏，屯田向庄园经济转化以及其时河西地区豪族庄园的盛行，而并非屯田和豪族庄园经济两方面的盛行情况。

关键词：军屯　坞　给客制度　庄园经济

在甘肃省嘉峪关市东北20公里新城乡的戈壁滩上，散布着千百座古墓。1972年至1973年，嘉峪关市文物清理小组发掘清理了其中的八座。这八座古墓，除二号、八号墓外，其余六座均为壁画墓，除少数几块墓室壁画被盗洞所穿，以及门楼上一些壁画因年代久远而自然损毁外，其余都保存完好，色泽如新。根据墓室结构、壁画上的舆服制度和出土器物，判断为曹魏至西晋时期的墓葬，其中，一、二号墓的年代略早，六、七、八号墓略晚[1]。

六座壁画墓除损毁之外，共保存壁画六百余幅。内容都是描绘当时的现实生活，包括农桑、畜牧、井饮、狩猎、林园、营垒、庖厨、宴饮、奏乐、博弈、牛马、出行、坞堡等，多方面的反映了魏晋时期河西地区的社会生活。之前对这些画像砖的研究，均认为画像砖所反映出的是魏晋时期河西地区军屯的盛行和豪族庄园经济的发展[2]。而本文拟从画像砖上的出行、兵屯和有关坞的内容上，试说明嘉峪关壁画墓画像所反映出的魏晋时期河西地区屯田制度的破坏和其向庄园经济转化，以及河西地区豪族

庄园经济的盛行。

一　画像砖所见的军屯

画像砖上的军屯图，大概可以从出行图、牙旗图和兵屯图上得到最直观的反映。这三方面的图主要见于以下画像砖（表一）[3]：

表一　嘉峪关画像砖所见军屯

墓号	编号	画像砖内容
M3	02	出行图之一：两队导骑，前面各有一骑前导。每队都有一骑持幢幡，其余持矟或无所持。
	04	出行图之二：前一骑为墓主，持缰前驱，后从骑四排十三骑，其中一骑持戟，一骑持幢矟，余多为持矟。
	06	出行图之三：从骑四排十四骑，一骑持戟，余多为持矟。
	08	中为大帐，帐内坐一将军，帐外立二侍卒，左一侍卒持便面，大帐外环以小帐三重。小帐外戟盾林立，左方为牙门，两侧各有牙旗三面。
	036	兵屯：上部为两列士卒操练，皆兜鍪袴褶，荷戟持盾，最前面尚有一人持戟前驱。中间两人，前一人手持剑，后一人骑马，绛褶灰袴，下半部为二耕者，前一人髡发，后一人为汉人。
M5	026	墓主人出行图：一佐吏戴黑介帻，着皂缘领袖中衣，骑马前导，次一排三佐吏，皆骑马，服饰与前同。后一排二骑，兜鍪札甲，马上持矟。其后一人为墓主，马上持鞭，幅巾绛褶。墓主后一排三骑，兜鍪札甲，右者持朱幡，中为持旄，其色缥，左者持矟。次后一骑幅巾绛袴褶，佩弓持矟。后一排四骑，皆兜鍪札甲，右一骑持幢，其色黑，余三骑皆持矟。最后一排四骑，兜鍪札甲，马上持矟。

续表

墓号	编号	画像砖内容
M6	092	出行图之一：二佐吏戴黑介帻，着皂缘领袖中衣，捧笏前趋。
	093	出行图之二：前为一骑吏，戴赤帻，着皂缘领袖中衣，长袴，手持马鞭；后为一骑卒，着黑帻，黑衣长袴，马上持鞭。
	094	出行图之三：前为一骑吏，戴赤帻，着皂缘领袖中衣，长袴，后为一佐吏，戴黑介帻，穿皂缘领袖中衣，长袴，马上持鞭。
	095	出行图之四：二骑吏，戴赤帻，着皂缘领袖中衣，长袴，马上持鞭。
	096	出行图之五：墓主人所乘犊车，驾一牛。犊车左幡不可见，右幡为灰色，未施幰。旁有一将车奴。
	097	出行图之六：前为一佐吏捧笏前趋，后一人戴帢，穿皂缘领袖中衣，捧木剑前趋；后一佐吏，服饰相同，捧笏前趋。
	098	出行图之七：一骑吏戴赤帻，着皂缘领袖中衣，长袴，马上持鞭。
M7	035	出行图之一：二导骑兜鍪袴褶，马上持矟。
	036	出行图之二：墓主人，马上持鞭，着袴褶，骑马前行。
	037	出行图之三：三从骑，兜鍪袴褶，马上持矟。
	038	出行图之四：三从骑，兜鍪袴褶，马上持矟。
	039	出行图之五：三从骑，兜鍪袴褶，马上持矟。
	040	出行图之六：三从骑，兜鍪袴褶，马上持矟。
	041	出行图之七：三从骑，兜鍪袴褶，马上持矟。

首先看出行图。三号、五号、七号这三座墓的墓主人都是着袴褶的戎装，出行图导从大都兜鍪袴褶，马上持矟；从出行仪仗看，三号墓有幢幡和鼓，五号墓有朱幡和幢。

《文选·马汧督诔》云："殊以幢盖之制。"李善注曰："幢盖，将军、刺史之仪也。"另，《晋书·李矩传》云："加矩冠军将军，軺车、幢盖。"由此可知，将军、刺史的出行仪仗可配幢盖。而这三座墓的出行仪仗都没有盖，由此可知，这些墓主人的身份是低于将军、刺史的，但其为官吏的身份却不容置疑。

六号墓的出行图以墓主人所乘犊车为中心，犊车前后有属吏和骑吏捧笏或捧木剑为导从。

《晋书·舆服志》载："中二千石、二千石皆皂盖朱两幡，铜五采、驾二。中二千石以上右騑。千石、六百石朱左幡。"《隋书·礼仪志》载："六品以下，不给任自乘牸车，弗许施 。"隋代的制度多仍魏晋之制，因此具有一定的参考价值。六品为比二千石，六号墓出行图中的犊车左幡不可见，右幡为灰色，未施幰。因此，其墓主人可能为比二千石或千石以下的官吏。

再来看三号墓的08号画像砖。《文选·东京赋》李善注曰："兵书曰：'牙旗者，将军之旌，谓古者天子出，建大牙旗，竿上以象牙饰之，故云牙旗。'"至于牙旗的作用，《封氏闻见录·公牙》云："诗曰：'祁父予王以爪牙。'祁父，司马，掌武备，象猛兽，以爪牙为卫。故军前大旗谓之牙旗，出师则有见牙，祃牙之事。军中听号令，必至牙旗之下，称与府无异。"由此可知军中有号令，必先召集官兵到牙旗之下，其作用如府之视事厅堂。又《资治通鉴》汉纪献帝初平三年条下载："（麹义）追至界桥，攒敛兵还战，义复破之，遂到瓒营，拔其牙门。"胡三省注云："贤曰：'真人水镜经曰：凡军始出，必令完整，若有折，将军不利，牙门旗竿，军之精也。'"由此亦知牙门为军营之大门，是军营至关紧要处，其两旁列有牙旗。画像砖上之画像以大帐为中心，周围环以小帐，且有侍卒守卫，联系牙旗的作用可知，此幅画面反映的是军营布置的情况（图一）。

图一　屯营

最后来看三号墓的036画像砖。砖的上部为两列荷戟持盾、进行军事操练的士兵；下部为二人扶犁挥鞭，驱牛耕作。此图上下部结构紧凑，兵士与耕者图像交合，人物行进方向、神态均一致，显系同一主题。此图形象地再现了魏晋之际兵者且佃且守的情况（图二）。

图二　屯垦

综合以上，壁画上之出行图、牙旗图和兵屯图反映了魏晋时期河西地区尚存军屯制度，军屯里之士兵亦耕亦战。

二　画像砖所见的坞

嘉峪关壁画墓画像砖上有众多反映建筑的内容。本文对"坞"的选择，只采用报告中明确记载为"坞"的建筑，对画像砖上有明确书题为"坞"的内容，亦收入本文中。总结起来，画像砖中所见之坞内容如下（表二）。

坞，最初是国家军队防御设施的名称。《汉书·武帝纪》颜师古注曰："汉制，每塞要处别筑为城，置人镇守，谓之候城，此即障也。"《说文解字》曰："陽（坞），小障也。"由此可知，在汉代，较小的障称作坞。《资治通鉴》永嘉四年秋七月条载："河内督将郭默收整余众，自为坞主。"胡三省注曰："城之小者曰坞。天下兵争，聚众筑坞以自守；未有朝命，故自为坞主。"陈寅恪先生论及坞时曰："西晋末年，戎狄盗贼并起，当时中原避难之人民其能远离本土迁至他乡者，东北则托庇于慕容之政权，西北则归依于张轨之领域，南奔则侨寄于孙吴之故

表二　嘉峪关画像砖所见坞

墓号	编号	画像砖内容
M1	033	前为一仆一婢，后随一容车，正向坞走去。
	034	一容车朝坞走去。
	036	四周高墙环绕，在城垣转角处开一门，门上建有角楼以远望下瞰。图上有朱书题榜"坞"字。
M3	025	右为坞，是一种有高墙围绕的城垣建筑，前后各有一个大门，城垣上似乎有烽台一类的建筑，便于瞭望下射。
	034	坞一座，前开一门，中央有一楼橹建筑，上开一个三角孔，四周有树木。
	035	坞和猪一头。
	037	坞外有树和猪。
M4	052	一人立于坞外。
M5	08	守卫，一男手持棍棒立于坞外。这种坞是四周有高墙围绕的城垣建筑，前方设有大门，门上有楼，楼上有窗户以便瞭望。
	019	守卫，一男手持木棍，立于坞门之前，右边树下蹲着一狗。
	047	养猪，一男手持木棍从坞门走出，坞旁有一猪。
M6	017	坞四面有高墙围绕，中间有一高耸的楼橹，以便瞭望俯射。前方开有一门。

壤，……其不能远离本土迁至他乡者，则大抵纠合宗族乡党，屯聚堡坞，据险自守，以避戎狄寇贼之难。"[4]综上可知，西晋时期之坞，已演化为从国家组织中脱离出来的宗族流民自治组织。

以上所言之坞，其功能只涉及"避戎狄寇贼之难"。但众所周知，自坞产生以来，其重要职能则有防御和生产两个方面[5]，而以上仅提到坞壁的防御功能，对于坞的生产功能，可以先从文献中寻到其踪迹。

《三国志·魏志·田畴传》云："田畴，字子泰。右北平无终人也。……率举宗族他附从数百人……入徐无山中，营深险平敞地而居，躬耕以养父母，百姓归之，数年间至五千余家。……乃为约束相杀伤犯盗诤讼之法，法重至死，其次抵罪，二十余条

又制为婚姻嫁娶之礼，兴举学校讲授之。班行其众，众皆便之，至道不拾遗。北边翕然服其威信，乌丸、鲜卑并各遣使致贡遗，畴悉抚纳，令不为寇。"田畴入居徐无山，是在东汉统一国家瓦解之后，他所凭借的是宗族和附从的力量。徐无山有险可据，有地可耕，经过数年经营，俨然成为一个独立的小王国。它可视为早期较完备的坞壁组织。

又《晋书·庾衮传》载："齐王冏之唱义也，张弘等肆掠于阳翟，衮乃率其同族及庶姓保于禹山。是时百姓安宁，未知战守之事。衮曰：'孔子云：不教而战，是谓弃之。'乃集诸群士而谋曰：'二三君子相与处于险，将以安保尊亲，全妻孥也。古人有言：千人聚而不以一人为主，不散则乱矣。将若之何？'众曰：'善！今日之主，非君而谁？'衮乃誓之曰：'无恃险，无怙乱，无暴邻，无抽屋，无樵采人所植，无谋非德，无犯非义，戮力一心，同恤危难。'众咸从之。于是峻险阨，杜蹊径，修壁坞，树藩障，考功庸，计丈尺，均劳逸，通有无，缮完器备，量力任能，物应其宜。使邑推其长，里推其贤，而身率之。分数既明，号令不二，上下有礼，少长有仪，将顺其美，匡救其恶。及贼至，衮乃勒部曲，整行伍，皆持满而勿发。贼挑战，晏然不动，且辞焉。贼服其慎而畏其整，是以皆退。如是者三。"公元301年，齐王冏出兵讨伐赵王伦，由此则庾衮保聚禹山是在4世纪初。庾氏为颍川大族，保聚的成员是庾氏宗族和庶姓，在庾衮的带领下，还有一套完整的生产和防御体系。其所筑的壁坞和藩障，恰是实现生产和防御的空间。

综上可知，自汉末以来，属于军事防御性的坞，逐渐发展为战乱时期在豪强或大族通过宗法血缘、地缘关系集结成的独立的共同体，它不属于国家的统辖，生产上自给自足，对外还具有防御的功能。

从画像砖上的坞可看出，坞大都是高墙环绕的城垣建筑，其上有楼可供眺望和下射，具有很好的防御功能。坞旁有树、有猪，再联系画像砖上之农桑和林园，坞的生产性质也可以得到合理的解释（图三）。

图三　坞

三　魏晋屯田的转化及豪族庄园的发展

嘉峪关位于甘肃省西部，河西走廊中部。西汉时在河西走廊置武威、张掖、酒泉、敦煌四郡，隶属凉州。建安以来，因隔于"河寇"，去凉州治远，故置为雍州。三国河西地区属曹魏，又统于凉州，至晋循而未改，十六国时期为前凉张氏所据。嘉峪关壁画墓所在地，魏晋时期属于凉州酒泉郡。

以上对画像砖内容的分析，主要关注的是出行、牙旗及兵屯所反映出的屯田和坞壁所反映出的豪族大庄园两个主题。观察嘉峪关壁画墓画像砖所反映出的全部内容，诸如农桑、畜牧、林园、庖厨、宴饮等，几乎都是围绕这两个主题展开。以下即就这两个主题之间的联系及其所反映的社会状况进行分析。

西汉武帝时，河西四郡展开大规模的屯田，置农都尉进行管理。建安元年（196），曹魏为了解决军粮的匮乏，首先在许昌进行屯田，继而推广到全国，屯田的范围西起甘肃，东迄山东，北到河北、山西，南达江苏及安徽北部。当时河西地区的酒泉、武威等地也都施行屯田，仍置农都尉管辖，这些都是针对民屯而言。曹魏建国以后，由于司马懿的建议，正式兴建军屯。军屯以在伍的士兵为主，由军事长官给予生产资料，在制定的地区进行屯田，不另设田官，生产组织与军队组织紧密结合。军屯大都在边境地方，包括河西、朔方等地区。西晋初期境内民屯被废止，但边境地区的军屯仍然存在[6]。

自后汉末开始，豪族世族庄园开始兴起，统一国家开始解体，出现魏蜀吴三国鼎立的局面。曹魏政权和东吴、蜀汉一样，都是在世族和豪族的支持下建立起来的。为了保障世族官员的利益，争取他们的支持，曹魏初年施行了一套赏赐土地、耕牛和劳动人手的给客制度。《三国志·魏志·武帝纪》载曹操建安七年令："其举义兵以来，将士绝无后者，求其亲戚以后之，授土田，官给耕牛。"由于当时占取无主荒地并不需要通过国家授给，所以有理由推测授予将士的土地大概是屯田官府开垦出来的熟田。而且也可看出，赐予的对象多为起兵的将领。文帝、明帝之世，这个制度进一步发展。明帝以后，给客制度正式形成，给客范围也开始扩大。《晋书·王恂传》载："魏氏给公卿以下租牛、客户，数各有差。自后小人惮役，多乐为之，贵势之门动有百数。"将大批屯田客赐给各级官员。由于赐给的租牛客户都是屯田土地上的，因此，给客制度的实行，势必会引起屯田制度的破坏。

西晋初年，达官豪贵侵夺民屯土地的风气愈演愈烈。《晋书·李憙传》载：泰始三年（267），司隶校尉李憙上书奏："故立进令刘友、前尚书山涛、中山王睦、故尚书仆射武骇各占官三更稻田。"又奏："骑都尉刘尚为尚书令裴秀占官稻田。"按，山涛为尚书、武骇为尚书仆射都是泰始二年，而这年的十二月西晋才下令全部废除民屯，所以他们侵占的官田应是民屯土地。

综合以上分析可知，自后汉末开始，由于给客制度的推行，民屯上的土地、劳动力均为世族豪族所侵夺。屯田上的劳动力，与其说是国家的屯田客，不如说已大多成了世族豪族的私属。

东汉以来，豪族地主庄园经济长足发展。且不必说"连栋数百，膏田满野，奴婢千群，徒附万计"[7]的豪族大田庄，地方大姓著族一般都拥有一定数量的土地，用沟堑将其围圈起来，经营农业和手工业，形成自己的田庄，是一个独立的自给自足的经济单位。田庄四周筑高墙，内有宅院。庄园的劳动者是宗族或佃客，他们主要是宗族中少地或无地而沦落为佃客的族人，也有因动乱破产而寻求依附的依附民。这些劳动者不同于两汉的编户，他们脱离了国家户籍，与庄园主人有着强烈的人身依附关系。汉末魏晋时期，由于长期战乱，这类田庄筑起壁垒，用以防范外敌的骚扰抢掠，佃客及依附民亦被武装起来，成为部曲，这就是坞壁。因此，坞壁组织既是军事性的防御组织，又是经济型的生产组织，每一个坞壁都是一个独立的自给自足的自然经济体。

综合以上两方面的原因，即：一，汉末以来给客制度推行导致的屯田制的破坏；二，东汉以来以坞壁为代表的豪强地主庄园经济的发展，可知，自汉末以来，国家的土地和编户已日益为豪族所侵夺，独立的豪族庄园经济长足发展。嘉峪关画像砖上表现出的丰富的庖厨、林园、畜牧、农桑、博弈图像，正是自给自足的庄园经济的反映；坞所体现出的庄园的防御性质，与此时期庄园所具有的军事性也是相吻合的。而壁画砖上的出行、军屯图，与画像砖上的宴饮和墓主人图结合起来看，不恰恰说明了此时期屯田的公田已渐渐转化为私田的性质了吗，而且观察墓主人周围的侍者，有的是屯田的士兵，这也恰恰说明了由于给客制度的盛行，屯田破坏，军士地位下降，军屯的军士已渐渐转化为屯田将领的私客。

综上论述，本文认为，嘉峪关画像砖上所反映出的屯田和豪族庄园经济的两方面情况，不是独立平行的两个现象，而是反映了自东汉以来，河西地区豪族地主大庄园经济的发展状况，而且伴随着屯田制度的破坏，屯田公田向屯田将领的私田转化，也即向屯田将领的大庄园经济的转化。由于屯田将领本身抑或是豪族中的一员，因此，嘉峪关画像砖上的农桑、畜牧、井饮、狩猎、林园、营垒、庖厨、宴饮、奏乐、博弈、牛马、出行、坞堡等，并非反映了屯田和豪族地主庄园经济两个平行的社会现象，而是河西地区自汉末以来豪族地主庄园的发展情况，这一发展，包括屯田制度向庄园经济的演化。

注释：

[1] 甘肃省文物队、甘肃省博物馆、嘉峪关市文物管理所：《嘉峪关壁画墓发掘报告》，文物出版社 1985 年。

[2] 甘肃省博物馆、嘉峪关市文物管理所：《嘉峪关魏晋墓室壁画的题材和艺术价值》，《文物》1974 年第 9 期；马文涛、刘超：《从嘉峪关墓壁画看魏晋河西屯田制度》，《湖南科技学院学报》2009 年第 3 期。

[3] 《嘉峪关壁画墓发掘报告》，本文对画像砖内容的采集，如无特殊说明，均采自此报告。

[4] 陈寅恪《桃花源记旁证》，《清华学报》第 11 卷第 1 期，1936 年。

[5] 马志冰：《十六国时代坞堡垒壁组织的社会职能》，《许昌师专学报》1991 年第 3 期。

[6] 赵俪生主编：《古代西北屯田开发史》，甘肃文化出版社 1997 年。

[7] （南朝宋）范晔：《后汉书》，中华书局 1974 年。

从主动到被动：近代苏州商团的改编问题研究（1906—1936）

纪浩鹏（北京大学历史学系）

内容摘要：苏州商团是近代国家与社会之间张力与互动的产物，当国家处于弱势时，社会的活力就得到释放，反之当国家处于集权强势时，在没有合理的制度配套之下，社会的场域就会缩小，社会的活力就会受到压制。苏州商团从诞生之初先后经历了清政府、南京临时政府、北洋政府、南京国民政府时期，在不同时期，因应时势变化，苏州商团都会进行改编，有时是主动的改编，有时是被迫进行的改编，苏州商团在被迫改编时，都会进行策略性反改编，以求更好的生存与发展。近代苏州商团的改编与反改编是近代商人团体因应社会变革的一个侧面，也是近代中国社会特别是江南地区社会演进的一个缩影。

关键词：从主动到被动　苏州商团　改编

一　前言

苏州商团是近代苏州"在野市政权力网络"的一个重要组成部分，在近代苏州的城市治理以及公共卫生、安全等方面都发挥了重要作用。苏州商团也是继上海商团之后江南地区最大的商人武装，因此当社会处于动荡的时期，苏州商团能够维持自身的发展，并且能够在乱世中通过改编不断发展壮大。但是当社会趋于稳定，特别是南京国民政府建立之后，因为苏州商团地处南京国民政府的统治腹地，苏州商团被政府强制改编的命运就不可避免了。

苏州商团是近代江南地区的重要商人武装之一，在其存在的三十年时间里面，因为地处特殊的时空位置，为了谋求其自身的生存与发展，苏州商团经历了多次改编，学界目前对于这个问题已经有一些探讨[1]。

二　清季民初的商团改组

苏州商团的产生与发展壮大一方面是近代中国商人力量壮大的结果，另一方面也是近代中国社会演变的产物[2]。清季民初，各地各行业纷纷创设商团，以维护自身利益[3]。苏州商团在清末民初，在 20 世纪 20 年代，在南京国民政府成立之后，都经历了改编，但不同时期的改编所表现出来的特点也不一样。在清末民初和 20 年代的改编中，苏州商团更多的是一种主动的积极配合的改编，在南京国民政府成立之后的改编则是一种消极的被动的改编，并伴随着各种形式的反改编活动。

苏州商团在清季民初的动荡环境中基本履行了自身维持地方治安与秩序的职责，与巡警通力合作，以补巡警力量之不足[4]。苏州商团的第一次改编是在辛亥革命后不久，将原"苏商体育会"改编为"商团公会"。同时，商团的章程、附则等也进行了修正，整个改编朝着正规化、现代化的方向发展。对于改编的缘起，时任苏州商团公会会长的潘祖谦、沈辉、邹宗淇等在《苏州商团公会改定章程缘起》中写道："吾苏商团公会，旧名体育会，开办已届六年，能力虽储，范围尚狭，盖仅仅为同志讲武之地，未遑实行保卫地方之责也。军兴以来，国家多事，闾阎不能无恐。迨大局底定，而都督程公适膺内阁以去，于时宵小乘机，匪徒隐伏，人心浮动，不可终日。有识者咸谓非力求自卫之计，以辅助军队不可。于是扩充商团至九支部。"[5] 从中可以看出，从苏商体育会改编为苏州商团公会是因应辛亥革命后苏州社会之变化而采取的措施，既有体制的改变，又有商团规模的扩大。经历这次改编后，苏州商团得到进一步发展。改编后的商团改变了过去苏商体育会以个人加入的规定，改为以团体加入，其模式与抗战时期的中国民主政团同盟相同。这样可以加快发展的步伐，使得团体迅速壮大。

苏州商务总会在致都督府的呈稿中对于此次改编也进行了说明："苏城光复之时，承苏商体育会暨各支部会员热心任事，昼夜梭巡，市面赖以安堵。按苏商体育会创办之初，均由各商业公同集资，练习枪操，原拟俟规模稍备，定名商团，以符名实。现值奉文于新历正月十五日恭祝民国大总统履任及祉祝新年，商等公同议定，即于是日将苏商体育会改名为商团公会。"[6] 从中可以看出此次改编是商团自身所计划中的改编，是商团组织扩大后的必要措施。1912 年 10 月，江苏都督根据临时政府陆军部颁布《购办枪械章程》，规定各地方乡镇民团一律不得购办枪械，以维持地方治安，但鉴于江苏地方的治安形势不容乐观，遂允许商团在征得民政长的同意下可以统一购买枪械。

商团改编后的 1913 年，苏州商团首次成立临时司令处和基本队，档案中并未留下成立司令处和基本队的原因，考察其背景应该有二，一为苏州商团改编后的体制使然，改编后的苏州商团是一个带有"联邦"性质的社团，支部占据了很大部分，因此为加强统一，就得需要属于商团本部的基本力量，与现代国家的常备军在体制上相同。另一方面，留存的"商团公会癸丑年临时司令处职员，基本队员姓名表"颁布的时间为 1913 年夏，正值"二次革命"时期，上海、南京都是讨袁军与袁军激烈争夺的战场，苏州毗邻二地，因此加强防务也在情理之中。1916 年的护国战争时期，苏州商团也挑选精干队员参与苏州防务[7]。苏州商团领导人还参与了彼时苏州城防务的布置与领导工作[8]。

三 20 世纪 20 年代前期的商团改组

20 世纪 20 年代，苏州商团进行了第二次大规模的改编，经过这次改编后，苏州商团进入了苏州总商会系统[9]。改编的大背景是 1917 年《商团组织大纲》的颁布。1921 年内务部陆军部农商部联合下发商团组织大纲并服制等，要求各县市划一办理[10]。新的商团组织大纲对商团进行了全面的制度化的改

造，大纲由中华全国商会联合会呈经内务、陆军、农商三部批准，使得商团的存在第一次得到了官方的正式承认。

《大纲》颁布后的几年之内，各地商团都查照施行，并未涉及改组之事，苏州商团在《大纲》颁布几年之后实行改组则是另有原因。其导火索是 1921 年 7 月 30 日江苏实业厅致函苏州总商会准备整顿商团。苏州总商会在江苏实业厅出台《整顿商团办法》之前已经与苏州商团进行了关于改组的初步交涉，核心内容就是下发江苏实业厅在 1921 年 4 月 12 日下发给各县知事公署的函，其中包括商团大纲表图两本。但从 4 月到 7 月的三个月里面，商团公会三次复苏州总商会寻求办理的具体办法，直到 7 月 20 日才得到总商会的回复，在回复中，苏州总商会首次明确提到了商团的改组问题："查商团组织大纲，系于民国六年经全国商会联合会拟呈奉部批准在前。其第一条内载，商会得依地方情形组织商团等语，绅绎条文意义，当指尚无商团之地方而言，似无以原有组织之商团，须由商会改组之必要。"当时，苏州总商会的意见是商团暂时不需要改编，并要求商团"仍循旧章办理，转知各部一体查照，以维现状"，但在五天后，商团公会以非常急切的语气向苏州总商会发函，要求改编整顿。当年 9 月 5 日，商团再度致函总商会，要求改组整顿，总商会最终答应"本会常会与贵代表诸君公同讨论商团改组一案"，随后，总商会要求商团先"一俟团长选出，然后拟章改组"。

在 1921 年一整年里，苏州商团的改组引起了苏州各界的热烈讨论，讨论一直持续到 1922 年。讨论的要点主要包括商团改组的必要性，如商团人数有限，不足以应付苏城治安，应予扩大。"查旧有之商团人数，能可出队者只三百左右，万不足以保苏城，现应增加额数"[11]。又如商团经费短缺，形将解体。"无米为炊，势将解体，一朝有事，谁负其责"[12]，除了改组的必要性之外，有的人已经提出了商团改编的具体意见，比如商团第九支部的施笏清提出"服装，枪械宜先审查也；商团宜与公社并处，以节

经费也；员额宜招考补足也；宜厘定规程以整纪律也"[13]等具体意见，也有直接反对苏州商团改组的，如无锡商团在发给苏州总商会的建议信中写道："夙仰贵会为吾团先进，规模早备，经久不辍，何忍为此种官督商办之大纲所束缚，而反磋民治之锐气。用是贡陈愚见，敬希贵会将裁并之计，暂缓实行，俟新组织法议妥后，再行从事改组，庶可一劳永逸。"[14]

商团公会最终还是选择了改组，关于改组原因，苏州总商会在 1922 年 2 月致江苏省省长公署的呈稿里面有明确表述："部订大纲办法，组织商团权限，悉属商会范围。征询各支部商团意见，佥以应依大纲办法，即请商会改组。"[15]苏州总商会还为苏州商团拟定了商团章程草案，苏州商团第一次成为正式名称出现在商团的章程里面，而之前的名称为苏商体育会商团公会，苏州商团只是其简称。1922 年 3 月，苏州商团改组完成[16]。除了商团章程草案之外，苏州商团还起草了《拟定苏州商团在队规则》《苏州商团办事细则》等文件，使得苏州商团的准军事化性质进一步加强，并且制度化的倾向也得到加强。

此次改组后，苏州商团"由商会会同团长协商办理，一切公文函牍均盖用商会关防以昭郑重"[17]。并且，商团团长队长以下各职员之选用任命都由商会会长决定[18]。次年，由苏州总商会拟定了新的苏州商团章程，章程中明确规定"本团由苏州总商会遵照民国六年部颁商团组织大纲，依地方情形，就苏州商埠原有商团改组之定名曰苏州商团"[19]。同时对于商团的人事任免，苏州商会也进行了控制，章程中规定"本团团长团副由总商会会董分次投票选举之总稽查，由商会会董中投票互选之"[20]。

此次改组后，苏州商团又呈现出了一些新的特点：

（1）商团宗旨的进一步调整，养成军国民资格再一次被写入宗旨。"本团以辅助军警自保治安，养成军国民资格，维持商场秩序为宗旨"[21]，再一次强调了其准军事化的特征。苏州商团的军事化特征经过了一个强化弱化再到强化的过程。

（2）苏州商团的军事化特征进一步加强。此次改组后，苏州商团专门出台了《拟定苏州商团在队规则》，对商团操生进行了全面的规定，包括"奖励、惩戒、值日规则、操场规则、讲堂规则、守卫规则、防务规则"等等。规定之严、之细非常类似军队当中对于士兵的要求，"各队所设之守卫操生，以肃静队内军纪、风纪"[22]。

（3）苏州商团的制度化、正规化倾向得以强化。之前的《商团公会章程草案》以及附则当中，规定的核心内容是内部权限以及管理制度，而此次改编后，苏州商团的许多细节的制度设计得以出台，比如《苏州商团办事细则》的出台，达三十二条之多，规定了涉及商团事务的方方面面。

（4）商团与商会的关系更加密切。商团创立初期，虽也名义上接受商会领导，但在商团自身的发展上相对独立。此次改组后，苏州商团"由商会会同团长协商办理，一切公文函牍均盖用商会关防以昭郑重"[23]。

同年，另外两项伴随改组的两项商团组织结构的改变同样具有改编的重大意义，一为商团基本队的组建，一为商团军乐部的成立。

在创立基本队之前，苏州商团并没有常设的武装力量，唯有届冬防或者军兴之际，才会组织武装，辅助军警维持地方治安和秩序。而 1920 年苏浙的军队调动，迫使苏州商会和苏州商团开始思考组织常设武装，维持地方治安。1924 年江浙战争期间，苏州守备司令部致函苏州商团，要求其团员服装应与士兵服装区别开来，以免在战事中受到损伤[24]。苏州商团也借此契机，按照此前部颁大纲完成了服装的标准化和统一化[25]。1925 年的浙奉战争中，苏州商团也协同军警维持了地方治安[26]。在得到苏州总商会的同意后，苏州商团基本队得以成立。苏州总商会随后也颁布了商团基本队的简章，简章中宗旨写道："本队依遵部令，保护地方治安，维持商市秩序，提倡自卫观念，尊崇商团人格为宗旨。"商团基本队的建立对于商团的生存与进一步发展具有重要作用，使得苏州商团有了常备的武装力量，其准军事化的性质得到加强。1925年成立的苏州商团军乐部则使得苏州商团的组织结构进一步加强，苏州商团军乐部成立的宗旨即是"鼓舞团体精神，发扬蹈厉为宗旨"，商团此前曾有大军乐队，后因"人数星散，以致搁置多年，所有乐器将及锈烂"[27]。成立军乐队在近代中国的各种武装力量当中是一种非常趋新的事情，而军乐队的成立也确实能起到振兴团体精神的作用。

四　南京国民政府时期的商团改编与反改编

南京国民政府成立后，试图改变北洋政府时期的"小国家，大社会"的情形，对各种政治上的异己力量进行打击和收编，并意图通过训政体制建立一个高度集权的中央政府，将数十年以来中央丢失的或者被削弱的军权、财权、人事权、外交权都收回来。苏州地处苏南核心地带，与国民政府的统治中心南京临近，而苏州存在着一支数量可观的商人武装，且存在时间较长，官方的色彩并不浓厚，对刚成立不久的南京国民政府来说肯定是一个大的隐患[28]。广州国民政府时期即存在过一度与广州国民政府发生激烈冲突的广州商团，后来国民政府下令取缔商团。因此南京国民政府在形式上统一中国后，苏州商团作为国民政府统治腹地最大的商人武装力量自然也就会遭到改编。1927年，北伐军进入上海后，对上海总商会进行了整顿，因上海总商会继续以前的运作模式，国民党上海市特别党部威胁取消上海总商会，并准备进一步清理全国的商会及其外围组织[29]。1928年3月，具有典型苏州特色的商办基层组织——市民公社被取消，国民政府首先针对的是有"第一商会"之称的上海总商会，苏州商会及商团并未立即受到冲击。但鉴于政权变革，商团在新政权治下存在的合法性问题是商团面临的关系生存与发展的首要问题，于是在1927年4月，苏州商团为各地商团的地位问题向全国商会联合会提出议案，希望通过全国商联会转致国民政府，以"值北伐期内军事未竟后方治安尤关重要"[30]为由，希

望"国民政府暨苏省政府迅予明令颁示确定地位职权及所属系统"[31]。实际上，不仅是商团，各民众团体都被纳入了南京国民政府的改编范围内，南京国民政府打着"党部、民众、政府三方面一致联络，通力合作，俾收事半功倍之效"[32]的幌子，对各民众团体进行事实干预。

苏州商团在频繁的政治角逐中一直处于中立的角色，因此能够在不断的政局演变中生存下来并且发展壮大。而当政局稳定下来或者将要稳定下来时，苏州商团一般会与当政者采取合作的态度，自觉维护地方秩序，不与当政者发生冲突。国民革命军北伐到达苏州时，苏州商团即与革命军采取了积极合作的态度。

南京国民政府建立后，苏州商团正值发展的黄金时期，当时的报纸评价"商团均富于训练，而又器械精良，实力充沛，精神物质，两俱完美"[33]。苏州商团积极参加了"防范共党"，遏制匪患，与国民政府紧密配合，而彼时国民政府在治安等问题上也的确需要苏州商团的合作与配合。从档案中可以发现南京国民政府成立初期，苏州地方政府以及治安机构频繁与苏州商团往来函电商讨"严防共产党暴动"。在组织形式上，商团也主动加入了一些党化色彩，以符当局之宣导。如在会议中加入恭读总理遗嘱，聘请党义教师，用笺上面刻有总理遗嘱和总理画像等[34]。

国民政府对于地方武装的改编始于保卫团、自卫团等，商团并没有在此之列。而此前商团因有北洋政府内务部民国六年所颁布之《商团大纲》保障其合法地位，而北伐成功后，此大纲自然也失去效力。因此，重新订定商团条例，保障商团合法地位成了商团在国民政府统治下求生存的当务之急。全国商会联合会适时制定了《商团条例草案》，并将《草案》转给苏州商团，由苏州商团转发苏属各县市商团[35]。各省商联会随后也将修缮的《商团条例草案》提交国民政府工商部法规委员会核议[36]。修订后的《商团条例草案》有二十条具体内容，除了重申依然"辅助军警维持市面，弹压匪乱"外，特别

强调了其独立性的维持，如《草案》第十四条规定"商团除保护商场外，不参加其他军事行动，不受军事征调，其枪械并不准各军政机关借用"。政府对苏州商团的改编始于1928年，江苏省政府民政厅此前出台了民政厅"第三三九一号训令"，要求"所有本省各县公安团，应一律改称保卫团；其原有商团应改称特种保卫团，其前颁关于公安团各种条例，听候修正公布施行"[37]。

1929年立法院鉴于地方治安形势未靖，也公布了商团组织条例，但同时也规定地方官厅对于商团应加以限制[38]。而有的省份在执行国府指令时，则否决了商民申请成立新商团的请求[39]。在商团条例公布之前，苏州商团团部推迟了例行选举[40]。吴县县政府随后转呈给了苏州商团团本部，苏州商团随即召开了全体部长会议商讨对策，形成会议决议，主要内容包括"在未奉到省政府颁布特种保卫团组织条例以前，所有苏州商团名称，暂仍其旧，以维现状"，并且"电致内政部工商部，陈述商团之历史，请免予更改在案"[41]。结果在全国商联会的帮助下得到了内政部的积极响应，允诺"在商团组织条例未颁布以前，一切暂仍其旧"[42]。为更好应对改编，苏州商团还同时提议"先与常、锡商团公会接洽后，择定适中地点，函知苏省各县商团开一联席会议，决定一致办法"[43]。苏州商团随后与苏属各埠商团进行了联系接洽，并在1929年9月召开了苏属各县商团代表会议，会议形成决议，希望省府"（一）顾全商团有悠久之历史，相当之成绩，及地方匪患之不靖，予以维持；（二）依据去年四一次会议议决案，商团改组特种保卫团，在订立施行细则时，将此项意义充分采入；（三）保卫团法未经国府命令颁布施行，细则未经省府订定以前，各地商团暂维现状"[44]。此前以冬防期间维持治安的托词彼时也不再奏效，各商团开始准备清查各自商团基本情况，为改组做准备[45]。商团为应付改编对策，在团本部致各埠商团函稿中，苏州商团非常明确表达了"一旦奉令改变名称，于事实上有无必要，自应征集各方意见，同趋一致"的意见，各县市商团在

回复苏州商团的函稿中都表达了不愿意被改编的态度，理由大体包括"设立商团之原则，在协助军警保护商市治安起见，以致商团团员均系商店店员，与招募之公安团团员有别，且纯尽义务，与公安团之领公家饷者尤有别"，"招募商团保卫市廛，正符名实，无改办之必要"，"保卫团既属民众，阶级不一，而经费出自地方，商团为商众之自卫，经费出于商家，……何事受人羁勒"[46]。为防止被改编成为既成事实，时任苏州商团团长施魁和提前向总商会请示了改编为保卫团后的救济办法，包括"原有枪械应如何处置"[47]等等善后措施。在此期间，商团因经费紧张，拟通过"加收电灯附捐"的方式来募集经费，但以"地方保卫事业其经费由当地电气用户负担，则地方其他事业如教育建设卫生军事等在在关系重要，不可于电费附加，其结果必使电价日益增高"[48]为理由，遭到了舆论的反对。

为达到互通有无，共谋图存之道的目的，苏州商团发起了包括苏州、镇江、无锡等地商团在内的九县商团代表会议。从当时的会议纪要来看，有代表赞成改变名称，而大部分代表不主张改变名称，仅主张"精神上之联合，勿用形式之联合，引起误会"。最后，按照多数决定原则，会议形成决议，即《苏州、无锡等十商团致各省商联会总事务所意见书》，以"查此案既未奉到军委会及内政部核议准驳明令，而又接奉民政厅通饬各县原有商团改正名称明令，事由相左，莫衷一是"为由，决定"在未奉国府颁布修正商团条例以前，所有各县商团名称及应守职责事项，仍拟循旧办理"[49]。也有舆论认为当时商团并无存在之必要，认为"都市地方，警军较多，维持治安，责无旁贷，似无须有商团之组织"[50]。

民政厅的训令再度引起苏属各埠商团的热烈讨论，苏属各商团关于应对商团改编的讨论前后持续数年，而在此期间，1930年5月，江苏省县保卫团法施行细则及苏州保卫团章程稿颁布。在实际操作过程中，党化色彩也渐趋浓厚，规定商团改组应首先向党部报备[51]。

但 1930 年前后苏州地区的实际情况却给苏州商团的生存与发展提供了契机。当时的苏州地区"湖匪肆扰，寖及近郊，……共党潜伏，尤为隐患"[52]，于是，江苏省政府决定"就原有商团，添募壮丁，分组编练成一大队，以辅军警之不足"[53]，并拟定名曰"苏州商团临时自卫队"。1932 年"一·二八事件"的爆发使得苏州商团的改组问题暂时搁置，苏州商团还因处于战争第一线得到了官方和民间资助，以更好地维持地方秩序[54]。直至 1934 年，苏州商团依然与苏州救火会等苏州地方团体一道承担着苏州冬防重任[55]。期间，由于苏州平门地区警力单薄，苏州商团还呈请吴县冬防委员会，增设苏州商团平门支部[56]。冬防结束后，1935 年初苏州商团接到了吴县联防办事处的命令，要求其继续履行职能，苏州商团得以继续存在[57]。

1935 年因镇江商会提出镇江作为当时的省会，军警密布，足以维持地方治安，因此镇江商团可以裁撤，随后引起了全省关于商团存废问题的讨论[58]。同年 11 月，苏属十县市商会代表在苏州召开紧急会议，讨论由各属报纸登载关于江苏省政府将于 1935 年 11 月取消商团的密令而引发的关于商团存废的重大问题，讨论的结果由于各县市意见不一致，只得公推商团公会主席陆小波先将各县情形就近向省厅进行报告[59]。吴县县政府在 11 月 7 日终于转发了江苏省政府改组取消商团的密令，省政府为"切实奉行保安制度，统一地方武力"起见，要求"所有各县及各乡镇之商团名义，自十一月一日起一律取消"[60]。密令中还附带了《拟定商团改编为壮丁队或守望所办法》。吴县县政府在十二月二十六日以训令的形式告知苏州商团，首先表扬了苏州商团数十年的功绩，并提出了商团改编暂缓的变通办法，即"准商团在冬防期内暂维现状，并希令饬吴县县政府责任乡、镇长赶速编组壮丁队，加紧训练三月，俾成自卫劲旅"[61]。直至 1936 年 1 月 24 日，吴县县政府最后下达了要求苏州商团改编的训令，要求商团"不容再事延误"[62]，苏州商团也最终答应进行改编。

五 总结

至此，苏州商团持续数年的改编与反改编终于落下帷幕。在对商团进行改编的同时，南京国民政府也对与商团关系密切的商会进行了改组，以受政府严密控制的同业公会代替商会。商团诞生时处于清末新政时期，清廷的控制力在经历了数十年的中央地方博弈以及外力入侵后达到最低点，以近代绅商为代表的近代新型社会团体开始活跃在历史舞台上，商人为了维护自身利益，组织商团等武装自卫力量，同时也得到了官府的许可和鼓励。清朝灭亡后，北洋政府时期，北京的名义上的中央政府一直尝试重建中央集权，恢复中央权威，但都归于失败。社会的力量尤其是新型力量得到进一步发展，商团即是其中的突出代表。商团在应对清末民初以及北洋政府后期的社会变动时，也积极进行了自身的调整，包括主动地调整自身的发展策略，重新修订章程规则等，这一时期商团的改组和改编反映出商团的主动性和积极性。

南京国民政府成立之后，国家的权威得以重建，并且在国民党以训政名义行一党独裁之实的背景下，社会的活力被大大压制，社会的各项运作特别是前期的自治的成果都被纳入到国家治理的范畴，苏州商团在此过程中也被迫进行了改组，虽然利用各种方法以保持自身独立性，但最终都归于失败，最后自行宣布解散，给闻名一时的苏州商团画下句号。

1948 年在苏州商界领袖范君博等的努力下，经省商联会理事长陆小波同意，成立工商自卫大队。苏州解放前，中共地下党与工商自卫大队取得联系，要求他们在国民党军队撤走后维持苏州治安和秩序，苏州商团获得新生。

苏州商团所经历的改编过程是近代中国社会力量与国家力量此消彼长的一个缩影，无论是单纯的国退民进还是民退国进都不是最好的官民互动模式。从苏州商团的个案中我们可以看出，只有国家力量与社会力量有机融合、通力合作的时候才是最有利于国家与社会的。

注释：

［1］相关的研究有朱英：《南京国民政府建立后苏州商团的改组与消亡》，《历史研究》2008 年第 5 期；纪浩鹏：《近代苏州商团的生存与发展研究（1906—1936）》，浙江大学历史系 2016 年硕士论文；朱英：《从〈苏州商团档案〉看近代苏州商团》，《史学月刊》2006 年第 12 期；沈慧瑛：《苏州商团考略》，《档案与建设》1998 年第 12 期。这些论著对于苏州商团的改组问题已经有所涉及，但是对于从长时段、宏观上来观察苏州商团的改编问题，相关研究还不够深入。

［2］朱英：《辛亥革命时期新式商人社团研究》，华中师范大学出版社 2011 年，第 9 页。

［3］《商团踵起》，《顺天时报》1911 年 5 月 8 日，第 2792 号。

［4］《商团巡警联络之会议》，《顺天时报》1911 年 10 月 19 日，第 2951 号。

［5］《苏州商团改定章程缘起》，章开沅等主编：《苏州商团档案汇编》上册，巴蜀书社 2008 年，第 23 页。

［6］《商务总会致都督府呈稿》，1912 年 1 月 15 日，章开沅等编：《苏州商团档案汇编》上册，巴蜀书社 2008 年，第 22 页。

［7］《苏州防务纪闻》，《益世报》1916 年 5 月 14 日，第 6 版。

［8］《会委苏州商团司令》，《益世报》1916 年 5 月 10 日，第 6 版。

［9］《附件：苏州总商会拟定苏州商团章程草案》，章开沅等编：《苏州商团档案汇编》上册，巴蜀书社 2008 年，第 47 页。

［10］《划一各县商团组织法》，《益世报》1921 年 3 月 27 日，第 10 版。

［11］《商团一部程乃衡条陈》，1921 年 7 月，章开沅等编：《苏州商团汇编》上册，巴蜀书社 2008 年，第 40 页。

［12］《沈德琪意见书》，1921 年 9 月 14 日，章开沅等编：《苏州商团档案汇编》上册，巴蜀书社 2008 年，第 41 页。

［13］《商团九部施筠清等意见书》，1921 年 9 月 21 日，章开沅等编：《苏州商团档案汇编》上册，巴蜀书社 2008 年，第 42 页。

［14］《无锡商团公会建议信》，1921 年 10 月 16 日，章开沅等编：《苏州商团档案汇编》上册，巴蜀书社 2008 年，第 45 页。

［15］《总商会致江苏省长公署呈稿》，1922 年 2 月 13 日，章开沅等编：《苏州商团档案汇编》上册，巴蜀书社 2008 年，第 45—46 页。

［16］《苏州》，《申报》1922 年 3 月 10 日，第 10 版。

［17］《苏州商团改组就绪》，《申报》1922 年 3 月 10 日，第 10 版。

［18］《抄发整顿商团办法之厅令》，《申报》1921 年 8 月 15 日，第 14 版。

［19］《苏州总商会拟定苏州商团章程》，《上海总商会月报》第 3 卷，第 9 期，第 1 页。

［20］《苏州总商会拟定苏州商团章程》，《上海总商会月报》第 3 卷，第 9 期，第 3 页。

［21］《苏州总商会拟定苏州商团章程草案》，1922 年 2 月 13 日，章开沅等编：《苏州商团档案汇编》上册，巴蜀书社 2008 年，第 47 页。

［22］《拟定苏州商团在队规则》，1922 年 10 月 14 日，章开沅等编：《苏州商团档案汇编》上册，巴蜀书社 2008 年，第 59 页。

［23］《苏州》，《申报》1922 年 3 月 10 日，第 10 版。

［24］《为地方治安深资协助商团兵士服装颜色应不同还有标识以示区别之公函》，1922 年，苏州市档案馆藏苏州商团档案，馆藏号：I15 - 001 - 0054 - 021。

［25］《十支部服装统一颜色事》，1922 年，苏州市档案馆藏苏州商团档案，馆藏号：I15 - 001 - 0045 - 008。

［26］《苏州商团司令部来电》，《益世报》1925 年 2 月 5 日，第 3 版。

［27］《张鸿翔等致商团团长函》，1925 年 3 月 29 日，章开沅等编：《苏州商团档案汇编》上册，巴蜀书社 2008 年，第 65—67 页。

［28］朱英：《南京国民政府建立后苏州商团的改组与消亡》，《历史研究》2008 年第 5 期。

［29］王仲：《民国苏州商会研究：1927—1936 年》，上海人民出版社 2015 年，第 20—21 页。

［30］《苏州》，《申报》1927 年 12 月 12 日，第 8 版。

［31］《苏州》，《申报》1927 年 12 月 12 日，第 8 版。

［32］《改组工商团体》，《首都市政公报》1930 年第 67 期，第 14 页。

［33］《角直之防务》，《吴县日报》1928 年 9 月 27 日。

［34］《商团团本部关于聘程鲁常先生为苏州商团党义教师的通知》，1928 年，苏州档案馆藏《苏州商团档案》，馆藏号：I15 - 001 - 0125 - 036。

［35］《各省商联会呈国府之两要案》，《申报》1928 年 2 月 19 日，第 13 版。

［36］《商联会请核议商团条例》，《申报》1928 年 9 月 15 日，第 14 版。

［37］《吴县县政府致苏州商团团本部函》，1928 年 7 月 11 日，章开沅等编：《苏州商团档案汇编》上册，巴蜀书社 2008 年，第 336—338 页。

［38］《国民政府训令第 37 号》，《立法院公报》1929 年第 7 期，第 103 页。

［39］《否准商民组织商团案》，《安徽建设》1929 年第 10 期，第 9—10 页。

［40］《议决商团改选案应暂从缓事致团本部函》，1929 年，苏州市档案馆藏苏州商团档案，馆藏号：I15 - 001 - 0087 - 051。

［41］《苏州》，《申报》1929 年 2 月 21 日，第 12 版。

［42］《苏州》，《申报》1929 年 2 月 21 日，第 12 版。

［43］《苏州商团城乡支部部长会议决议》，1928 年 7 月 20 日，章开沅等编：《苏州商团档案汇编》上册，巴蜀书社 2008 年，第 339 页。

［44］《苏属各县商团代表会议》，《申报》1929 年 9 月 12 日，第 11 版。

［45］《为研讨改组商团一案致苏州商团团长的呈》，1929 年，苏州市档案馆藏苏州商团档案，馆藏号：I15 - 001 - 0149 - 056。

［46］《江阴华墅商团本部复苏州商团函》，1928 年 7 月 22 日，章开沅等编：《苏州商团档案汇编》上册，巴蜀书社 2008 年，第 339—341 页。

［47］《函总商会为奉令据苏州商团代表施魁和等呈请示保卫团商团救济办法由》，《苏州市政月刊》，1930 年，第 1 卷，第 10—12 期，第 145 页。

［48］《江苏全省民营电业联合会为撤销电灯附捐第一次呈江苏建设厅文》，《电业季刊》1930 年第 3 期。

［49］《苏州，无锡等十商团致各省商联会总事务所意见书》，章开沅等编：《苏州商团档案汇编》上册，巴蜀书社 2008 年，第 342—343 页。

［50］《本会纪事》，《商业月报》第 9 卷第 9 号。

［51］《商团改组波折》，《益世报》1930 年 12 月 3 日，第 6 版。

［52］《苏州商团临时自卫队组织规则》，《江苏省政府公报》1930 年 9 月 6 日，第 536 期，第 7 页。

［53］《苏州商团临时自卫队组织规则》，《江苏省政府公报》1930 年 9 月 6 日，第 536 期，第 8 页。

［54］《吴县地方治安会为苏地临近战区防务重要加紧防范致苏州商团团本部的函》，1932 年，苏州市档案馆藏苏州商团档案，馆藏号：I15 - 001 - 0125 - 010。

［55］《1934 年苏州商团团本部办理冬防概况》，1934 年，苏州市档案馆藏苏州商团档案，馆藏号：I15 - 001 - 0140 - 001。

［56］《呈请补助警力致吴县冬防委员会》，1934 年，苏州市档案馆藏苏州商团档案，馆藏号：I15 - 001 - 0140 - 024。

［57］《关于令商团本部继续随时查察以防松懈的训令》，1935 年，苏州市档案馆藏苏州商团档案，馆藏号：I15 - 001 - 0140 - 019。

［58］《苏省商团存废之商榷》，《江苏月报》1935 年第 4 卷，第 5—6 期，第 10 页。

［59］《十县商会商团代表苏州紧急会议纪要》，《苏州明报》1935 年 11 月 18 日。

［60］《吴县县政府密令》，1935 年 11 月 7 日，章开沅等编：《苏州商团档案汇编》上册，巴蜀书社 2008 年，第 418 页。

［61］《吴县县政府训令》，1935 年 12 月 26 日，章开沅等编：《苏州商团档案汇编》上册，巴蜀书社 2008 年，第 419 页。

［62］《吴县县政府致苏州商团训令》，1936 年 1 月 24 日，章开沅等编：《苏州商团档案汇编》上册，巴蜀书社 2008 年，第 420 页。

从毁淫祠看中国社会转型的内推力

——以晚清苏州上方山五通祠为中心

董圣兰（南京大学历史学院）

内容摘要：清代对苏州上方山的五通祠多次大规模禁毁。通过考察不同时期的禁毁举动，我们可以窥探看出清代社会在前后期存在着鲜明的延续性。朝廷出于教化的目的禁毁淫祠，地方上没有形成与地方官员抗衡的所谓"精英群体"，而普通民众对于民间信仰通常是实用主义的态度。思想上的科学化、理性化始终没有在中国传统社会中产生，中国前近代社会中多是对传统社会的重复，社会惯性现象严重。从民间信仰这一侧面折射出，晚清更多是对清代中前期的继承，对推动近代中国社会转型的作用并不十分显著。

关键词：苏州上方山　五通祠　禁毁　近代　社会转型

20 世纪 50 年代，哈佛大学教授费正清（John K. Fairbank）提出"冲击—回应"模式解释中国传统社会向近代社会发展的过程，这一模式在美国汉学界长期占据主导地位。之后，美国学界开始反思费正清的解释模式，以柯文（Paul A. Cohen）的"中国中心观"为代表[1]。柯文等人试图摆脱"欧洲中心"的解释模式，指出中国近代历史发展不能简单视为"西方冲击—中国回应"的过程。研究中国历史应当关注中国的特殊性，应当从中国本体发掘近代中国转型的作用力。这一观点对传统学术提出鲜明质疑，传入中国后引起了国内学界的广泛关注。"近代化"的概念涵盖诸多方面，其中思想的理性化、科学化即为重要标志之一。那么中国传统社会在思想领域是否蕴含着近代社会转型的机制，这一点可以视为衡量"中国中心观"是否完全适用的重要标准。

学界一般认为"冲击—回应"模式较适用于对中国历史的宏观把握，"中国中心观"更适合开展微观研究。本文即从苏州上方山五通神这一微观视角，考察清朝到中华民国时段内中央政府、地方政府以及普通民众在思想意识上的抉择，窥探晚清社会在思想上是否出现近代化的倾向，进而探讨晚清社会是否具备促进中国社会向近代转型的内推力。

一　何谓淫祠以及五通神的由来

淫祀由来已久，并非出现在明清时期。《礼记·曲礼》载："非其所祭而祭之，名曰淫祀。淫祀无福。"宋代吕祖谦释读："非所祭而祭之，如法不得祭与不当祭而祭之者也。""淫，过也，以过事神，神弗享也，故无福。"[2]可见淫祀有两种含义：一"法不得祭"，二"不当祭而祭之"。日本学者滨岛敦俊先生对淫祀定义进一步总结，认为淫祀包含祭祀对象和祭祀主题两个方面。从祭祀对象来讲，国家礼仪规定某些神灵只准朝廷或政府出面致祭，不准民间普通百姓祭祀，即为"法不得祭"；从祭祀主题来讲，民间祭祀某些不符合国家规范的地方神灵，即为"不当祭而祭之"[3]。淫祀所在庙宇为淫祠，为民众供奉淫祀、举行相关祭祀的场所，一般也用以代指淫祀。早在明初，朝廷即已颁布诏令规范民间祭祀。

洪武三年（1370）六月初七，朱元璋发布《禁淫祠制》：

> 朕思天地造化，能生万物而不言，故命人君代理之。前代不察乎此，听民人祀天地，祈祷无所不至。普天之下民庶繁多，一日之间祈天者，不知其几。渎礼僭分，莫大于斯。古者天子祭天地，诸侯祭山川，大夫士庶各有所宜

祭。其民间合祭之神，礼部其定议颁降，违者罪之。[4]

《禁淫祠制》主要涉及"法不得祭"，强调祭祀要尊卑有序，主张恢复古礼，不允许在神灵祭祀上的僭越。"天子祭天地，诸侯祭山川，大夫士庶各有所宜祭。"对于民间应当祭祀的神灵，则吩咐礼部进一步商议定夺。礼部商议后向朱元璋汇报：

> 凡民庶，祭先祖、岁除祀灶，乡村春秋祈土谷之神。凡有灾患，祷于祖先。若乡厉、邑厉、郡厉之祭，则里社、郡县自举之。其僧道建斋设醮，不许章奏上表、投拜青词，亦不许塑画天地神祇。及白莲社、明尊教、白云宗、巫觋、扶鸾、祷圣、书符、咒水诸术，并加禁止。庶几，左道不兴，民无惑志。[5]

上述文字是对《禁淫祠制》的回答及补充。按此规定，普通百姓应祭神灵只有祖先、灶神、土谷神三种，其他地方诸神灵都属淫祀一类。《禁淫祠制》以及中书省的汇报构成了明代对淫祀的概念。

明代还制定处置违反者的处罚标准，《大明律》记载甚为详细。

> 亵渎神明。凡私家告天拜斗、焚烧夜香、燃点天灯、七灯亵渎神明者，杖八十。妇女有犯罪，坐家长。若僧道修斋设醮而拜奏青词、表文及祇禳火灾者，同罪，还俗。[6]

> 禁止师巫邪术。凡师巫，假降邪神、书符咒水、扶鸾祷圣，自号端公、太保、师婆及妄称弥勒佛，白莲社、明尊教、白云宗等会，一应左道异端之术。或隐藏图像，烧香集众，夜聚晓散，佯修善事，煽惑人心。为首者绞。为从者，各杖一百，流三千里。若军民装扮神像、鸣锣击鼓、迎神赛会者，杖一百，坐为首之人。里长知而不告者，各答四十。其民间春秋义社，不在此限。[7]

清朝基本延续了明代的相关规定。顺治元年（1644）十月初一颁布即位诏，其中有两条例涉及如何对待民间祭祀问题。"所在神祇坛庙，不系淫祠者，有司务竭诚敬，毋致亵慢。""凡讹言妖术煽惑平民、烧香聚众、拥集兵杖，传头会首已经缉获正法，其协同人等果改邪归正者，前罪免论。"[8]明代遗存的各地合法神庙，清代地方官仍需加以保护。而前明因淫祀犯罪的从犯，只要能改过自新，新政权给予宽大处理。

《大清律》中相关条文也照搬《大明律》，只字不差[9]。明清两代有关律条释义大致相同，均集中于强调淫祀是危害社会安定的重要因素。但两者也存在细微区别。《大明律释义》中不准普通百姓告天拜斗，其原因为："天至尊，星辰至远，岂私家皆宜行哉？"[10]而《大清律集解附例》则强调："告天、拜斗、焚香、点灯，皆敬礼天神之事，祀典各有其分，私家所得祭者，祖先之外，惟里社五祀。若上及天神，则为僭越矣，则亵渎矣。""亵渎之罪实即僭越之罪也。不能备其物则亵，不当行其礼则渎。""烧香集众，夜聚晓散，则其谋为不轨之实迹。阳为善事，阴以煽惑人民，往往藏奸，因而作乱。"[11]将淫祀现象直接提升至"僭越"的高度，或与其外族政权有关，时刻警惕民众利用宗教力量反清。

关于五通神，学界相关研究成果主要分为两类：其一为对五通神自身的研究，探讨五通神的源流及其传播地域[12]；其二是借助五通祠禁毁考察国家与民间之间的互动关系，以及地方官在两者之间的调和地位[13]。五通祠，即为供奉五通神的庙宇。五通神，又称五显、五猖、五圣、五相公等，为兄弟五人，一般认为源于徽州婺源。"五通庙，在婺源县。宋徽宗大观三年，赐庙额。宣和五年，封通贶、通祐、通泽、通惠、通济侯。宋孝宗乾道、淳熙，屡封各八字。其诰命云：江东之地，父老相传。谓兄弟之五人，振光灵二千载。"[14]北宋大观三年（1109），宋徽宗赐婺源五通祠庙额为"灵顺"。宣和五年（1123），封五人分别为通贶、通祐、通泽、通惠、通济五侯，合称为"五通"。到宋理宗时期，改封显聪、显明、显正、显直、显德王号，又称为

"五显"[15]。因此民间"五通""五显"等称号相互混杂，其实均指同一神灵。宋朝多次赐额敕封，可见五通神在当时属于合法神灵。

"江南各地多山林湖泊，而俗好祀鬼，相信它们寄居于水石草木之间，变幻妖惑，出没无常。"[16]五通传入江南后，与本地原有"邪鬼精灵"相融合，神格改属于邪神一类[17]。五通神作怪于人的方式主要有两种：其一，能使人乍富乍贫；其二，"喜淫人妻女"。元明以来理学日益兴盛，对社会风气的控制愈加严密。再加上五通神自身神灵定位出现偏差，其逐渐被划归为淫祀类，成为朝廷禁毁的对象。自明弘治年间，吴县县令曹凤开始焚毁苏州上方山上的五通神像[18]。清代朝廷基本上继承明代，多次禁毁五通祠，禁毁重心亦在苏州上方山。

二 清代苏州上方山五通祠的历次禁毁

上方山，又名楞伽山，位于苏州府城西十里。陆粲《庚巳编》曾言："城西楞伽山是魅巢。"[19]其地基本上可称为五通神的道场，山上五通祠香火旺盛，因而也是清代朝廷毁淫祠的重点查禁对象。清朝对五通神的禁毁行动始于从康熙年间。

康熙二十四年（1685），江苏巡抚汤斌上《毁淫祠以正人心疏》：

> 苏松有五通、五显及刘猛将、五方圣贤诸神名号，皆荒诞不经。而民间家祀户祝，饮食必祭，妖邪巫觋创为怪诞之说。愚夫愚妇为其所惑，牢不可破。苏州府城西十里有楞伽山，俗名上方山，为五通所踞数百年。远近之人奔走如鹜，牲牢酒醴之飨、歌舞笙簧之声昼夜喧阗。男女杂遝，经年无时间歇，岁费金钱何止数十百万。商贾市肆之人谓"称贷于神，可以致富；重直还债，神报必丰"。里谚谓其山为肉山，其下石湖为酒海。耗民财，荡民志，其为最甚。更可恨者，凡少年妇女有殊色者，偶有寒热之症，必曰五通将娶为妇，而其妇女亦恍惚梦与神遇，往往羸瘵而死。家人不以为哀，反艳称之。每岁常至数十家，视河伯娶妇之说

更甚矣。[20]

汤斌着力于毁淫祠，曾受康熙帝明示。"陛辞之日，蒙我皇上谆谆诲谕以移风易俗为先务。圣驾南巡，又谕以敦本尚实使民还淳返朴。"[21]汤斌之所以将上方山五通祠作为主要禁毁对象，究其原因有二，一是五通神耗费民间钱财，靡费无度，二是五通神祟女，与河伯娶妇相类。

汤斌的奏疏中还详细介绍了其禁毁的过程："臣遂收取妖像木偶者，付之烈炬。木偶者，投之深渊。檄行有司，凡如此类，尽数查毁，撤其材木，备修学宫，并葺城垣。"[22]汤斌将五通祠内的神像木偶等或焚烧或投水，并将其中的建筑木材移作他用。在禁毁过程中，大批民众认为其触犯神灵，必然要受到灾祸。汤斌意识到其行动并不能一劳永逸，"然吴中师巫最黠而悍"，"诚恐臣去之后，必又造怪诞之说，箕民财，更议兴复"。他希望这一举动能够引起朝廷重视，"请赐特旨严禁，勒石山岭。令地方官加意巡察，有敢兴复淫祠者，作何治罪。其巫觋人等尽行责令改业，勿使邪说诳惑民听"。另外，他请求将这一政策推广到其他地区，以便"重寐当醒，人心既正，风俗可淳"[23]。康熙二十五年（1686）四月四日，康熙帝下令直隶各省严禁淫祠滥祭。据《清圣祖实录》载："上幸瀛台驻跸，敕直隶各省严禁淫祠滥祀。从礼部尚书汤斌请也。"[24]

汤斌禁毁五通祠的行动，可谓雷厉风行。后世有关汤斌的文献记载都将此举作为他为官的重要政绩[25]。许多记载都强调，吴地风俗为之大变[26]。甚至有人说苏州五通信仰就此绝迹。"王渔阳谓吴俗有三好，斗马吊牌，吃河鲀鱼，敬畏五通神，虽士大夫不免。……五通神自睢州焚毁后已绝，马吊近来好者益众。"[27]此处"睢州"代指汤斌，其为河南睢州人。

但是笔者从其他材料发现，苏州的五通信仰并没有随之消失，却正如汤斌不愿看到的那样"日久禁弛"，五通祠很快被当地百姓重新修建起来。此后清代朝廷又不断出面禁毁，前后主要有五次。雍正

十年（1732），两江总督尹继善禁毁苏州五通神。乾隆十三年（1748），署江苏巡抚觉罗雅尔哈善禁毁苏州上方五通神。《宣宗成皇帝实录》中提到道光四年（1824）御史李逢辰奏请禁毁苏州上方山五通祠。"如该御史所奏，苏州府城西十里楞伽山，土人立五通祠，前于康熙年间，毁祠踣像。日久禁弛，赛飨如故。及女巫假托神语，按簿还愿，陋习相沿，不独苏州一府为然，不可不严行饬禁。着孙玉庭、韩文绮即饬所属州县，将境内五通等淫祠，概行撤毁"[28]。此为针对李逢辰奏疏而颁布的上谕。李逢辰在奏折中强调康熙年间的禁毁行动"日久禁弛"，当地民众祭祀五通神的风气再次兴盛。朝廷即令两江总督孙玉廷与江苏巡抚韩文绮一起禁毁辖内五通祠等淫祠。道光十五年（1835），江苏按察使裕谦下令再次禁毁上方山的五通祠。"道光乙未，江苏按察使裕谦复毁上方山五通祠，获僧傅德、成镒等，严加惩办，并禁民间如有私奉五通、太母、马公等像者，以左道论"[29]。道光十九年，已升任江苏巡抚的裕谦再次查禁上方山五通神。

清代历次禁毁均可谓雷厉风行，督抚多亲为主持。然而至清朝灭亡，五通神始终禁绝不断。顾禄《清嘉录》中记述一条"接路头"，即受汤斌禁毁的影响，民间一度不敢使用"五通"的称号，改五通神为路头神[30]。五通神逐渐向五路财神靠拢，不但顺应了官方禁绝的需要，也能够满足民众的心理需求。进入民国之后，五通神又面临什么样的挑战呢？

三 从五通祠历次禁毁看中国近代社会转型

进入民国后，五通神也没有逃脱禁毁的命运。1929年《真光杂志》报道了吴县县长王纳善再次禁毁上方山五通祠的消息[31]。《真光杂志》并非原报道，而是转载自当时某一报纸。

> 王引才，前江苏吴县县长也，年已六十余矣。在任时，尝将石湖上方山香烟鼎盛之五通神投之河中。此举甚为痛快。石湖有上方山，供五通神。前清汤文正斌抚苏时，会举面投之湖，并立碑永禁。讵人亡政息，不久而死灰复

燃，并沪嘉杭女巫，亦以此为归宿地。每岁八月十八日，石湖看串月，即为上方山女巫烧香最盛之时。本届经县公安局长郑贞吉严行禁止，乃稍稍敛迹。前日，吴县县长王引才以汽船拖带官舫，自洞庭东西两山巡视归。忽见上方山巅黑烟缭绕，问之船人，云当是有人在彼烧香焚库。以十八日为官厅禁止，故展期举行。王恶之，立鼓轮至上方山下，率所带八九名公安队士往觇其异。……命将圣母及五通之像，捆作一巨束，携入舟中。过横塘古渡时，即举而投之于河。[32]

1927年6月，王纳善任吴县县长，同时兼任苏州市政筹备处主任。江苏省在1928年9月举行县长考试，"状元"彭国彦于10月30日接替王纳善任吴县县长之职。1928年10月12日的《申报》也系统报道王引才禁毁苏州上方山五通神的事件。"前日，吴县王县长出巡各乡。归途经该处，乃命所带之公安队，将此项偶像一并拆毁，投入石湖，并出示永禁"[33]。由上述两种报道可知，王纳善是在1928年10月10日在上方山拆毁五通神像的。

可见道光年间的两次禁毁仍然没有收到很好的成效，上方山五通祠在民国年间再次兴盛。与康熙年间汤斌的禁毁，前后有诸多相似之处。前后禁毁都起源于作为地方官的奏疏，汤斌的《毁淫祠以正人心疏》以及李逢辰《严禁邪说》奏折，都是地方官根据当地的风俗实情向朝廷奏报，以便得到朝廷许可来实施自己的禁毁计划。地方官的出发点都是维风俗以正人心，"人心既正，风俗可淳"[34]，或"以维风俗而正人心"[35]。《大清律集解附例》中的注文："邪教惑众照律治罪外，如地方官不行严禁，在京五城御史、在外督抚徇庇不行纠参，一并交与该部议处。""凡有奸匪之徒，将各种避刑邪术私相传习者，为首教授之人，拟绞监候。为从学习之人，杖一百，流三千里……保甲邻里知而容隐不首者照知而不首本律，笞四十。地方官不行查拿者照例议处。"

这与明代的注解有所不同。《大明律例》中没有涉及地方官对于当地风俗的相关责任，但清代将地方的安定与否同地方官直接相关。"禁毁淫祠的运动特性，说明禁毁淫祠并不是官员日常化的行政事务，而是带有浓重儒学理想色彩的行为"[36]。这一结论只能适用于明代，而在清代地方官要对地方风化负责。从清初至清末，毁淫祠均为地方官其较为日常化的行政事务。在国家层面，清廷始终对地方风俗存在戒备之心。康熙听从汤斌奏报，敕令直隶各省严禁淫祠滥祀。道光皇帝谕令："着孙玉庭、韩文绮即饬所属州县，将境内五通等淫祠，概行撤毁。"[37]

苏州流传一句歇后语："上方山的债——毋还清。"事实上，苏州上方山上的五通信仰一直存在。苏州大学赵杏林曾在《五通考述》中写道："笔者的一个远亲，在四十年代还曾跋涉数百里，到上方山向五通'借贷'，以求他开的油坊生意兴隆。"[38]1989 年，苏州民俗博物馆的蔡利民曾亲至上方山调研，发现山上五通神香火依然旺盛。笔者也曾在 2016 年 6 月、2017 年 5 月两次实地考察，也发现了当地五通信仰的踪迹。可见五通神在当地始终存在，并长期充当财神的角色。五通神能够使人乍富，市井商贾多向之"借贷"，致富后要不断到此烧香表示感谢。一旦停止，五通神就会夺其财富，使其乍贫，因此上方山五通神的"债"还不清，要不断地向他烧香酬谢。

尽管朝廷屡禁五通祠，但民间还是不断重建。清代地方官员开始转变方法，注重利用正神来抵抗民间邪神，文昌庙、关帝庙等伴随地方官毁淫祠的举动，在江南地区大量出现，在乡间的影响不断扩大。关帝被认为是"武财神"，但是并不能取代五通神在苏州地区的五通神"财神"的地位。五通神使人乍富的特性，满足了人们渴望富贵同时又存在一丝侥幸的心理需求。这一需求是关帝等正神所不能实现的。另外，关于五通神祟女，民间亦有自己的解释。毛祥麟《墨余录》中记录了一个经典的事例为五通神祟女提供了辩解，即："特于贞烈之妇仍不敢祟，所谓邪不胜正也。"[39]因此尽管五通神为邪神，但民间更加注重的是他的财神角色，这与地方官的角度非常不同。

在清代的历次禁毁中，尽管地方官多次出面禁毁，着力宣扬五通信仰的危害，但始终没有形成一定的态势，五通信仰在当地长期存在。晚清社会变局中，中国传统社会中的思想科学化与理性化难以自我产生。其一，民众多从实用主义的角度出发，崇奉五通神，以冀发财致富降罪，对于官方的禁毁行动毫不畏惧。其二，地方上没有形成相对规模的代表与地方官员稍稍抗争。这与明代湛若水在南京禁毁刘洞庙的情形有很大不同[40]。当然这与明清士风差异有很大关系[41]。就毁淫祠例证，明代的地方士绅权力更为突出。有学者以晚清地方权力的上升或士绅对民间事务的参与度的提高来论证晚清对近代社会转型的推动，似乎有欠稳妥[42]。为了反思"西方中心主义"，提出"中国中心观"的观点，恰恰也是"单纯地跟在西方学者的后面，玩弄概念游戏"[43]。我们要反思传统的"冲击—回应模式"，但也要避免将"中国中心观"教条化。其三，朝廷禁毁五通是为了教化风俗，为了节约国家财富，并没有"启民智"的初心，也没有达到教化的目的。

中国前近代社会中多是对传统社会的重复，社会惯性现象严重。近代中国社会转型的作用力涉及极为广泛，其内外推动力的多寡并不能凭借我们的想象而产生，进而去寻找相关例证论证它是合理的存在。我们简单利用清中后期与民国社会某些方面的相似性，便要论证中国传统社会对近代社会转型的重要内推力，有欠客观。

注释：

[1] 其他学者有加利福尼亚大学中国研究中心主任黄宗智（Philip C. Huang）、加利福尼亚大学历史系教授刘广京（Kwangching Liu）、芝加

哥大学历史系教授艾凯（Guy Salvatore Alitto）等也分别从中国历史研究的不同角度表达出"中国中心"的类似观点，但没有进行系统描述。

［2］（元）陈澔：《礼记集说》，上海古籍出版社 1987 年，第 24 页。

［3］〔日〕滨岛敦俊：《总管信仰——近世江南农村社会民间信仰》，研文出版社 2001 年，第 119 页。

［4］《明太祖实录》卷五十三，洪武三年六月甲子条，台北中研院历史语言研究所，1962 年，第 1037 页。

［5］《明太祖实录》卷五十三，洪武三年六月甲子条，第 1038 页。

［6］《大明律释义》卷十一《祭祀》，《续修四库全书》，上海古籍出版社 2013 年，第 863 册，第 88 页。

［7］《大明律释义》卷十一《祭祀》，第 89 页。

［8］《清世祖实录》卷九，顺治元年十月己卯条，中华书局 2008 年，第 1587—1589 页。

［9］"亵渎神明。凡私家告天拜斗焚烧夜香、燃点天灯、七灯亵渎神明者，杖八十。妇女有犯罪，坐家长。若僧道修斋设醮而拜奏青词表文及祈禳火灾者，同罪，还俗。"见《大清律集解附例》卷十一《礼律·祭祀·亵渎神明》，《续修四库全书》，上海古籍出版社，2013 年，第 863 册，第 418 页下栏。"禁止师巫邪术。凡师巫假降邪神、书符、咒水、扶鸾、祷圣，自号端公、太保、师婆及妄称弥勒佛、白莲社、明尊教、白云宗等会，一应左道异端之术。或隐藏图像、烧香集众，夜聚晓散，佯修善事，煽惑人心，为首者绞。为从者，各杖一百，流三千里。若军民装扮神像、鸣锣击鼓、迎神赛会者，杖一百，坐为首之人。里长知而不告者，各笞四十，其民间春秋义社不在此限。"见《大清律集解附例》卷十一《礼律·祭祀·亵渎神明》，第 419 页。

［10］《大明律释义》卷十一《祭祀》，第 89 页。

［11］《大清律集解附例》卷十一《礼律·祭祀》，第 418—419 页。

［12］赵杏根：《五通考述》，《苏州大学学报》1993 年第 2 期；吴建华：《汤斌毁"淫祠"事件》，《清史研究》1996 年第 1 期；杨宗红：《财神"五通"论》，《宗教学研究》2008 年第 2 期；陈金凤：《宋代婺源五显信仰的流变及其相关问题》，《地方文化研究》2014 年第 6 期。

［13］蒋竹山：《宋至清代国家与祠神信仰》，《新史学》1997 年第 2 期；郑振满、陈春声：《国家意识与民间文化的传承》，《文史天地》2001 年 10 月；王健：《民间视野下的国家与社会》，苏州大学历史系 2002 年硕士学位论文；罗冬阳：《从明代淫祠之禁看儒臣、皇权与民间社会》，《求是学刊》2006 年第 1 期；王健：《明清江南毁淫祠研究——以苏松地区为中心》，《社会科学》2007 年第 1 期；黄东阳：《利益算计下的崇奉——由〈夷坚志〉考述南宋五通信仰之生成及内容》，《新世纪宗教研究》2011 年第 4 期。

［14］邓之诚：《骨董琐记全编》（下册），中华书局 2008 年，第 359 页。

［15］（清）徐松辑：《宋会要辑稿·礼二十·五显灵观祠》，中华书局 1957 年，第 20 册，第 843 页。

［16］吴建华：《汤斌毁"淫祠"事件》，《清史研究》1996 年第 1 期。

［17］学术界一般认为，五通神起源于婺源。其在江南地区属于外来神，但进入江南地区之后，迅速融入当地的信仰系统，甚至被附会为南朝梁陈之际吴地名士顾野王的五个儿子。

［18］参见韩邦奇：《大明嘉议大夫都察院右副都御史西野曹公墓志铭》，《苑洛集》卷四，《四库提要著录丛书》，北京出版社，2010 年影印本，集部，第 275 册，第 291 页上栏。曹凤，字鸣岐，号西野，河南新蔡人。成化十七年（1481）进士。弘治十年（1497）至十五年（1502），任苏州知府。

［19］（明）陆粲：《庚巳编》卷五"说妖"条，马镛点校，《历代笔记小说大观》，上海古籍出版社 2012 年，第 39 页。

［20］（清）汤斌：《汤子遗书》卷二，《景印文渊阁四库全书》，台北商务印书馆 1986 年，第 1299 册，集部别集类，第 469 页。

［21］（清）汤斌：《汤子遗书》卷二，第 468 页。

［22］（清）汤斌：《汤子遗书》卷二，第 469 页。

［23］（清）汤斌：《汤子遗书》卷二，第 469 页。

［24］《清圣祖实录》卷一百二十六，康熙二十五年四月丁亥条，中华书局 2008 年，第 4206 页下栏。

［25］《工部尚书充经筵讲官汤公墓志铭》："素多淫祠事，楞伽山五通神尤严。盛寒剧暑，载鼓吹牲帛徔赛祷者络绎相继。奸巫淫尸阗入闺，竞相煽惑。吴人以是益畏。公廉得其状，躬至五通祠，取土偶投诸湖中。众大骇，久而大悦服。"（清）汪琬：《尧峰文钞》卷十四，《四部丛刊初编》，商务印书馆 1936 年，第 165 页。《翼道学案·睢州汤潜庵先生》："又素多淫祠。事楞伽山五通神者，严寒剧暑，鼓吹牲帛，赛祷不绝。奸巫淫尼竞相煽惑。先生廉得其状，躬至五通祠，取土偶投诸湖中。众始骇，久而大悦服。"（清）唐

鉴：《学案小识》卷三，《四部备要》第 66 册，子部，1935 年，第 124 页上栏。《吴郡名贤图传赞》："巡抚江苏时，吴中竞习豪奢，喜斗殴，多淫祠，事五通神尤严。公至，悉禁毁之。"（清）顾沅等：《吴郡名贤图传赞》，《中国历代人物像传》，齐鲁书社 2002 年，第 2650 页。

[26]"吴俗自是大变。"（清）顾沅等：《吴郡名贤图传赞》，第 2650 页。"汤文正公毁五显祠，江南风俗人心为之一正。"（清）阮葵生：《茶余客话》卷四《土木偶像》，李保民校点，上海古籍出版社 2012 年，第 89 页。

[27]（清）阮葵生：《茶余客话》卷五《吴俗三好》，上海古籍出版社 2012 年，第 165 页。

[28]《清宣宗实录》卷七十，道光四年七月丁卯条，中华书局 2008 年，第 35635 页。

[29]（清）毛祥麟：《墨余录》卷三《淫祠》，《笔记小说大观》一编，新兴书局有限公司，1962 年，第 5431 页。

[30]（清）顾禄：《清嘉录》卷一《一月·接路头》，来新夏点校，中华书局 2012 年。

[31]王纳善（？—1934），字引才，上海嘉定人。1927 年 6 月至 1928 年 10 月，出任吴县知县。

[32]佚名：《王引才投沉五通神之痛快》，《真光杂志》1929 年第 28 卷第 4 期。

[33]《申报》1928 年 10 月 12 日（农历八月二十九日）。

[34]（清）汤斌：《汤子遗书》卷二，第 469 页。

[35]《清宣宗实录》卷七十，道光四年七月丁卯条，第 35635 页。

[36]罗冬阳：《从明代淫祠之禁看儒臣、皇权与民间社会》，《求实学刊》2006 年第 1 期。

[37]《清宣宗实录》卷七十，道光四年七月丁卯条，第 35635 页。

[38]赵杏根：《五通考述》，《苏州大学学报》1993 年第 2 期。

[39]（清）毛祥麟：《墨余录》卷三《淫祠》，《笔记小说大观》第一编，台北新兴书局有限公司 1962 年，第 5431 页。

[40]陈熙远：《在民间信仰与国家权力交叠的边缘——以明代南京一座祠祀的禁毁为例证》，《明清法律运作中的权利与文化》，台北联经出版公司 2009 年，第 87—120 页。

[41]范金民：《鼎革与变迁：明清之际江南士人行为方式的转向》，《清华大学学报》（哲学社会科学版）2010 年第 2 期。

[42]刘伟：《近代中国社会转型的发展趋势及其特征》，《华中师范大学学报》（哲学社会科学版）1997 年第 1 期。

[43]夏明方：《十八世纪中国的"现代性建构"——"中国中心观"主导下的清史研究反思》，《清史研究》2006 年第 3 期。

敦煌出唐《水部式》残卷所见
会宁关渡船数考辨

赵晓峰（内蒙古博物院）

内容摘要： 敦煌所出唐代《水部式》残卷中关于会宁关渡船数量的记载与《唐六典》的相关记载存在较大的差异。《唐六典》的编修曾参考当时的令式，并将其引入注文，如此则不应出现相异的记载。出现这种情况的原因是式文在唐开元二十五年（737）修订时，没有按照会宁关当时的实际情况进行修订，依然沿用了此前旧的式文。而《唐六典》的修撰者则是根据当时会宁关的实际情况对式文做出修改后，再将其引入注文的。

关键词： 水部式　唐六典　会宁关　渡船

敦煌所出 P.2507 号唐《水部式》残卷，为研究唐代水利和航运提供了宝贵的资料，也留下了有关唐代西北地区历史地理情况的珍贵记录。因此，对于该文书，学界已经从多个方面展开了研究与讨论。但是，仍有一些问题没有得到良好的解决。比如，文书中记载的会宁关渡船数量与传统典籍《唐六典》所记的渡船数量有明显的差异。关于这一互相差异的记载，学界之前虽不乏注意到该问题的学者，但对于造成这种相异记载出现的原因，仅给出是两者"所记年代不同"[1]的论断，至于具体记载的是什么年代的情况，则未能给出详细的解答。而细致分析这一问题的文章则更是凤毛麟角。本文将从以下几个方面结合传统文献与出土文书的记载，对这个问题试以论述。

一　《水部式》残卷与《唐六典》记载的互异

唐代在没有桥梁通行的关津渡口均设有渡船，会宁关就是这样一出"大津无梁"的关津，理应配有渡船。但是，在对该处关津所配渡船数量的记载上，《水部式》残卷与《唐六典》的记载相差甚大。

现将两者的记载引录如下：

《水部式》残卷第 54 行至 56 行记载了会宁关的船只管理情况[2]：

> 54. 会宁关有船伍拾只，宜令所管差强了官检校，
> 55. 着兵防守，勿令北岸停泊。自余缘河堪渡处，亦
> 56. 委所在军州严加捉搦。

《唐六典》卷七《尚书工部·水部郎中员外郎》条载：

> 白马津船四艘，龙门、会宁、合河等关并三艘，渡子皆以当处镇防人充；……会宁船别五人，兴德船别四人，自余船别三人。[3]

通过上引文可知，水部式记载会宁关有船"伍拾只"，而《唐六典》则记载会宁关有船"三艘"。"伍拾"与"三"这样巨大的差异记载，必然有其原因。先从最基本的版本比对入手，《唐六典》为传世文献，历代均有传刻，易在传抄刻印过程中出现错误。首先来检视《唐六典》的诸版本情况。

现存最早的《唐六典》版本是南宋本残卷十五卷，常见版本是中华书局陈仲夫点校本和日本广池千九郎点校的广池本。这两个常见版本在点校过程中都参考了南宋本残卷，两者对于会宁关渡船数的记载均为三艘。另《文渊阁四库全书》本《唐六典》记载仍是三艘；日本京都大学藏平松文库本《唐六典》（抄本）记载同样也是三艘。诸版本所记会宁关渡船数量均是三艘，且中日两国不同版本的

记载也相一致。由此，则可以推论《唐六典》有关会宁关渡船数目的记载于传刻过程中并无舛错之处。

《唐六典》在传刻过程中未曾出现舛错之处，那么是否在内容记载上出现错误呢？

参与修撰《唐六典》的有：毋煚、余钦、咸异业、孙季良、韦述、陆善经、苑咸等人，均为集贤学士。此外还由宰相兼学士知院事监修，前后历经张说、萧嵩、张九龄，最后在李林甫任监修之时撰成进上。遍观《唐六典》的修撰者，均是当时的饱学之士，监修者更是一代文宗，兼有宰相之位，对于当时朝廷的各项典章制度必然是十分熟悉的，故《唐六典》所记载的内容基本上与开元年间所施行的官制相吻合。因此，可以推知作为官修的《唐六典》对于会宁关渡船数量的记载当不至有误。

分析了《唐六典》的情况，再来分析《水部式》的情况。《水部式》是出土文书，不会存在传刻错漏的情况，若有问题只会出在内容记载上。

众所周知，《式》是唐代的法律文书之一，作为法律法规档，式的内容必须保证准确无误。《式》的颁行，必须由中央的尚书都省颁发，地方不具有颁发的权利。

《唐律疏议》卷十一《职制律》载：

> 诸称律、令、式，不便于事者，皆需申尚书省议定奏闻。若不申议论，辄奏改行者，徒二年。即诣阙上表者，不坐。[4]

由此可见唐朝政府对于法律文书正确性和权威性的重视。

又，唐代的官文书行政程序，实行的是所谓的"四等判官制"。一件文书，必须由主典、判官、通判官、长官分别签署后才具有法律效应。若文书中的任一环节出现错误，则四级官员均负有连带责任。

《唐律疏议》卷五《名例律》载：

> 诸同职犯公坐者，长官为一等，通判官为一等，判官为一等，主典为一等，各以所由为首；注文：若通判官以上异判有失者，止坐异判以上者。[5]

此外，还有专门的勾检环节，专司检核稽违并由具体的勾检官负责。上引同卷载："检、勾之官，同下从之罪。"本条疏议载："检者，谓发辰检稽失，诸司录事之类。勾者，署名勾讫，录事参军之类。"由此可见唐代对官文书的重视程度，一件官文书若想出现错误，在当时确实非常不易。如此则由尚书都省下发给沙洲（或沙洲下发给所管县）的《水部式》，其在内容上当不会出现错误。

排除了版本传刻过程中及内容记载上可能出现的错漏情况，则"伍拾只"与"三艘"的相异记载就不是简单归结为笔误疏忽而能解释的，其背后必然有更加深刻的原因。

二 《唐六典》与《水部式》残卷的渊源关系

《唐六典》是一部以开元年间现行的职官制度为本，追溯其历代沿革源流，以明设官分职之义的考典之书。据《四库全书》对于《唐六典》所作的提要，其中引用韦述《集贤记》记载：

> ……又委毋煚、余钦、韦述，始以令式入六司，其沿革并入注中……[6]

从这条记载可知，修撰《唐六典》时曾经引用了当时的"令式"。令、式都是唐朝的法律文献。既然是国家的法律法规，其权威性和准确性必定有所保证，《唐六典》引入令式，是最能保持当时真实情况的。因此，有关会宁关渡船数量的记载应是据令式所引入的，其真实性是有所保证的。

《水部式》就是当时实际行用的式文，《唐六典》的修撰必然参考引用它。既如此又怎会出现相差这样巨大的异样记载？似乎唯一合理的解释只能是《唐六典》修撰时所参考引用的式文与敦煌《水部式》残卷不是同一式文。以下我们来论证这个说法。

《唐六典》的成书年代据《新唐书·艺文志》记载是在开元二十七年（738）。朝廷当时所行用的是哪一份式文呢？《唐会要》卷三九《定格令》载：

> 开元三年正月，有敕删定格式令，上之，名为《开元格》……至七年三月十九日，修令格，仍旧名《开元后格》……开元二十五年九月一日，复删辑旧格式律令，……总成律十二卷，律疏三十卷，令三十卷，式二十卷，开元新格十卷。[7]

另参考《通典》卷一六五《刑法》门《刑制》下、《册府元龟》卷一五二《刑法》部《定律令》四及两《唐书·刑法志》所载，可知开元一朝，式凡三修，即开元三年式，姚元崇等奉敕撰；开元七年式，宋璟等奉敕撰；开元二十五年式，李林甫等奉敕撰。如此则在《唐六典》成书前颁布的开元二十五年式，就是《唐六典》修撰时所参考引用的式文。也就是说在开元二十五年式中，会宁关的渡船数量应该是三艘，修撰者就是据此将其引入《唐六典》。

那么 P.2507 号《水部式》残卷又是什么年代的式文呢？关于《水部式》残卷的年代问题，学界已经给出了多种说法：日本学者仁井田升先生认为应制作于开元十三年（725）以后的开元某年间[8]，王永兴、刘俊文[9]等先生同意此说，郑炳林先生认为其内容多是开元天宝年间的制度[10]，赵吕甫先生则认为应是制作于"乾元元年、二年的两个年头内"，也即是公元758、759年[11]。诸家学说中主要认为《水部式》残卷为开元天宝年间的式文。上文说过，开元年间曾经三次修订式文，《水部式》残卷属于哪一次修订的式文？笔者赞同仁井田升等先生的观点。文书中出现"莫州"这一地名，据《新唐书·地理志》记载：鄚州，"开元十三年，以'鄚'字类'郑'字，改为莫，天宝九年改为文安郡，乾元元年复为莫州"[12]。又河清县本名基大县，唐玄宗先天元年因避讳，改为河清县；京兆府本名雍州，河南府本名洛州，开元元年改为府名。根据以上记载可知，此残卷的年代当在开元十三年之后，天宝九载

之前。在这个时间段内只有开元二十五年修订的式可能性最大，且在时间上与《唐六典》修成的开元二十七年有重合之处。

既然《水部式》残卷是开元二十五年新修的式文，也就是《唐六典》修撰者所参考引用的式文。同样的一份式文，结果却出现了"伍拾只"与"三艘"的相异记载，不是传刻与内容上的错误，不是不同年份的式文，则这个问题只能从《水部式》本身寻找答案。

三 "伍拾只"船与"三艘"船可能性考辨

我们不妨作一推论，即：开元二十五年修订的新《式》，其关于会宁关渡船数目的记载当不是开元二十五年的实际情况，而是开元二十五年之前某一年的情况。很可能是开元三年式或开元七年式中的内容。到《唐六典》编修之时，则可能根据当时会宁关渡船的实际数目，对式文进行了修改引入《唐六典》注文。这样就能解释为何出现"三艘"与"五十只"的相异记载。以下便对这种推论进行分析论证。

要论证以上的推论，必须从会宁关的具体情况入手。

会宁关，是当时的一处关津。按照唐代的制度规定，其级别当属中关。《唐六典》卷六《尚书刑部·司门郎中员外郎》条：

> 掌天下诸门及关出入往来之籍赋，而审其政治。凡关二十有六，而为上、中、下之差。……余关有驿道及四面关无驿道者为中关。注文：中关一十三：京兆府子午、骆谷……会州会宁……[13]

中关的官员设置据《唐六典》卷三十《三府都督护州县官吏》记载：

> 关令掌禁未游，伺奸慝。凡行人车马出入往来，必据过所以堪之。丞掌付事钩稽，监印，省署抄目，通判关事。录事掌事发辰，勾检稽失；典事掌巡划铺及杂当；津吏掌桥船之事。

注文：无津则不置。[14]

唐朝政府选取此处设置关津并派官员管理，必定是看重当地的地理位置优势，则此地必为一处交通要道。关于会宁关的地理位置，根据上文所说它是属于会州管辖下的一处关津。有关会州的地理记载如下：

《旧唐书》卷三八《地理志》一：

> 会州上　隋会宁镇。武德二年，讨平李轨，置西会州。天宝元年，改为会宁郡。乾元元年，复为会州。永泰元年，升为上州。领县二，户四千五百九十四，口二万六千六百六十二。去京师一千一百里，至东都二千一百里。[15]

又《新唐书》卷三七《地理志》一：

> 会州会宁郡，上。本西会州，武德二年以平凉郡之会宁镇置。贞观八年以足食故更名粟州，是年又更名。土贡：驼毛褐、野马革、覆鞍毡、鹿舌、鹿尾。户四千五百九十四，口二万六千六百六十。[16]

又《元和郡县志》卷四：

> 会州会宁下府，开元户三千五百四十 乡六 案元和户乡数传写阙。武德二年讨平李轨设置西会州。贞观八年以此州仓储殷实改为粟州，其年又为会州。天宝元年改为会灵郡，乾元年复为会州[17]。会宁县上……黄河堰开元七年河流渐逼州城，刺史安敬忠率团练兵起作，拔河水向西北流，遂免淹没……会宁关东南去州一百八十里。[18]

以上三条史料种有两条会州在贞观八年因为仓储殷实而改名为粟州的记载，足以说明会州当时经济较为发达，从中可知当地的户口数也较为殷实。既然会州拥有众多的户口，就需要足够的交通工具已解决官府、民间、军队的运输问题。更何况会州又是一处交通要道。

《太平寰宇记》卷一五二凉州目载：

> 东南至会州乌兰关四百里，从关东南至州一百三十里。[19]

又会州目载：

> 西至凉州六百里，西北至凉州五百四十里。乌兰县，州西北，驿路一百八十里，其直路有一百四十里。[20]

又严耕望先生《唐代交通图考》卷二考证：

> 会州在兰州东北四百里上下，亦近黄河，约在今靖远县东北地区。或即打拉池西近黄河处。凉州即可取乌兰关通会州，且置驿，是必为大路。[21]

此处提到的乌兰关与会宁关同在会州。

《新唐书》卷三七《地理志》一：

> （会州）县二：会宁、上。本凉川，武德二年更名。开元四年别置凉川县，九年省。有黄河堰，开元七年，刺史安敬忠筑，以捍河流。有河池，因雨生盐。东南有会宁关。乌兰。上。武德九年置。西南有乌兰关。[22]

乌兰关与会宁关当为夹黄河而设的两处关津，是控扼水路交通咽喉的关津。两县也因此以黄河为界。

《唐代交通图考》卷二载：

> 会州向东南经原州、经州、邠州，至长安，为已大道……凉州既可取乌兰关道通会州，且置驿，会、源、泾、邠为通长安之大道，则此乌兰关道亦当为通长安之大道可知也。[23]

如此则可知与乌兰关夹河而置的会宁关，也应为通长安之通道无疑。亦可见会宁关交通位置的重要。如此重要的关津如只配有三艘渡船，似难以与其扼守交通要路的地位相符，此其一也。

除去重要的交通枢纽地位外，此处尚有军队驻扎、有盐池之利及监牧之所。

《元和郡县志》卷四十：

> 凉州武威中府……新泉军会州西北二百里，大足初郭元振置，管兵七千人西去理所四百里。[24]

有军队驻扎就需要供给粮草器械等各种军需物资，上引文载新泉军距会州西北二百里；会宁关则东南去州一百八十里。则新泉军驻扎地距会宁关仅二十里路程，军需物资由会宁关转运至驻地十分近便。

又《唐六典》卷七《尚书工部·屯田郎中员外郎》条载：

> 凡天下诸军州管屯总九百九十有二。注文：关内道……会州五屯……[25]

又《新唐书》卷五四《食货志》四载：

> 唐有盐池十八，井六百四十，皆隶度支。……盐州五原有乌池、白池、瓦池、细项池，灵州有温泉池、两井池、长尾池、五泉池、红桃池、回乐池、弘静池，会州有河池，三州皆输米以代盐。[26]

又《太平寰宇记》卷三十三：

> 唐监牧，贞观中自京东赤岸泽，移马牧于秦渭二州之北，会州之南……[27]

如此则会州仓储所积蓄的资源可运至凉州，也可将其各项物资及赋税通过驿路送往长安，这些物资的运输仅靠三艘渡船则明显运力不足，此其二。

凉州为通往西域的要道，是陇右地区的重镇。因其控扼丝绸之路的地理位置，故而这里商贾往来频繁，城市也颇为繁荣。

《资治通鉴》卷二一六天宝十二载：

> 是时中国强盛，自安远西尽唐境万二千里，间阎相望，桑麻翳野，天下称富庶者无如陇右。[28]

又，慧立《三藏法师传》载：

> 凉州为河西都会，襟带西番，葱左诸国，商旅往来，无有停绝。[29]

又，岑参《凉州馆中与诸判官夜集》云：

> 凉州七里十万家，胡人半解弹琵琶。[30]

可见陇右之富庶，凉州确为西域商旅往来频繁，国际贸易发达之都会。这些商贾必然会从凉州前往长安进行贸易活动，如此经会州通长安的大路就成为他们的必经之路，众多的商旅和货物，仅靠三艘渡船，势必难以承担这样的运输任务。此其三。

通过以上三方面的分析，可以得知会宁关为会州通往凉州，及凉州与长安间驿路上的重要关津。新泉军的军需物资、州县的赋税、河池盐池产出的盐、监牧蓄养的牲畜、各地商贾及各类货物，均需从会宁关出入运输，这样的运输量显然不是仅有区区三艘渡船就能承担的。如此，则三艘渡船的记载似不符合当时的实际情况，而五十只船的运力更为合理。就此点来说，五十只渡船的记载更为可信。

若五十只渡船较为符合实际情况，则《唐六典》所载的三艘渡船又该如何解释？前文所提出的推论认为五十只渡船是开元二十五年之前的数字，那么究竟是什么时代的数字？对于这一问题还需要进一步考证，目前笔者只能从一个方面入手进行分析，即新泉军的相关问题。

有关新泉军的设置沿革情况如下：

《元和郡县志》卷四十：

> 凉州武威中府……新泉军会州西北二百里，大足初郭元振置，管兵七千人西去理所四百里。[31]

《唐会要》卷七十八：

新泉军大足元年郭元振奏置，开元五年改为守捉。[32]

《新唐书》卷三十七：

会州会宁郡……县二：有新泉军，开元五年废为守捉。[33]

从以上史料我们可以看出新泉军兴废的大致脉络。新泉军设置于大足元年，当时正值吐蕃与武周在西域地区展开激烈争夺的时期，吐蕃一度威胁到唐朝在这一地区的重镇凉州。因此，新泉军的设置明显带有充实凉州地区军事力量的意味，管兵七千也正说明了这一点。七千人的军队驻扎在会州西北，需要很多的军需物资。据《太白阴经》卷四《军装篇》记载："干粮一人一斗二升"[34]则，七千人仅这一项每天就需要八百四十石之多，一个月就是二万五千余石（约合今天的157.5吨）。据1999年安徽柳孜出土的唐代大运河中行驶的船只遗存复原计算后可知其载重能力在8—10吨[35]，地处黄河中上游航道的会宁关，其渡船的运载能力当不会高于运河中航行的船只。再加上其他军需物资，仅靠三艘渡船的运力是不足以承担这样大的供给任物的。

根据《旧唐书》的记载新泉军的管军人数从七千人下降至千人。军力出现如此巨大的缩减，正说明新泉军设置时的充实凉州地区军事力量的意味在逐渐减弱。结合《新唐书》和《唐会要》的记载得知新泉军在开元五年时被废为守捉。"军"与"守捉"是明显不同的两个级别。《新唐书·兵志》载："唐初，兵之戍边者，大曰军，小曰守捉、曰城、曰镇，而总之者曰道。"[36]可见守捉是小于军的级别。新泉军变为新泉守捉是一种降级，开元年间唐对吐蕃的局势是双方围绕黄河九曲之地展开激烈的争夺，随着唐军逐渐掌握主动，战线深入到青海地区，吐蕃对西域的威胁日渐微弱，因此原本的新泉军已不再需要七千人镇守，兵力应调至更前方的青海一带。

故只留下千人继续镇守，级别自然也从"军"改为"守捉。"再后来随着安史之乱爆发，吐蕃攻陷河陇地区，新泉军也就废置不用并且成为唐与吐蕃的边界。《唐大诏令集》卷一百二十九《蕃夷》载：

其黄河以北从故新泉军直至大碛直南至贺兰山骆驼岭为界。[37]

人数大大减少的新泉军，其所需的军需物资也相应地大幅度下降，因此原本的伍拾只船就显得过多，且根据规定，渡船的渡子和沿河的巡视都要由"当处镇防人充"，只剩下千人的新泉守捉如仍然要负担伍拾只渡船的渡子，则必须派遣二百五十人，再加上沿河的巡视任务，则一半以上的兵力将被抽调。这样所剩余的兵力就不足以完成镇守的任务，故会宁关渡船的数量必须进行裁减。这样随着军需物资需求量的减少和必要的裁减船只之后，会宁关的渡船数目必定不再是伍拾只。至于是否一次性裁减到三艘，目前还没有明确的直接证据能够证实，但是可以推知至迟到《唐六典》编修完成的开元二十七年，会宁关渡船数目当只剩下三艘。

通过上面的分析，我们得知会宁关渡船数目为伍拾只的记载，当是开元五年新泉军废为守捉之前的情况。开元五年之后随着新泉军废为守捉，渡船数目逐渐减少，到开元二十七年《唐六典》编修完成时应该只剩下三艘，至于何年降为三艘，目前尚难以考证，然其必在开元五年以后，开元二十七年之前无疑。

四 结论

经过上文的分析，可推论出P.2507号《唐开元年间水部式残卷》所载的会宁关渡船数目伍拾只应是开元五年以前的情况，而《唐六典》所载会宁关渡船数为三艘的记载则是开元二十七年时情况。从这一点我们可以看出以下几点问题：其一，虽然《唐六典》的修撰参照引用了当时的令式文书，但并非只是简单地照搬誊写，对一些问题还是根据修撰当时的实际情况作出了修改和考证，亦可见修撰者的严谨认真。其二，令式的虽是法律文书，但在删辑修订时也有未能参照当时实际的情况出现。开元二十五年新修的《水部式》有关会宁关渡船数目的记载只是简单地照搬了开元五年或是开元三年旧式的内容，其修订律令者不免有些疏漏敷衍之责。最后，对待传统典籍与出土文献出现的相异记载时，不能贸然轻信出土典籍怀疑传世的典籍，必须经过合理的论证后才能最终下定结论。

注释：

[1] 严耕望《唐代交通图考》、孙长龙《关于唐代会州的几个问题》等文章执此观点。

[2] 刘俊文：《敦煌吐鲁番唐代法制文书考释》，中华书局1989年，第330页。

[3] 《唐六典》卷七《尚书工部》，中华书局1992年，第226—227页。

[4] 《唐律疏议》卷十一《职制律》，中华书局1983年，第229页。

[5] 《唐律疏议》卷五《名例律》，第110页。

[6] 文渊阁四库全书电子版，上海人民出版社2002年。

[7] 《唐会要》卷39《定格令》，中华书局2006年，第821—822页。

[8] 〔日〕仁井田陞：《敦煌发现唐代水部式的研究》，《服部先生古稀祝贺纪念论文集》，1936年，复收入《中国法制史研究》（Ⅵ）《法と习惯法·法と道德》，东京大学出版会1964年。

[9] 王永兴：《敦煌写本唐开元水部式校释》，《敦煌吐鲁番文献研究论集》第3辑，北京大学出版社1986年，第41—68页。刘俊文：《敦煌吐鲁番唐代法制文书考释》，第330页。

[10] 郑炳林：《敦煌地理文书汇集校释》，第106页。

[11] 赵吕甫：《敦煌写本唐乾元〈水部式〉残卷补释》，《西华师范大学学报》1991年第2期。

[12] 《新唐书》卷三十九《地理志》，第1021页。

[13] 《唐六典》卷六《尚书刑部》，第195—196页。

[14] 《唐六典》卷三十《三府都督护州县官吏》，第757页。

[15] 《旧唐书》卷三十八《地理志》，中华书局1975年，第1418页。

[16] 《新唐书》卷三十七《地理志》，第973页。

[17] 《元和郡县图志》卷四《关内道》，中华书局1983年，第97页。

[18] 《元和郡县图志》卷四《关内道》，第97—98页。

[19] 《太平寰宇记》卷一百五十二《陇右道》，中华书局2007年，第2936页。

[20] 《太平寰宇记》卷三十七《关西道》，第780—781页。

[21] 严耕望：《唐代交通图考》卷二《河陇碛西区》，台北文汇印刷厂有限公司1985年，第348页。

[22] 《新唐书》卷三十七《地理志》，第973页。

[23] 《唐代交通图考》卷二《河陇碛西区》，第348—349页。

[24] 《元和郡县图志》卷四十《陇右道》，第1018页。

[25] 《唐六典》卷七《尚书工部》，第223页。

[26] 《新唐书》卷五十四《食货志》，第1377页。

[27] 《太平寰宇记》卷三十三《关西道》，第705页。

[28] 《资治通鉴》卷二百一十六，中华书局1956年，第6919页。

[29] 《大慈恩寺三藏法师传》卷一，中华书局2000年，第11页。

[30] 《岑嘉州诗笺注》卷二，中华书局2004年，第424页。

[31] 《元和郡县图志》卷四十《陇右道》，第1018页。

［32］《唐会要》卷七十八《诸使》中，第 1689 页。

［33］《新唐书》卷三十七《地理志》，第 973 页。

［34］《太白阴经》卷四《军装篇第四十二》，上海：商务印书馆 1937 年版，第 101 页。

［35］阚绪行、龚昌奇、席飞龙：《隋唐运河柳孜唐船及其拖舵研究》，《哈尔滨工业大学学报》（社会科学版）第 3 卷第 4 期，2001 年，第 36 页。

［36］《新唐书》卷五十《兵志》，第 1328 页。

［37］《唐大诏令集》卷一百二十九《蕃夷》，中华书局 1959 年，第 699 页。

苏州地方志记载明清进士履历漏录例说

陆晓芳（吴江博物馆）

内容摘要：本文通过对明清档案、明清实录、同年序齿录和相关地方志的互相印证和比勘，对苏州地方志中的明清进士履历漏录情况作了分析和归纳，并揭示了部分漏录产生的原因。

关键词：苏州地方志　明清进士　漏录　原因

进士是一个地方精英人士的代表，无疑是地方志记载的重点内容。为此，地方志的编纂者们设立了科第、名臣、文苑、文学、儒林、节义、艺文等条目，详细记载了进士们的及第年份、履历、生平事迹和著述。然而，限于编纂者水平、资料来源等多方面的限制，地方志所记载的进士履历存在着许多漏录的现象，无疑给地方精英群体的研究者们带来了一定的困扰。

近年来，明清科举资料和一批宫廷档案先后编辑成册出版，如同年序齿录、履历便览、《清代官员履历档案全编》等，加之《明实录》《清实录》《礼部志稿》《清秘述闻》《国朝御史题名录》《大清缙绅全书集成》等传世文献，为明清进士履历的勘误和补正提供了丰富和可靠的资料。

明清时代的苏州，编纂了府志、县志和乡镇志等多部地方志。有明一代，苏州地区编纂的府志和县志就达94部之多[1]。本文通过明清实录、科举资料、编辑成册的明清档案，并参照苏州以外的地方志记载，与苏州地方志进行比勘和印证，对其所记载的明清进士履历的漏录情况进行归纳分类，并进而揭示部分漏录产生的原因。不当之处，请方家指正。

一 漏录例说

通过比勘，苏州地方志记载的进士履历存在以下几种漏录情况：

1. 仅录最终履历

吴江进士孙枝芳，《乾隆震泽县志》卷十三《科第武科第》记载："孙枝芳，仕至浙江布政使"。《同治苏州府志》卷六十亦记载："孙枝芳，思绍，浙江布政使。"遍查苏州地方志，只有孙枝芳的最终任职。

相关文献记录了孙枝芳的其他任职履历。

《万历三十八年庚戌科序齿录》载："孙枝芳，直隶苏州府吴江县民籍。……廷试二甲四十名，兵部观政，壬子授山东胶州知州，乙卯调繁曹州，丙辰升工部营缮司员外。"[2]按，壬子年为万历四十年，乙卯年为万历四十三年，丙辰年为万历四十四年。孙枝芳在胶州、曹州的任职，地方志亦有记载。《乾隆莱州府志》卷六《封建》"胶州知州"记载："孙枝芳，苏州人，进士，四十年任。"[3]《康熙曹州志》记载："孙枝芳，号同元，吴江人，进士"，然无任职的具体时间[4]。通过比对，可将《康熙曹州志》中孙枝芳任曹州知州的时间补充为：万历四十三年任，四十四年离任。

《明熹宗实录》卷三十二："升金华府知府孙枝芳为浙江按察司副使金衢兵备道。"[5]卷六十四："升贵州按察司朱芹为本省布政使司右布政使，浙江按察司副使孙枝芳为本省布政使司右参政。"[6]卷七十八："升浙江布政使司右参政孙枝芳为本省按察司按察使。"[7]《崇祯长编》卷二："升四川参政谢渭为广东按察使，浙江按察使孙枝芳为本省右布政使。"[8]

根据《明熹宗实录》和《崇祯长编》相关文献，可知孙枝芳在万历四十八年之后的任职为：万历四十八年任浙江金华知府，天启三年任浙江按察司副使分巡金衢兵备，天启五年任浙江布政使司右参政，天启六年任浙江按察使，天启七年仁浙江右布政使。《乾隆震泽县志》和《同治苏州府志》所记载的"浙江布政使"，实为"浙江右布政使"。

孙枝芳完整的任职履历是：先在兵部观政，历任山东胶州知州、曹州知州、工部营缮司员外郎、浙江金华知府、浙江按察司副使分巡金衢兵备道、浙江布政使司右参政，浙江按察使、浙江右布政使。

2. 部分任职缺失

吴江进士范箕，民籍为顺天府大兴县，乡贯为直隶苏州府吴江县。《正德姑苏志》卷六《科第表下》载："范箕，斗南，阳武知县，刑部主事、员外郎、郎中。"《康熙吴江县志》卷二十八《科第表》和《乾隆吴江县志》卷二十四《科第武科第》亦载："刑部郎中。"查诸文献，范箕的履历存在着部分缺失。

《康熙阳武县志》记载："范箕，顺天大兴人，字斗南。嘉靖初由进士任县令，……擢德州守，后历陕西参议。"[9]《嘉靖阳武县志》："范箕，字斗南，顺天府大兴县人，举进士第，嘉靖二年除"[10]，知范箕于嘉靖二年任阳武县令。《康熙保德州志》卷六《官师志》记载："范箕，直隶顺天进士，嘉靖九年任。"[11]故《康熙阳武县志》所载"德州守"，当为"保德州守"之误也。《明世宗实录》卷一百二十九载："初，山西阳曲知县崔廷槐者，……并先任提学刘储秀及所属知州范箕等十一人"[12]，时为嘉靖十年八月。《雍正山西通志》记载："范箕 字斗南，京卫籍，进士，嘉靖间知忻州。"[13]《光绪忻州志》记载，范箕于嘉靖十三年任山西忻州知州[14]。因此，《明世宗实录》卷一百二十九所载范箕所任"知州"，为"山西保德州知州"也。《明世宗实录》卷二百四十九载："副总兵王辅及巡抚狭西侍郎赵廷瑞，巡按御史吕光洵、魏洪冕，副使王世爵，参议范箕，各赍银币有差。"[15]时为嘉靖二十年。《甘肃通志》卷二十七《职官》"分守陇右道"条记载："范箕，南直隶吴江人。"[16]结合《康熙阳武县志》所载，知《明世宗实录》所载"参议"，为"陕西布政司参议分守陇右道"。

范箕的任职应该是：河南阳武知县、山西保德州知州、忻州知州，刑部主事、员外郎、郎中，陕西布政司参议分守陇右道。

3. 某一部门的履历缺失

太仓进士姜龙，《嘉靖太仓州志》和《宣统太仓州镇洋县志》均有"历官礼部仪制司郎中"的记载。其在礼部的升迁情况，地方志均失载。泰昌元年官修的《礼部志稿》，详细列举了其在礼部的升迁情况。

《礼部志稿》卷四十二"仪制司·郎中"条下记载："姜龙，縣本司员外郎，正德十三年任，升云南副使。"[17]同卷"仪制司·员外郎"条下记载："姜龙，縣本司主事，正德十二年任。"[18]同卷"仪制司·主事"条下记载："姜龙，梦宾，直隶太仓人，正德三年进士，十一年任。"[19]卷四十三"主客司·主事"条下记载："姜龙，梦宾，直隶太仓人，戊辰进士。正德七年任馆，历云南副使。"[20]同卷"精膳司·员外郎"条下记载："姜龙，梦宾，直隶太仓州人，戊辰进士，官至按察使副使。"[21]但任职时间不详。

把《礼部志稿》的相关记载整理后，姜龙在礼部的任职经历可整理为：正德七年任礼部主客司主事、十一年任仪制司主事、后任精膳司员外郎，十二年调仪制司员外郎、正德十三年任郎中，十六年任云南按察司副使。查《礼部志稿》体例，如从本部门外调入，会注明调入前的部门名称。《礼部志稿》无姜龙从兵部调入礼部的记录，说明姜龙没有在兵部任职的经历。又《明武宗实录》卷一百七十二记载，"凤、倖、衍瑞、（姜）龙俱调府同知"[22]。据福建地方志可知，姜龙所任"府同知"，为"建宁府同知"[23]。根据苏州地方志，谪福建建宁府同知后升云南副使。

所以《正德姑苏志》所记载的"礼部主事、兵部员外、郎中、云南副使"，应改为"礼部主事、员外郎、郎中，谪福建建宁府同知，升云南副使。"

吴江进士庞远在礼部的具体任职，地方志失载。查《礼部志稿》，可复原庞远在礼部的任职。卷四十三"精膳司·员外郎"条目下记载："庞远，惟明，直隶吴江县人，癸丑进士，升本司郎中。"[24]"祠祭司·郎中"条目下记载："庞远，……四十二年由主客司调任，调仪制司，历升南京光禄寺卿。"[25]"主客司·郎中"条目下记载："庞远，……嘉靖四十三年任，调仪制司，升南光禄少卿。"[26]卷四十二"仪制司·郎中"条目下记载："庞远，……四十三年繇祠祭调任，南京光禄少卿。"[27]

根据《礼部志稿》相关记载，庞远在礼部的任职序列为：精膳司员外郎、郎中，后任主客司郎中、祠祭司郎中和仪制司郎中。

4. 仅有官衔，具体职务失载

吴江进士盛应期，苏州地方志记载其曾任"云南金事"一职。然具体职责，则为苏州地方志所失载。根据《本朝分省人物考》记载，其具体职务应是"云南金事分巡金沧洱海诸道"[28]。

吴县进士王天爵，乡贯徽州府歙县，苏州地方志记载其曾任职广西副使、广西右参政等官职。然具体职务，为地方志所史载。按，《明神宗实录》卷十七："丙戌升河南卫辉府知府王天爵为广西副使分巡桂林道兼管抚夷。"[29]《雍正广西通志》卷五十三《秩官》"右参政"记载："王天爵，歙县人，万历间任，分守右江。"[30]所以，王天爵所任广西副使时的具体职责是分巡桂林道兼管抚夷，任广西右参政时的具体职责为分守右江道。

二 部分漏录成因简析

1. 籍贯问题

明清时代，因为人口迁徙、经商、做官、服役、入赘等原因，出现了一批双籍进士。这些进士既有户籍（户口所在地），又有乡贯（原籍、祖籍）[31]。如上文的范箕，在《乾隆保德州志》记载的是"直隶顺天进士"，是为民籍。《乾隆甘肃通志》卷二十七《职官》"分守陇右道"条则记载"南直隶吴江人"，是为乡贯。对于这种记载，地方志的编纂者很可能认为是两个人，从而造成了履历漏录的现象。

2. 姓名改动

进士的姓名，并非终身不变。个别进士在登科中以后会更改姓名，最显著的例子就是万历时期的首辅申时行，登科时的姓名是"徐时行"，后复姓申。嘉靖三十二年苏州进士徐仲楫，登科时的姓名是"徐济卿"[32]。在苏州地方志，这样的例子不胜枚举。

个别编纂者在汇集资料时，未详查改动前后的姓名，编纂时往往会漏录履历。如清代吴江进士郁世焜，《同治苏州府志》卷六十三"康熙十八年己未归允肃榜"条下记载："郁世焜，朝若，复姓吴，澄迈知县"[33]。海南和琼州的地方志作"吴世焜"[34]。又，《康熙武邑县志》卷二记载："吴世焜，字朝若，号鹤亭，江南吴江籍，无锡人，由进士康熙三十四年任武邑。"[35]"武邑知县"为苏州地方志史载。究其漏录的原因，当与姓氏改动有关。

3. 不谙习典章制度

按照明清典制，任职于各行省布政使司的左右参政、左右参议以及提刑按察使司的副使、金事等官，基本是职衔。它们的具体职务或分守、分巡州府，或专管全省的学政、粮储、兵备、清军等事务，或是兼管中央漕运、河道、盐政衙门在地方上的分支机构。各道所负责的事务，明清时代均有明确的地域和分工。如清代甘肃的驿传事务，由兰州道兼理，其全称为整饬甘肃驿传道兼辖兰州管理屯田茶马事务；甘肃的盐法和兵备事务，则由平庆道兼理，其全称为"整饬平庆等处驿盐兵备道"[36]。

4. 未能充分利用原始文献和档案。

相关文献主要指当时的档案、碑刻和墓志铭。如上文的孙枝芳，苏州地方志仅有其最终履历，然《万历三十八年庚戌科序齿录》和《明熹宗实录》清晰地记载了他的任职经历，并与任职地域的地方志记载相印证。

苏州市吴江区文庙中一块题名《郡大夫庞公更置吴江学田记》的石碑上，有"山东莱州府胶州知州治下生孙枝芳顿首拜撰"的记载，时年"万历四十一年"[37]。"胶州知州"，苏州和吴江地方志均无记载，可见编纂者没有利用当时的碑刻。

又如吴江进士何钺的履历，苏州和吴江的地方志也仅有最终履历，而《湖广常德府知府何公钺墓志铭》[38]则完整地记录了何钺的生平和任官经历。太仓进士姜龙在礼部的任职情况，苏州地方志均失载，然官方档案汇编——《礼部志稿》却详细记载其在礼部的升迁过程。

综上，苏州进士资料的校勘，是一项系统而又复杂的工程，涉及年代、户籍、姓名、地理和职官等诸多领域。我们只有结合相关学科，在完善相关史料的基础上，互相校勘，找出产生讹误的原因和规律，才能更好地完成这项正本清源的工作，为相关研究提供准确的资料来源。

注释：

[1] 张英聘：《明代南直隶方志研究》，中国科学文献出版社 2004 年，第 98 页。

[2] 屈万里：《明代登科录汇编》第 21 册，台湾学生书局 1969 年，第 11906 页。

[3] （清）严有禧修：《乾隆莱州府志》，《中国地方志集成·山东府县志辑》第 44 册，凤凰出版社 2004 年，第 121 页。

[4] （清）佟企圣修：《康熙曹州志》卷七《职官志》，康熙十三年刻本，第 15 页。

[5] 《明熹宗实录》卷三十二"天启三年三月庚子"，中研院史语所 1962 年，第 1631 页。

[6] 《明熹宗实录》卷六十四"天启五年十月癸未"，第 3003 页。

[7] 《明熹宗实录》卷七十八"天启六年十一月癸未"，第 3799 页。

[8] 《崇祯长编》卷二"天启七年冬十月庚戌"，中研院史语所 1962 年，第 64—65 页。

[9] （清）安如泰修：《康熙阳武县志》卷五《职官志》，康熙二十九年刻本，第 3 页。

[10] （明）吕柟纂修：《嘉靖阳武县志》卷二《官师第五》，明嘉靖六年刻本，第 5 页。

[11] （清）王克昌修：《康熙保德州志》卷六《官师志》，成文出版社有限公司 1976 年，第 321 页。

[12] 《明世宗实录》卷一百二十九"嘉靖十年八月己亥"，中研院史语所 1962 年，第 3073 页。

[13] （清）觉罗石璘修：《雍正山西通志》卷九十八《名宦十六》，文渊阁四库全书景印本第 545 册，台北商务印书馆 1975 年，第 409 页。

[14] （清）方戊昌修：《光绪忻州志》卷二十一《职官志》，清光绪六年刻本，第 13 页。

[15] 《明世宗实录》卷二百四十九"嘉靖二十年五月己亥"，第 5009 页。

[16] （明）许容修：《乾隆甘肃通志》卷二十七《职官》，文渊阁四库全书景印本第 558 册，台北商务印书馆 1975 年，第 25 页。

[17] （明）林尧俞：《礼部志稿》，文渊阁四库全书景印本第 597 册，台北商务印书馆 1975 年，第 773 页。

[18] （明）林尧俞：《礼部志稿》，第 778 页。

[19] （明）林尧俞：《礼部志稿》，第 784 页。

[20] （明）林尧俞：《礼部志稿》，第 817 页。

[21] （明）林尧俞：《礼部志稿》，第 831 页。

[22] 《明武宗实录》卷一百七十二"正德十四年三月戊午"，中研院史语所 1962 年，第 3347 页。

[23] （清）郝玉麟等修：《乾隆福建通志》卷二十五《职官六》，文渊阁四库全书景印本第 528 册，台北商务印书馆 1975 年，第 265 页。

[24] （明）林尧俞：《礼部志稿》，第 832 页。

[25] （明）林尧俞：《礼部志稿》，第 794 页。

[26] （明）林尧俞：《礼部志稿》，第 810 页。

[27] （明）林尧俞：《礼部志稿》，第 774 页。

[28] （明）过庭训：《本朝分省人物考》卷二十一，续修四库全书第 534 册，上海古籍出版社 2013 年，第 429 页。

[29] 《明神宗实录》卷十七"万历元年九月丙戌"，中研院史语所 1962 年，第 495 页。

[30] （清）金鉷：《雍正广西通志》卷五十三《秩官》，文渊阁四库全书景印本第 566 册，台北商务印书馆 1975 年，第 529 页。

[31] 《明清进士题名碑录索引·编例》："明朝进士，籍贯有户籍、乡贯之分，户籍又有各种籍别。"见朱保炯、谢沛霖：《明清进士题名碑

录索引》，上海古籍出版社 1979 年。

［32］见《嘉靖癸丑科进士同年便览录·凡例》，载《明代登科录汇编》第 12 册，第 6333 页。

［33］（清）李铭皖：《同治苏州府志》卷六十三"康熙十八年己未归允肃榜"，《中国地方志集成·江苏府县志辑》第 9 册，江苏古籍出版社 1991 年，第 675 页。

［34］（明）萧应植：《乾隆琼州府志》卷五，清乾隆三十九年刻本，第 10 页。

［35］（清）许维梃修：《康熙武邑县志》卷二，清康熙三十三年刻本，第 10 页。

［36］傅林祥：《中国行政区划通史》（清代卷），复旦大学出版社 2013 年，第 379—380 页。

［37］金健康主编：《笠泽遗珍——吴江第一次可移动文物普查部分成果图录》，古吴轩出版社 2016 年，第 117 页。

［38］见焦竑《国朝献征录》卷八十九，四库全书存目丛书史部 105 册，齐鲁书社 1997 年，第 81—82 页。

苏州博物馆馆藏谢家福档案选辑校释（九）

——凌淦（等）致谢家福（等）函稿

徐钢城（苏州博物馆）

二十六　凌淦致谢家福函（光绪五年六月十六日）

绥翁尊兄大人阁下：

　　春间别后，弟一病几殆，现托庇顽健如常矣。今年馆于大胜柳氏，课两甥、一子、一侄，颇有读书之乐。忆春间兄启书簏示我，见抄本两册，评点《左》、《国》、《史》、《汉》诸书，抄甚精、评甚详。馆中无事，拟假此两册，细阅几过，择其评之佳者过录，亦消遣长昼之一法也。费神拨冗检出，由局寄至姚凤翁处，由凤翁寄我，是所厚望。是两册告借半年，原书仍由凤翁奉赵，决不有误。近时墨卷兴致何如？手此，只请勋安。

小弟淦拜上
六月十六日

（朱丝栏笺，四周三边，饰以双连环，笺纸左下角镌有"紫霞氏"。二纸，每纸四行）

按：馆者，馆客也，做塾师。宋吴自牧《梦粱录·闲人》有："食客者：有训导蒙童子弟者，谓之馆客。"大胜者，地名，即今吴江北库大胜村。著名诗人柳亚子家族，号称分湖柳氏，原住大胜村。1898 年柳家才从大胜搬至黎里镇。簏者，以竹子、柳条、藤条编制的盛器。汉刘向《九叹·怨思》有："淹芳芷于腐井兮，弃鸡骇于筐簏。"王逸注："方为筐，圆为簏。"此处似应指方形的书箱。《左》等诸书者，《左传》、《战国策》、《史记》、《汉书》之简称。姚凤翁者，姚孟起（字凤生，亦作凤笙）。奉赵者，即完璧归赵之婉称。指不受他人赠物或向人归还所借之物。墨卷者，明清科举制试卷名目之一。乡试、会试时，应试者用墨笔书写试卷，称为墨卷；墨卷再由誊录生用朱笔誊录，然后送试官评阅，称为朱卷。《明史·选举志二》有："考试者用墨，谓之墨卷；誊录用朱，谓之朱卷。"

凌淦结束豫赈之行回到吴江后，终于告别了日夜奔波而又惊心动魄的生活，重新沉浸于故乡宁静平和的日子里，以教书写诗打发时光。也许是中原之旅耗费了太多的体力精力，凌淦回家后大病了一场，幸而慢慢康复痊愈。不久之后，他在距自己所住的莘塔不远的北库，找到了一份新的工作：为当地有名的书香门第柳氏家族做塾师。相较于居无定所的助赈岁月，现在的凌淦，在长日漫漫中所能寻找到的消遣方式，就是读书抄书，为此他特意向谢家福写信借书。信中所言姚孟起，为江苏吴县人。贡生。室名松下清斋。天资聪颖，早岁随书家陆绍景学书，得其真传。又刻苦临池，凡遇名帖，必心摹手追。乃悟晋唐相承原委遂以善书名世。客徒授业，所摩名家碑帖，多为初学津梁。其所作楷书宗欧阳询，隶书略仿陈曼生。于书法外亦治印绘画，篆刻得蒋吉罗秀劲之致，丹青如金冬心古拙可爱。由此函可知，二人之间交情匪浅。此函未书年份，当书于 1879 年 8 月 3 日。

二十七　凌淦致谢家福函（光绪五年六月二十九日）

绥翁仁兄大人执事：

　　昨得手书，敬悉从者冒暑往来，贤劳备至，辱在下风，曷胜钦佩！苕公赴晋，本拟送行，实因酷热，惮于出门，殊怅怅也。来书以赴试金陵，属弟代庖，荷蒙谬赏，令人颜汗！再四思维，以驽骀之质，而试千里之程，其不竭蹶者几希。实在材力不及，并非故为推诿，知己者当应曲谅也。寄来捐册均已发出，现在收数不过百金，俟汇齐后当即专册奉缴。散处自五月初四后仅得雨两次，均未深透，农人车水，苦不可言。肃此布覆，即请元安。诸维亮察不宣。

小弟凌淦顿首
六月廿九挥汗冲

（朱丝栏双色套印花笺，画面为绿色提梁茶壶一把，壶中斜插红梅一枝，笺纸左下角镌有"东来仪"。二纸，每纸八行）

按：驽骀者，劣马，比喻庸才。宋玉《九辩》有："却骐骥而不乘兮，策驽骀而取路。"

凌淦发函向谢家福商借书籍，不久谢即派下人专程将书送到其府上。炎炎夏日之中，如此有求必应，令凌淦十分感动。而此时的谢家福，正忙着与江南协赈诸君筹划山西救济行动：自1879年4月起，经严子屏、潘民表先后两度赴晋实地勘察，南方义绅们了解到，在此次丁戊奇荒中，山西灾情的严重性也是空前的。为此他们极力募捐，筹措善款，并于7月中派严作霖带队，携邵天禄、包养中、严子屏等人奔赴晋南赈灾。8月，第二批赴晋助赈人员在金福曾率领下，携带赈银三万五千余两北上。本来凌淦也准备赶到苏州城，为他们壮行送别，无奈酷暑高温，最终未能成行。但他并未完全脱离义赈运动，仍在家乡积极奔走、劝募捐款。由此函可知，持续数年的巨灾，不仅对中国北方地区造成毁灭性的打击，就连地处江南、素有"人间天堂"之称的苏州府，也不能摆脱旱灾的干系。持续高温炎热，降水稀少，城乡居民和田间作物均为缺水所苦。此函书于1879年8月16日。

二十八　凌淦致谢家福函（光绪五年七月五日）

绥翁尊兄大人执事：

前月廿九日曾上覆函，度已垂鉴。兹舍侄

其模应试金陵，命其晋谒台端，并呈缴晋捐一百五十元。祈先付收条一纸，俟捐册齐后，再行倒换分户联票。更有恳者：舍侄欲叫邵伯划子，因人地生疏，敬烦贵友同往，费神之至。手此，即请元安。

小弟凌淦顿首启
七月五日

（朱丝栏双色套印花笺，画面为绿色提梁茶壶一把，壶中斜插红梅一枝，笺纸左下角镌有"东来仪"。一纸八行）

按：此函书于1879年8月22日。

二十九　凌淦致谢家福函（光绪五年八月八日）

绥翁仁兄大人阁下：

前接手书，并赈册四十本、旧抄本两册，藉悉贵体康健，以忻以慰。兹有恳者：陈墓镇蔡戒山兄，昔年同在河南办赈，于同事中尤为出力。今特专诚来谒，尚望加意拂拭之，是为感之。毛秋翁处竟得二百圆，喜出望外！余所发出者，尚无端倪。磬兄处两书，须俟乡试回来再行报命。凤翁近以侣梅之变，心情不佳。近时捐款若何？手此奉恳，敬请筹安。

小弟凌淦顿首
八月初八日

覃第均吉

（朱丝栏笺，四周三边，饰以双连环，笺纸左下角镌有"紫霞氏"。二纸，每纸四行）

按：陈墓者，昆山锦溪镇。因南宋孝宗宠妃陈氏病逝安葬于此，故又名陈墓。蔡戒山者，即前函中所云蔡戒三。拂拭者，原指掸拂灰尘，擦拭尘垢。《六祖坛经·行由品》有："身是菩提树，心是明镜台。时时勤拂拭，不使惹尘埃。"引申为器重、提拔。唐李白《驾去温泉宫后赠杨山人》诗有："一朝君王垂拂拭，剖心输丹雪胸臆。"清侯方域《管夫人画竹记》亦有："尉乃鉴之，爱之，重之，与天下之有识者更拂拭而赞叹之。"毛秋翁者，毛秋涵。磬兄者，即凌淦从兄凌泗（号磐生）。

凌淦虽然寂处吴江乡下，但对于谢家福等组织运筹的民间募捐，始终念念不忘。不仅在家乡热情派发赈册，号召乡绅民众捐款；而且当先前一起在河南办赈的蔡戒三欲外出谋职时，还特意写信给谢家福，为其介绍推荐。并时时关心着捐款的数额。此函书于 1879 年 9 月 23 日。

三十　凌淦致谢家福函（光绪十三年四月十八日）

> 绥翁尊兄等人执事：
>
> 日前邑叙为欢，展维履絢曼福为颂。启者：兹有徐翰翁之世子号子明，特来沪上晋谒台端，欲觅一枝之栖。如蒙量材录用，或鼎力推荐，不胜感激。子明前在苏州，曾在协赈局襄办，阁下想必深悉也。手此，即请勋安。
>
> 　　　　　　　　　　　小弟凌淦顿首
> 　　　　　　　　　　　四月十八日

（暗红色朱丝栏笺，一纸八行）

按：邑叙者，即畅叙。"邑"通"畅"。绚者，古时鞋头上的装饰，犹今之鞋孔，可以穿结鞋带。

由于在连年义赈中所表现出的卓越领导组织才能，谢家福深得朝廷重臣李鸿章的青睐，称赞其有"体国经野之才，民胞物与之量"。其好友、中国近代著名实业家盛宣怀也对他极为器重，委派谢家福赴沪，担任上海电报局提调，为中国电话电报业的开天辟地殚精竭虑。同时，他还在轮船招商局的筹备运作中，不遗余力的出谋划策。一直到 1888 年因母亲去世离职，谢家福奔波忙碌于苏、沪两地。此函为凌淦替老友徐翰波之子赴沪所写的推荐信。此函当书于 1887 年 5 月 10 日。

三十一　凌淦致谢家福函（光绪十三年六月二十二日）

> 绥翁尊兄大人执事：
>
> 前由任友翁处寄到尊札、并《捐启》三本，当即嘱徐翰翁广为吹嘘，直至昨晚始回。观其

神色不佳，问之，云不名一钱（其所垫几处，毛秋涵已取去矣），真可叹也！诚恐漫无着落，特先交卷一本：计洋廿四圆，检收是荷。另两本今托人往别处设法，届时再行交卷。此覆，只请勋安。

> 　　　　　　　　　　　小弟凌淦拜上
> 　　　　　　　　　　　六月廿二日
> 闻姚凤翁忽患臂痛，近日未知若何？

（米色仿古笺，套红镌印尺矩一把，旁小字"别意与之谁短长"，下又有"晋人尺度之半　摹积古斋本　彩华堂"。一纸）

按：任友翁者，任艾生（字友濂）。

谢家福等人发起的民间义赈，全赖地方士绅的奔走宣传和社会各界的慷慨捐赠，个中艰辛如鱼饮水，只有当事人自己最为清楚。在日常的劝募之行中，遇上虚与委蛇、甚至直接拒绝者，经常令热心公益慈善的单纯书生们，感到精神上倍受挫折。此函当书于 1887 年 8 月 11 日。

三十二　凌淦致谢家福函（光绪十三年七月四日）

> 绥翁尊兄大人执事：
>
> 初一日晚由友兄处寄到手示、并元魁夺彩会十张，足征仁人君子之用心无微不至。次日，适书院课期，传以同人，无不忻然，当即分送五张、写定一张。顷又有函来索会票者，可谓踊跃矣。惟鄙见过宪章程，实有不尽然者。夫诸君之忻然与会者，岂为赈务计哉，不过动三四五百之欲心耳！今以一万会为率，而以九万元办赈，仅以一万元作将来程仪。即以举人得三百计之，此一万会中，只好中三十三名。江南乡试二万人，中额一百四十名，照此尚不其半，未免轻量与会诸君矣。即日中数过多则尽数分摊，夫许人以三四五百之多，届时或并不及三四五十之数，恐计偕北上时，索程仪者实繁有徒。争多论少，口众我寡，窃为阁下所

不取也。弟年来株守故园，不敢干预赈务，惟念阁下如是用心，诸君如是踊跃，设将来不免唇舌，岂非多事！鄙意以谓：为今之计，无论得会多少，可否以一半先解皖赈，以一半暂存银行，作将来程仪之用。计六十人中一人，适符三百之数。设或中数不多，重阳风起，仍可留为棉衣冬赈之用。务望速赐回玉，并求刊列《申报》，庶闻风者愈形踊跃，于赈务则大有裨益；而于程仪一节，亦不至食言，一举而名实两符。刍荛之见，贤者择焉。前托友兄续缴洋六十一元，另抄一纸，曾否察览？手此布臆，并请勋安。

小弟淦拜上
七月初四日

顷又接到会票廿张

（米色仿古笺，套红镌印尺矩一把，旁小字"别意与之谁短长"，下又有"晋人尺度之半　摹积古斋本　彩华堂"。四纸）

按：回玉者，回信也。

自从光绪三年（丁酉）爆发"丁戊奇荒"后，江南士绅发起了大规模的民间义赈运动。1877年谢家福、李金镛、金德鸿等奔赴山东赈灾；1878年熊其英、凌淦、严作霖等奔赴河南赈灾；1879年金福曾、严作霖、潘民表等奔赴山西赈灾；1880年金福曾、严作霖等奔赴直隶赈灾；1882年严作霖等奔赴安徽赈灾；1883年金福曾、严作霖、潘民表等奔赴直隶、山东赈灾，其间几乎略无停息。而到了光绪十三年（1887），位于河南郑州段的黄河，由于洪水引发决口，再加上皖北大水，河南、安徽两省迭遭水灾。时任安徽凤颍六泗道的任兰生，也因为巡查江岸时马匹受惊坠地，不幸伤口感染疮毒，而于5月22日因公殉职。此次安徽水灾，江南助赈局派出严作霖、潘民表、孙传鳌、刘浩等前往灾区。由于连年募捐，谢家福等也是勉为其难，于是他们想出了发行彩票募集善款的办法：即向全江苏省参加会试的秀才，推销元魁夺彩会票，凡中举者若购买此

彩票，即可凭票获奖。平心而论，此举实属下策；但现实决定策略，谢家福等亦是事出无奈。出于知心老友言无不尽，凌淦特意致函，告知其中利弊曲折，劝谢要精心筹划、小心行事，否则搞不好弄巧成拙，会使自己骑虎难下，更会损害民间赈灾的清誉，也伤了广大善男信女的一片热忱。此函书于1887年8月22日。

三十三　凌淦致谢家福函（光绪十五年二月三日）

绥之仁兄大人阁下：

初一日由局寄奉一函，未识已达览否？顷颁手书，承惠厚仪，拜领感谢。仓石今晨来寓，前恙甫愈，又患咳嗽，此公向来善病也。晤凤生先生，为我道谢。渠近日身体健否？系念之至。黄渊兄明日坐海定轮船动身，嘱笔谢谢。手此，即请游安。

弟期淦顿首
二月初三日

（暗红色朱丝栏笺，一纸八行）

按：仓石者，吴昌硕。海上画派后期领袖，印书画诗四艺皆精。他于1872年初到姑苏，1882年正式安家此地，至1911年最终离开。1880年至1890年间，吴昌硕频繁往来于苏州、上海两地，其中多数时间定居在吴门；即使赴申，亦不长住。1888年，由于长子吴育在沪病逝，加上女儿吴丹姁的出生，导致吴昌硕从上海返回苏州城居住。在苏期间，他与吴中文人雅士相互唱酬应答、与收藏大家请益问道、与丹青高手切磋交流；从听枫园到西美巷、从南园到桂和坊，人间天堂的大街小巷，处处都留下了他瘦弱的身影；文化渊薮的江南古城，也在他的心中投下了难忘的回忆。此函当书于1889年3月4日。

三十四　凌淦致谢家福函（光绪十五年三月某日）

淦顿绥之尊兄大人阁下：

日前由友兄处颁到手书、并凤生先生惠函、

书法十二纸、字课五册，均如数收到。弟十九日发棹往沪青浦，未曾泊舟，不及奉函为歉。今又奉去字课八册、凤翁处覆书一通，仍乞费神转致。以后迳由友濂处转寄，渠亦以为甚便也。友濂园中牡丹盛开，三日之游，可能践约否？此布，即请大安。

小弟期首

（淡绿色花笺，朱绿双色套印垂丝海棠一枝斜垂，有鹊鸟栖停其上，笺纸左下角镌有"锦润"。二纸，每纸八行）

按：凌淦久居乡里，长期以授业课徒为生。平日闲来无事，独坐西窗，青灯如豆，披卷展读，吟诗自乐。生活虽然逍遥，可长此以往入不敷出，家中渐渐陷入窘境。为了解决生计问题，他决定前往当时中国最兴旺繁华的大都市上海谋生，准备从事药品买卖生意。此函落款未书时间，然函中有"牡丹盛开"之句，则应当是在三月间。清顾禄《清嘉录》卷三有："牡丹花，俗称'谷雨花'，以其在谷雨节开也。谚云：'谷雨三朝看牡丹'。无论豪家名族，法院琳宫，神祠别观，会馆义局，植之无间。即小小书斋，亦必栽种一二墩，以为玩赏。俗多尚'玉楼春'，价廉而又易于培植也。然五色佳本，亦不下十余种。艺花者率皆洞庭山及光福乡人。花时，载至山塘花肆求售。郡城有花之处，士女游观，远近踵至；或有入夜，穹幕悬灯，壶觞劝酬，迭为宾主者，号为'花会'。"此函书于 1889 年 4 月上旬。

三十五 凌淦致费延□、谢家福、任艾生函（光绪十五年某月某日）

芸舫、绥之、友濂诸兄均鉴：

此次水灾，仰荷圣恩高厚，以及各省协济，赈务得以藉手，灾民何幸如之！惠书从未一覆，罪甚罪甚！弟年来处境之苦，更甚于灾民！沪上之行，明知非计，铤而走险，急何能择！冷暖自知，即知己者未必尽悉也，伏乞怜之亮之。嗣后赈务如何办法，仍望随时寄示。幸勿以弟

之不出来、不答书而介介于怀也。手此，敬请筹安。

弟期淦顿首

昨晤莲珊，云上海洋药每箱加捐两元，每年可得银十六万。前福建曾经加过，不因和约而窒碍，现宁波口岸亦欲仿办。如举办此项，须上禀南、北洋大臣，请札饬上海道、松沪督办两处，云昆山张敬甫广文，拟禀欲办上海南市房捐，商之施、经两君，以为难行。张君之意，以一处可通，则各处皆可通行。其款甚巨，嘱抄呈台览。

（朱丝栏笺，四周三边，饰以双连环。二纸，每纸四行）

按：介介者，心绪不宁，有事不能忘怀。《后汉书·马援传》有："但畏长者家儿，或在左右，或与从事，殊难得调，介介独恶是耳。"李贤注："介介犹耿耿也。"施君者，施少钦。

光绪十五年（1889）夏天，江苏省苏州府所属吴江震泽、常熟昭文、昆山新阳、青浦诸县遭遇水灾，损失惨重。谢家福等组织严作霖、刘芬、任艾生、施绍书前往办赈，并聘请任、施二位，会同受灾各乡镇绅董，修筑、加高、培厚堤岸。谢家福还偕宗侄谢庭芝，奔赴所有被灾县乡视察灾情，又联合当地官府，出资以工代赈，掩埋因灾死亡、暴露荒野的死尸一万两千余具。此函书于 1889 年某月某日。

三十六 凌淦致谢家福函（光绪十六年二月三日）

绥翁尊兄大人执事：

献岁发春，维吉庆大来、凡百如意为颂。接读手书暨《图册》十二本，具见仁人君子之用心百折不回，令人五体投地！惟敝邻震泽四乡连年荒歉，十室九空，愁惨之状有不下于《图》中所绘者。去冬全人勉凑千元，择极苦之家给白粞数斗，真车薪杯水。现在春赈孔急，

就附近各处劝募，殊形蹶竭。刻下徐翰波、费漱石、郑茂云三君到沪，将求见施少钦先生。惟素未谋面，拜恳阁下指引一切。如能亲自全往，尤为感激。毛、徐两函已寄出，《图册》十本交翰波，两本暂留弟处。《诗经通义》颂甫曾否寄到？费神，即颂令威为佩。专此奉覆，只请勋安，诸维鉴察不宣。

　　　　　　　　　　小弟淦拜上
　　　　　　　　　　二月初三日
　　磬声家兄嘱笔请安。

（绿丝栏仿古笺，首纸为浅红、末纸为豆绿，每纸均有线刻双玉连环，上环内有篆书"迢以象外得其环中"、下环内有行书"同治乙丑闰夏凌述之摹古"。二纸，每纸八行）

　　按：粞者，碎米。泛指粗劣的粮食。宋陆游《太息》诗有："仕宦十五年，曾不饱糠粞。"明陆容《菽园杂记》卷二亦有："此时春者多碎而为粞，折耗颇多。"《诗经通义》者，乃明末清初吴江学者朱鹤龄所著。朱鹤龄（1606—1683）字长孺，号愚庵。他于笺疏之学造诣颇深，屏居著述数十年，为清代知名经学家。又与昆山顾炎武友善。此书十二卷，曾选入《四库全书》。

　　凌淦虽然已经赴沪从商，与江南民间义赈似乎渐行渐远，但是作为一个性格似火、急公好义的举人，一个曾经投身河南赈灾前线的善士，他的心中永远有割舍不去的慈善情结。1889 年吴江等地水灾爆发后，凌淦与同乡徐翰波、毛秋涵等人竭力劝募，虽只得一千余元，可当谢家福将募捐图册寄给他时，凌淦依然毫不犹豫地收下，并奔走相告、四处散发。此函书于 1890 年 3 月 23 日。

三十七　凌淦致谢家福函（光绪十六年某月十三日）

　　绥之仁兄大人阁下：

　　　　前奉一函、暨《北行日记》一册，度已登览。兹磬生家兄来诗函一通，嘱为转寄检收是

荷。尊刊《五亩园志》几种，昨有友人见而悦之，携去。可否再惠两册，便间寄下。凤生先生时见面否？为我道候。弟二十左右拟旋里一次。手此，即请大安。

　　　　　　　　　　弟期淦顿首
　　　　　　　　　　十三日

（黄色朱丝栏笺，一纸八行）

　　按：多年操劳赈灾、电报、招商等事务，再加上萱堂弃养带来的悲痛，使谢家福身体状况终于透支。1890 年后，他辞去在上海的职务，返回苏州，在城北桃花坞重筑五亩园，休养生息。在养病闲居的日子里，他与一班莫逆知己（如费延釐、姚孟起、凌泗、任艾生、施绍书、沈景修等）或相互唱酬，或携手出游，并刊印了不少诗文集。《五亩园小志》一卷、《志余》一卷、《题咏》一卷，是书乃谢家福、凌泗编辑，由谢氏出资校刊、1890 年苏州徐文艺斋镌印刻本，曾收入谢家福辑刊《望炊楼丛书》。此函当书于 1890 年某月。

三十八　凌淦致谢家福函（光绪十九年八月三十日）

　　绥之仁兄大人阁下：

　　　　手书并书四十册均收到，仓硕刊《诗集》甫竣，嘱为转呈，讹字未尽校正也。即请大安。

　　　　　　　　　　弟凌淦顿首
　　　　　　　　　　八月卅日

　　凤先生病体如何？念念。

（浅红色仿古笺，汉隶大字线刻"传世富贵"，左下角小字"汉砖，大吉庐监造"。一纸）

　　按：吴昌硕生平所交，皆是当时翘楚，其中不乏诗词书画俱佳的通才。受此影响，他的诗艺，亦在耳濡目染、相互切磋中不断进步。1893 年春天，已届知天命之年的缶翁，将自己 1892 年以前所作诗，编辑成《缶庐诗》三卷，在上海刻印出版。并延请著名书家杨岘署题封面。此函书于 1893 年 10 月 9 日。

三十九 凌淦致谢家福函（光绪二十年二月十五日）

绥之仁兄大人阁下：

"七贤庐"额，仓石已篆，兹特寄奉。《邓尉探梅诗》索者纷纷，可否再寄五本？仓石嘱求《五亩园丛书》一部，有便寄来，不必亟之。晤凤翁，为我道候。手此奉覆，只请大安。

弟淦顿首

二月十五日

（浅红色仿古笺，汉隶大字线刻"传世富贵"，左下角小字"汉砖，大吉庐监造"。一纸）

按：七贤庐者，或许为谢家福五亩园中一景。他的好友费、姚、凌、任、施、沈诸君（见函三十七），加上他自己正好七人。用七贤为名，大概是以竹林七贤自比。他们七人相约：每年初春时节一起出游，赴苏州城外光福邓尉山的香雪海，探梅赏花，啸傲烟霞。《邓尉探梅诗》刻于 1894 年。《五亩园丛书》盖即《望炊楼丛书》。此函书于 1894 年 3 月 21 日。

四十 凌淦致谢家福函（光绪二十一年正月二十三日）

绥之仁兄大人阁下：

献岁以来，惟吉庆大来、凡百如意为颂。日前来电，当嘱子厚兄转覆，想早达览。凤翁本是多愁多病身，病魔扰之，恐不胜任。近日若何情？尚望示知，以释悬念。本当即日束装来苏，藉叙阔衷，适内人患病甚剧，现虽逐渐向愈，调治尚形栗六。惟贱躯顽健如常，差可告慰耳。迩来倭氛甚恶，战和失据，为之慨然。肃此，敬请台安。

弟淦顿首

正月廿三日

（暗红色朱丝栏笺，一纸八行）

按：1894 年 7 月 25 日，日本军队不宣而战，在丰岛海面对中国海军发起突然袭击，击沉中方运兵船"高升"号，悍然挑起中日甲午战争。8 月 1 日，中日政府同时向对方宣战。至 1895 年 2 月，日本连续发动威海卫战役和辽东战役，中国军队节节败退。清政府被迫屈膝乞降，2 月 11 日，派遣李鸿章为全权特命大臣，赴日议和。国难深重、大厦将倾，作为忠君爱国的知识分子，谢家福和凌淦对于时局忧愤难平，却又无力报国，都陷入痛苦煎熬的深渊里。此函书于 1895 年 2 月 17 日。

四十一 凌淦致谢家福函（光绪二十一年某月某日）

绥之仁兄大人阁下：

省垣别后，惟履绚曼福为颂。启者：去岁徐翰翁作古，其长子子明相继病故。子明在日，因连年失馆，负债累累，百孔千疮，一家八口，苦况难名。今尹孚不得已向诸父执集十元会，欲得二十会，以济燃眉，以了急债（借人田单抵押他处）。现已允者：兄与子厚暨弟三人，其余尚无把握，因思在苏时，谈及省垣儒孤恤嫠会经费不敷，老兄于三日间集成万金巨款，洵非常之盛举也。翰翁向住周庄，元和县界。缆香先生及尹孚入长洲学是否合例，务恳鼎力设法布置，俾茕茕孤寡沐再造之恩，尤善之善者也！再：尹孚来年无馆，急需觅就，亦求留意为感。凤生先生近日病体若何？见时为我道念。海波不静，时事孔棘，闻诸见山先生云："老夫无他求，愿天早些混沌"，旨哉斯言！手此奉恳，敬请大安。

弟功凌淦顿首

（浅红色仿古笺，汉隶大字线刻"传世富贵"，左下角小字"汉砖，大吉庐监造"。二纸）

按：嫠者，寡妇。《小尔雅·广义》有："凡无妻无夫通谓之寡。寡夫曰鳏，寡妇曰嫠。"茕茕者，茕茕孑立也，言孤独无依。晋·李密《陈情事表》有："外无期功强近之亲，内无应门五尺之僮，茕茕独立,形影相吊。"

谢家福虽然退养故里,仍然热心地方社会公益事业,他自己捐资助学,在自家五亩园中创设儒孤学堂,取名为"正道书院",延师教授,转收儒家幼孤贫穷子弟。后来又在园中增设中西学堂,选拔天资聪颖的儒孤子弟入学,学习现代西学,为中国未来的建设和进步培养人才。他在士绅阶层中的威望和号召力,从信里就可略窥一斑。此函当书于1895年某月某日。

四十二 凌淦致谢家福函(光绪二十一年十月二十三日)

绥翁仁兄大人阁下:

别来月余,念念。前接凤翁函,云初十间见过,精神甚好。后数日,闻偏风复作。磬生来函:绥翁病已向愈,惟右手足运掉不甚灵。未知究竟若何?《良方汇刻》序抄呈,乞裁政。手此,只请痊安。

弟淦顿首
二十三日

(朱丝栏笺,一纸七行)

按:偏风者,中风偏瘫。《良方汇刻》者,即《桃坞谢氏汇刻方书》。此种丛书乃谢家福辑刊,共收历代医书九种十三卷,光绪二十一年(1895)谢氏望炊楼刊刻本。

1895年4月17日,李鸿章在日本马关春帆楼,与日本内阁总理大臣伊藤博文及外务大臣陆奥宗光签订丧权辱国的《马关条约》。谢家福闻听此讯,顿足捶胸,悲愤交集,日夜思虑,辗转难眠。当他读到《和约》全文,忍不住叹息欷歔,痛哭流涕。

由于情绪太过激愤,导致突发中风、蹶然倒地,经紧急抢救,方才苏醒。此后虽多方调治,仍留下半身偏瘫的后遗症。医家称病由心生、水不涵木,已非药石所能奏效者。此函书于1895年12月9日。

四十三 凌淦致谢家福函(光绪二十一年十月二十八日)

绥翁尊兄大人执事:

前有一函,由叶仲甫兄处加封寄呈,度已登览。顷诸元简先生寄来尊刊《良方集腋》,中有校正讹字几处,嘱为改正修刊。前函所云是否可行?便中亦希示覆为感。附上校本《良方》五册检收是荷。手此,即请勋安。

弟淦拜上
十月廿八日

四信系同里全盛信局转示

(米色仿古笺,笺纸下半部镌印竹茶笼,上半部影刻明文三桥楷署:"茶宜密裹,故以箬笼盛之;宜于高阁,不宜湿气,恐失真味也。文彭"。一纸)

按:《良方集腋》者,为《桃坞谢氏汇刻方书》其中两种。此乃谢家福之父、著名中医谢元庆所撰,分别是:《良方集腋》二卷附一卷;《良方集腋合璧》二卷附一卷。由前函可知,谢家福曾请凌淦为《桃坞谢氏汇刻方书》作序,凌氏并为《良方集腋》作核对校正。这是所知凌淦致谢家福函中的最后一封,他的确切卒日史料不详,由此函落款判断,当在1895年12月下旬。此函书于1895年12月14日。

耀州窑博物馆所藏有关寇慎的书画图册

陈宁宁（耀州窑博物馆）

内容摘要： 耀州窑博物馆所藏"嘉宾独劭"与"采风千寿"书画图册均与明代晚期的寇慎有关。本文对该两套图册的内容、作者及相关背景进行解读，并确定其创作年代均为明天启六年（1626），两者和苏州博物馆所藏"送寇公去任图"图册一样，不仅展现了寇慎主政苏州时与当地文士的互动情形，也反映了明代晚期苏州本地文人书画的基本格局和面貌。

关键词： 寇慎 "嘉宾独劭"图册 "采风千寿"图册

耀州窑博物馆为国内外著名的古陶瓷专题博物馆，然而该馆也收藏有部分其他门类的文物，而且不乏历史艺术价值极高的精品。这里单就与寇慎有关的两套明代书画图册进行介绍，供同好赏之。此两套图册最早为寇慎后裔所有，解放后收藏于耀州窑博物馆。

一 "嘉宾独劭"图册

纸本，设色，由 9 幅书画折页组成，内纵 38、横 44.3 厘米，外纵 47.8、横 103.5 厘米。书法为洒金地。引首为"嘉宾独劭"四字，由两幅折页组成（图一），隶书，大气古拙，落款为：陆广明书，钤陆广明印、别字无界、隔篁草堂。陆广明，字无界，江苏长洲（今苏州）人，其祖父为文徵明同时的陆

师道，其父为陆士仁，均为当时苏州的文人画家。

其他七幅折页均是左书右画。画皆为明代归昌世所作竹石图（一为"潇湘夜月"图，但右下角仍有竹石），落款各不相同，分别为：竹石苍然斯亦敬仲何远；竹意甚静是初晴常雨；子瞻为贾耘老画二帧，清古高洁，砌仿至此；潇湘夜月；元镇（积）故以清疏自见，急欲脱俗颜耳；初解罗乃极鲜，妍石黄以饶春绿；绝壁修篁，水风荡之，遂成竹笑。均钤：归昌世印。归昌世（1573—1644），字文休，好假庵，江苏昆山人，后移居常熟，为明代晚期著名的诗人和书画篆刻家。也是明代著名学者归有光之孙。归昌世尤其擅长画兰竹，清代徐沁《明画录》卷七墨竹部分有载[1]。《画史》称其作品"松灵沉着，神趣横溢，在徐渭、陈淳之间"。《无声诗史》更是赞其所作墨竹"枝叶清丽，逗风舞雨，有渭川淇奥之思"。其篆刻水平也十分超卓，是以文彭为代表的吴门派的健将[2]。因而归昌世是著名的"昆山三才子"之一。此"嘉宾独劭"图册的七幅竹石图，清雅隽永，洒脱至极，妙趣横生，韵味十足，是归昌世墨竹功力的完美体现。

册页的书法同归昌世的多幅竹石图内容呼应。依据以上所录竹石图落款的次序，书法依次为：

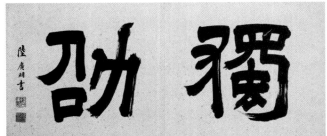

图一 "嘉宾独劭"引首

1. 王鼎隆行书《竹诗》

绿色连云万叶开，王孙不厌满庭栽。凌霜尽节无人见，终日虚心待凤来。谁许风流添兴咏，自怜潇洒出尘埃。朱门处处多闲地，正好移阴覆翠苔。

落款为"王鼎隆"，钤：王尔殷氏、啸鹤、荫修竹之婵娟（图二）。尔殷为其字，啸鹤应为其号。荫修竹之婵娟出自西晋成公绥的《啸赋》，原文为"藉皋兰之猗靡，荫修竹之婵娟"。王鼎隆为苏州长洲人，生卒年不详，但应为明晚期苏州著名文人。《竹诗》为唐代诗人韩溉的作品。此外，另有王鼎隆行书《文与可学士墨堂君》，落款为：王鼎隆书，钤：

王鼎隆印、琼霞馆（图三）。《文与可学士墨堂君》为宋代文人苏辙所作，全文为：

虚堂竹丛间，那复厌竹远。风庭响交戛，月牖散凌乱。尚恐昼掩关，婵娟不长见。中堂开素壁，萧飒起霜干。随宜赋生趣，落笔皆葱蒨。根茎杂土石，枝叶互长短。依依露下绿，冉冉风中展。开门视丛薄，与此终无辨。

2. 文震亨楷书《坐圆通庵竹下作一首》

阴岑结岩扉，萝关掩深筑。爱此森沉光，馀清散疏竹。石裂潴回潭，潭流自成曲。乱世纵横梁，时倚老树腹。水乳鸣鏦铮，寒鳞互惊戚。谷

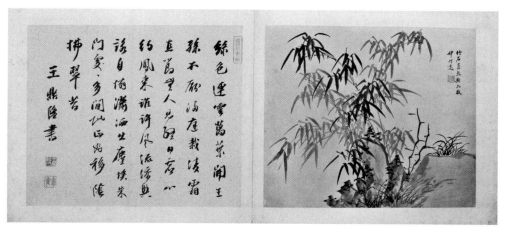

图二　王鼎隆行书《竹诗》

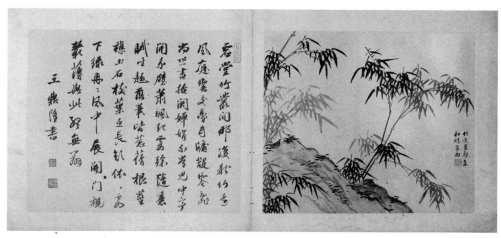

图三　王鼎隆行书《文与可学士墨堂君》

外天茫茫，稀微寺烟绿。有酒不盈樽，凊风坐来穆。空谷何自声，正与吾耳逐。溪头浣苧儿，其上喧采牧。和苕既有以，何必豕与鹿。心将广视闲，境以幽赏独。今游非昔游，吾生钜为足。

落款为：坐圆通庵竹下作一首，文震亨。钤：启美、文震亨印（图四）。文震亨（1585—1645），字启美，苏州长洲人。为文徵明曾孙，文彭之孙，文震孟之弟。官至中书舍人，给事武英殿。明亡后绝食而死，谥节愍。受家风影响，文震亨诗文绘画皆有涉足且造诣不凡，特别还擅长园林设计，著有《长物志》十二卷，是中国古代园林建造、设计和欣赏方面的代表作。圆通庵，国内多个地方都有，这里应为苏州圆通庵，也就是今天位于沧浪区的圆通寺，南宋淳熙年间始建，清光绪中重建，改名为圆通寺。

3. 陈元素行书《赋得竹箭有筠》

东南生绿竹，独美有筠箭。枝叶讵曾凋，风霜孰云变。偏宜林表秀，多向岁寒见。碧色乍葱茏，清光常旧练。皮开风采出，节劲龙文现。爱此守坚贞，含歌属时彦。

落款为：陈元素书，钤：陈元素印、陈金刚印（图五）。陈元素，今苏州人，字古白、孝平、金刚，号素翁、处廓先生，工诗文，善书画，特别是擅写墨兰，著有《古今名将传》和《南牖日笺》，《明画录》、《苏州府志》有传[3]。传世书法作品较多，如

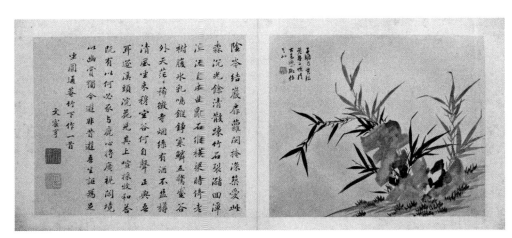

图四　文震亨楷书《坐圆通庵竹下作一首》

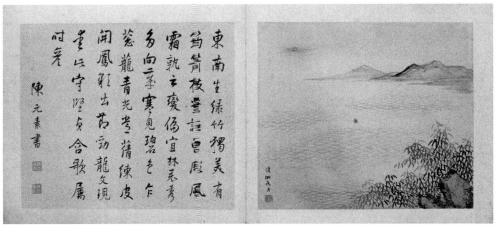

图五　陈元素行书《赋得竹箭有筠》

上海博物馆所藏其纸本行书《录王世贞过桃源作诗轴》、北京故宫博物院所藏"北窗桃李下"行书语轴等。《赋得竹箭有筠》为唐代诗人张仲方所作的五言古诗，歌颂箭竹经冬不凋的风采和岁寒益劲的气节。

4. 董中行行书《竹石颂》

　　云根百尺，嵯峨倚倒。拂琅玕，湛秋水，摩空色，傍曙星。寒昂霄势，挟青雷起。嶙峋赤海峙龙湫，窈窕青冥抒凤尾。千古长留冰雪姿，宁第相扶亦相砥。莱公硕望齐云天，劲节贞心栽悼史。楼屋于是竹为编，骨鲠还须石漱齿。香名旷代接薪传。孙子云：仍天祚，兆天祚。公子实祚吴，借来福荫，垂桑梓美材，收拾尽东南口碑，人欲镂肌理。古来名守说龚黄，似我神君，谁堪

比颂。公之德，岩岩高湜。公之掺，猗猗美常。此瞻依汀石，交披拂清风，颙君子。

　　竹石颂似邦伯寇老公祖。

　　落款为：旧寅子民董中行拜手撰。钤：董中行印、念龙主人（图六）。董中行无考。该《竹石颂》明确说明了寇慎在苏州的德政以及良好的口碑，"堪比龚黄"。

5. 杜大绶行书《范公丛竹歌》

　　世人见竹不解爱，知君种竹府城内。此君托根幸得地，种来几时闻已大。盛暑修修丛色寒，闲宵槭槭叶声干。能清案牍帘下见，宜对琴书窗外看。为君成阴将蔽日，迸笋穿阶踏还出。守节偏凌御史霜，虚心愿比郎官笔。君莫

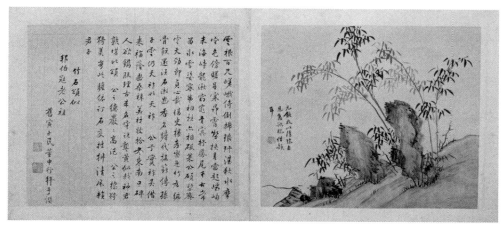

图六　董中行行书《竹石颂》

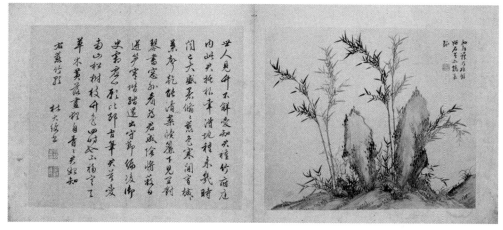

图七　杜大绶行书《范公丛竹歌》

爱南山松树枝，竹色四时也不移。寒天草木黄落尽，犹自青青君始知。

右蒸竹影。

落款：杜大绶书。钤：大绶之印、子纡氏（图七）。杜大绶，字子纡，吴县（今苏州）人，书画皆善。《范公丛竹歌》为唐代诗人岑参的诗作。

6. 文震孟行书《玉局仙竹赞》

先生闲居，独笑不已，问安所笑，笑我非尔。物之相物，我尔一也。先生又笑，笑所笑者。笑笑之余，以竹发妙。竹亦得风，夭然而笑。

玉局仙竹赞。

落款：文震孟书。钤：自隐无名为务、文震孟印、竺坞山史（图八）。文震孟（1574—1636），字文起，号湘南，别号湛持，长洲（今苏州）人。文徵明曾孙。少年即好学，精于《春秋》，年五十始中进士。性情刚烈，誉满朝野。书法承袭家学，书迹遍天下，特别是擅长古隶，碑版署额可与文徵明相论。著有《姑苏名贤小记》和《药园全集》等。《明史》有传[4]，《苏州府志》也有记载[5]。此《玉局仙竹赞》实为苏东坡所作《石室先生画竹赞》，原作有序：

与可，文翁之后也。蜀人犹以石室名其家，

而与可子谓笑笑先生，盖可谓与道皆逝，不留于物也。顾尝好画竹，客有赞之曰（后为以上录文）。

与可即文同（1018—1079），与可为其字，号笑笑居士、笑笑先生，人称石室先生。梓州永泰（今四川绵阳盐亭）人，北宋著名的画家、诗人。《宋史》有传，著有《丹渊集》四十卷。文同最擅长画竹，所作墨竹"富潇洒之姿，逼檀栾之秀"（见《图画见闻志》语），而著名的《宣和画谱》则认为其作品"托物寓兴，则见于水墨之战"。文同与苏轼、苏辙为表兄弟，所以交往甚多，前文所录《文与可学士墨堂君》即为苏辙对其墨竹的赞美诗词。

二　"采风千寿"图册

绢本，设色，原本由 6 幅书画折页组成，惜保存状况不佳，内纵 27.2、横 27.1 厘米，外纵 37.4、横 36 厘米。引首为文震孟所书隶书"采风千寿"四字（图九），自然饱满，可见其古隶造诣深厚。原本应为两套折页，各有"采风"与"千寿"二字，现散落为 4 页，各一字。落款：文震孟题，钤：洞有仙人篆山藏太史书、文震孟印、文起。"洞有仙人篆，山藏太史书"出自唐代诗人王维的《和尹谏议史馆山池》，文起为文震孟的字。

图八　文震孟行书《玉局仙竹赞》

图九 "采风千寿"引首

其余 4 幅折页原本皆是左书右画，现散落为 8 页，现依照绘画、书法两类依次介绍。

1. 绘画

潘颖兰石高树图，画面为水滨生长幽兰数丛，后有太湖石和散花高树一棵。落款为：丙寅冬日写，潘颖。钤：潘颖之印（图一〇）。

图一〇 潘颖兰石高树图

冯俨泰岳乔松图，画中高大粗壮的古松直入云霄，松下立三人观云海卷舒。落款为：泰岳乔松，古吴冯俨。钤：冯、俨两白文印（图一一）。

董冶山水图，画中一人立于古松之间，临水面山，山峦绵延，远处藏有古寺，高空一鸟独飞。落

图一一 冯俨泰岳乔松图

款为：丙寅菊月写，古吴董冶。钤：身之父、董冶（图一二）。

盛茂烨观云图，画中上方云海苍茫，部分山峦与古木隐于云雾中，下方古松挺拔，一人凭窗而立。落款为：五云深处是三台，丙寅菊月盛茂烨。钤：茂烨私印（图一三）。

按：以上四幅山水画，除冯俨之作无具体时间，其余均为"丙寅"冬日或菊月，这里的丙寅应为明天启六年（1626），菊月自然为农历九月。此四人应都是今天苏州人，其中盛茂烨影响较大，潘颖、冯俨、董冶三人无考。盛茂烨，生卒年不详，应生活中明代晚期，号砚庵，一作研庵，长洲（今苏州）人，善山水，有烟林清旷之概，传世作品较多。《图

图一二　董冶山水图

图一三　盛茂烨观云图

绘宝鉴续纂》[6]对其评价为：善山水，书目槎枒，山头高耸，虽无宋元遗意，较后吴下之派，又过善矣。足见其在明代后期苏州画家中出类拔萃。

2. 书法

文震孟行书《东来紫气》诗文：

东来紫气绕双旌，北望台星照亚城。画载

尽岩馀篆袅，玉壶寒澈韵冰清。潮廻震泽波添渥，光映苏台月倍明。遐祉未须朋酒祝，论影今已遍苍生。

落款为：郡民文震孟赋。钤：文震孟印、妙湛总持（图一四）。

图一四　文震孟行书《东来紫气》诗文

毛堪行书《亭亭千尺》诗文：

亭亭千尺直凌霄，谡谡松风万壑闻。月出海东零湛露，春回江左荫清芬。颍川百姓争遮道，维洛流民愿借君。共祝莱公能寿国，嵩华仙派可超群。

落款为：具茨毛堪。钤：砺石堂、寿乐、例卿御史尚书郎（图一五）。毛堪，字公舆，督察院右副御史毛理玄孙，吴县（今苏州）人。万历戊戌进士。《苏州府志》有其传[7]。

顾宗孟楷书《龙楼凤阁九重城》：

石栏桥畔碧云遮，仙殿迢遥隔绛纱。金屋龙蟠风满树，玉楼凤翥雨飞花。露溥五色三珠润，月到长春四照斜。歌舞江南彻闾阎，恩光

图一五　毛堪行书《亭亭千尺》诗文

注映赤城霞。

龙楼凤阁九重城。

落款为：治生顾宗孟。钤：顾宗孟印、岩叟（图一六）。顾宗孟，字岩叟，长洲（今苏州）人。人称"孝介先生"，与文震孟和姚希孟三人被称为"吴中三孟"。《苏州府志》有传[8]。

图一六　顾宗孟楷书《龙楼凤阁九重城》

范允临行书《小诗奉寿》：

和风吹满阃闾城，晓色苍苍望里清。已听授儒歌五袴，复瞻零露洒双旌。香凝燕寝知春暖，酒泛兕罍介福成。虽愿借恂玄秣马，其如荣命迓星卿。

小诗奉寿礼翁寇老公祖。

落款为：范允临。钤：范允临印（图一七）。范允临，字长倩，吴县（今苏州）人，范仲淹第十七世孙。万历乙未进士，官至福建布政司参议。辞官后"筑室天平之阳，流连觞咏"。工书法，与董其昌相伯仲，著有《输寥馆集》，《苏州府志》有其传[9]。

图一七　范允临行书《小诗奉寿》

以上两套图册，依据其绘画落款可以判断，"采风千寿"图册为明天启丙寅冬（1626年，其中董冶山水图为菊月，也就是当年九月）所作，根据文震孟、毛堪、范允临所书内容，可知此图册是苏州当地文士为寇慎祝寿所作。"嘉宾独劭"图册，落款中没有纪年，因而具体时间难以确定，只能靠推测。该图册中董中行所作并书的《竹石颂》明确赞美寇慎德政，这是"嘉宾独劭"画册中唯一直接指明为寇慎而作的书法作品，由此推之，其他多幅书画也同样是为寇慎而作，以竹赞说寇慎，正如同引首"嘉宾独劭"一样，赞颂其品行修养的高尚。有为寇慎祝寿而作的可能性。

寇慎（1577—1669），字永修，号礼亭，寇遵孟之子，陕西同官（今陕西铜川）人，祖籍山西榆次。万历丙辰（1616）进士，授予刑部主事，调工部历虞横司郎中，后出任苏州知府。随即升任昌平副使，又转山西冀宁道。后调朔州，其继母去世后解官归同官守孝，之后三十余年游于林下，闭门潜思。著有《四书酌言》、《历代史汇》、《山居日记》等，并参与了《同官县志》的编纂和印制。此外，清乾隆时同官知县袁文观所编著《同官县志》中有寇慎传[10]并收录其诗文多篇，同治《苏州府志》在职官和名宦部分都对寇慎有详细记载[11]。过世后明清之际的大儒顾炎武曾为其撰写墓志铭，济阳寨（位于今陕西省铜川市印台区）还曾建有寇公祠。

出任苏州知府是寇慎一生的重要经历，君同治《苏州府志》可知始于天启三年（1623），止于天启六年（1626），共 4 年。在苏期间，勤政爱民，德在人心，口碑颇佳，堪比龚黄。特别是乾隆《同官县志》和同治《苏州府志》以及顾炎武所作《中宪大夫山西按察司副使寇公墓志铭》[12]中，对寇慎在苏期间的记载涉及，一是上任初期苏州遇水灾，组织民众兴工筑圩，督民织造，从而"塗（途）无饿殍而人心帖然"。二是天启六年（1626）成功处理苏州声势浩大的民变事件，周旋上下之间，大亭化小，避免苏州民众遭受更大劫难。因而，当地赞誉寇慎在苏实行"德政"，"德在人心"。同年冬，寇慎卸任苏州知府，离开之时，苏州当地文士作书作画，为其饯行[13]。苏州博物馆所藏"送寇公去任图"册正是此时而作。该图册，纵 32.5、横 64 厘米，为苏州当地山水名胜 10 幅，纸本，设色，由张翀、袁尚统、张宏、冯伲等人所作，并由文震孟、毛堪、王志坚、申用懋、范允临等人对题 10 页。引首两页，为文震孟所书隶书"感知怀德"四字，另毛文炜所书题跋两页[14]。

"送寇公去任"图册和"采风千寿"图册的时间相同，均是明天启六年冬，可知为同一时间所作，前者是送寇慎离任，后者为寇慎祝寿（这一年寇慎 58 岁）。"嘉宾独劭"图册虽无具体时间，但从以竹赞人的角度看，为送别寇慎离任苏州或为其祝寿的可能性最大，因此三套图册应均为明天启六年（1626）苏州当地文人的作品。将此三套图册放到一起，不仅能展现出当日苏州文士对知府寇慎的拳拳感怀和对其高尚品德的赞美，也反映了寇慎在吴期间和当地文士的交往互动情形的一面，是极其重要的文献资料。同时，三套图册再现了明代晚期苏州当地的文人书画格局及其真实面貌。

注释：

[1]（清）徐沁：《明画录》，见周骏富辑：《明代传记丛刊·艺林类》影印本，台北明文书局 1991 年。

[2] 吴清辉：《中国篆刻学》，第 31—33 页，西泠印社出版社 1999 年。归昌世篆刻作品亦见此书。

[3]（清）徐沁：《明画录》，见周骏富辑：《明代传记丛刊·艺林类》影印本，台北明文书局 1991 年；（清）冯桂芬：《苏州府志》，见《中国地方志集成·江苏府县志辑》，江苏古籍出版社 1991 年。

[4]《明史·文震孟传》。

[5]（清）冯桂芬：《苏州府志》，见《中国地方志集成·江苏府县志辑》，江苏古籍出版社 1991 年。

[6]（清）冯仙等：《图绘宝鉴续纂》，见于安澜编《画史丛书》影印本，上海人民美术出版社 1961 年。

[7]（清）冯桂芬：《苏州府志》，见《中国地方志集成·江苏府县志辑》，江苏古籍出版社 1991 年。

[8]（清）冯桂芬：《苏州府志》，见《中国地方志集成·江苏府县志辑》，江苏古籍出版社 1991 年。

［9］（清）冯桂芬：《苏州府志》，见《中国地方志集成·江苏府县志辑》，江苏古籍出版社 1991 年。

［10］（清）袁文观：《同官县志》，乾隆三十年（1765）年刻本。

［11］（清）冯桂芬：《苏州府志》，见《中国地方志集成·江苏府县志辑》，江苏古籍出版社 1991 年。

［12］（清）顾炎武著、华忱之点校：《顾亭林诗文集·亭林余集》，中华书局 1959 年，第 156 页。

［13］龚建毅《送寇公去任图》中对此有所讨论，见《文物》1993 年第 12 期。

［14］详见龚建毅：《送寇公去任图》及苏州博物馆编：《苏州博物馆藏明清书画》，文物出版社 2006 年，第 74—75 页。

文徵明的"仰天长啸、壮怀激烈"

朱晋詠（苏州博物馆）

内容摘要：岳飞的《满江红》广为人知，充分展示了武将岳飞精忠报国的英雄形象，而文人文徵明也写有一篇《满江红》，其词风完全不同于其书画温婉静雅之风，表达出了与岳飞一样"仰天长啸、壮怀激烈"的情怀。本文从《满江红》着眼，揭示文徵明在报国维艰处境下的内心感受，温文儒雅的文徵明也会怒发冲冠。

关键词：文徵明　岳飞　满江红

　　怒发冲冠，凭栏处，潇潇雨歇。抬望眼，仰天长啸，壮怀激烈。三十功名尘与土，八千里路云和月。莫等闲，白了少年头，空悲切！

　　靖康耻，犹未雪；臣子恨，何时灭？驾长车，踏破贺兰山缺。壮志饥餐胡虏肉，笑谈渴饮匈奴血。待从头，收拾旧山河，朝天阙！

　　岳飞的《满江红》广为人知，对于家国破碎，百姓疾苦"仰天长啸，壮怀激烈"。岳飞之长啸，乃报国维艰，奸臣当道；岳飞之壮怀，乃收复失地，迎回二圣，耿耿孤忠跃然纸上。

　　岳飞率领的"岳家军"抗击金兵非常成功，以致金兵中流传着"撼山易，撼岳家军难"的名句，表示对"岳家军"的极高赞誉。绍兴三年（1133）九月，岳飞朝见宋高宗，宋高宗亲笔书写"精忠岳飞"四字，绣成一面战旗，用作行军大纛，足见宋高宗对岳飞的信任和褒奖。但是，岳飞反对朝廷消极防御的战略，主张积极北伐、直捣黄龙、收复失

地。宋高宗为了与金国议和，授意秦桧诬陷岳飞谋反，因无确切证据，故以著名的"莫须有"罪名，将岳飞及其儿子岳云、部将张宪等人在临安风波亭内杀害。可叹忠臣良将岳飞遇害时，年仅三十八岁。

　　台北故宫博物院收藏有《明文徵明题宋高宗赐岳飞手敕》，系文徵明看到宋高宗所赐"精忠岳飞"石刻后，根据词牌名《满江红》创作。

　　根据书法作品，整理原文如下：

　　拂拭残碑（"碑"字遗漏），敕飞字，依稀堪读。慨当初，倚飞何重，后来何酷。果是功成身合死，可怜事去言难赎。最无辜，堪恨更堪悲，风波狱。

　　岂不念，中原蹙？岂不恤，徽钦辱？但徽钦既反，此身何属？

　　千古休谈南渡错，当时自怕中原复。笑区区、一桧亦何能，逢其欲。

　　下边先逐句作一个简单的翻译。

　　上阕：拂拭去残碑上的尘土，石刻上写的是宋高宗褒奖岳飞的"精忠岳飞"四个字，还能依稀认读。感慨当初，宋高宗对岳飞何等倚重，后来对岳飞何等残酷。果然是功高震主的人就应当死，可怜事过境迁后宋高宗褒奖岳飞之语难赎杀害岳飞的恶行。无辜的人受到最大的冤枉，让人痛恨更让人悲伤，秦桧等人一手炮制的杀害岳飞的风波亭冤狱。

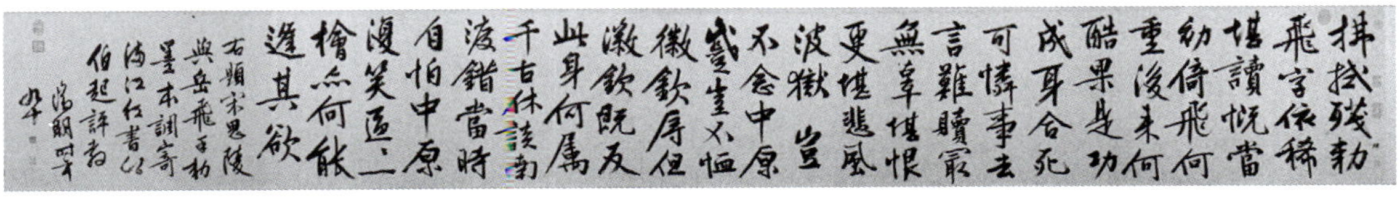

图一　文徵明题宋高宗赐岳飞手敕

下阕：难道就不想想中原疆土在日渐缩小？难道就不忧虑耻辱被俘徽钦二帝？但是宋徽宗、宋钦宗要是真回来了，宋高宗的帝位又怎能保住？千百年来不要说南渡偏安一隅是一个错误，当时宋高宗自己就怕把中原收复。可笑区区一个秦桧又有什么能耐，只是迎合宋高宗的心意罢了。

大多数史家观点认为，秦桧是岳飞冤案的炮制者，也成了奸臣的代名词。去过杭州岳王庙的人都知道，在岳飞墓之侧的秦桧夫妇跪像，千百年来被无情唾骂。似乎宋高宗只是被奸臣秦桧蛊惑，并不是岳飞冤案的制造者。

而这首《满江红》既对精忠报国的岳飞遭遇的不公表达了强烈的愤慨，又对宋高宗自私自利、残害忠良进行了强烈的鞭挞。这首词言辞犀利地揭露了宋高宗的真面目，指出宋高宗才是岳飞冤案的制造者。

英雄所见略同，开国领袖毛泽东也表达了同样的观点。舒湮撰文《一九五七年夏季我又见到了毛泽东主席》，发表在《文汇月刊》1986 年第 9 期。毛泽东说："主和的责任不全在秦桧，幕后是宋高宗。秦桧不过是执行皇帝的旨意。高宗不想打，要先'安内'，不能不投降金人。文徵明有首词，可以一读。"又评论道："这一点连赵构自己也承认了的，他说讲和之策，'断自朕意，秦桧但能赞朕而已。'后来的史家'为圣君讳耳'，并非文徵明独排众议。"可见，遍数秦皇汉武、唐宗宋祖的毛泽东，对宋高宗也洞若观火。

这首《满江红》的作者文徵明（1470—1559年）是吴门画派的代表人物，在画史上与沈周、唐伯虎、仇英合称"明四家"，亦称"吴门四家"。在诗文上与祝允明、唐伯虎、徐祯卿合称"吴中四才子"。文徵明生于成化六年（1470），卒于嘉靖三十八年（1559），原名壁，字徵明。因其先祖乃衡山人，故号"衡山居士"，世称"文衡山"。明代画家、书法家、文学家，著有《甫田集》。

文徵明的书画造诣极为全面，诗、文、书、画无一不精，人称是"四绝"的全才，诗宗白居易、苏轼，文受业于吴宽，学书于李应祯，学画于沈周，可以说是文徵明与沈周共同开创了"吴门画派"。

文徵明出身于书香门第，他的父亲文林和叔父文森都是进士出身，为官做宰，为国效力。文徵明自然受家庭环境的熏陶，从小就立志考取功名，通过科举走仕途之路，报效国家。但是文徵明的科举之路却异常坎坷，他十次参加乡试，都无功而返。和文徵明同庚、同样才华横溢的风流才子唐伯虎参加乡试，就获得第一名——解元，同样的年龄，同样的才能，不同的命运，文徵明的郁结可想而知。

文徵明虽只是生员，其才能、德行却为世人交口称赞。1522 年，文徵明在五十三岁时得应天巡抚李充嗣向尚书林俊推介，举荐于朝廷，经吏部考核，授翰林待诏。仅仅是从九品的小官，薪酬待遇也非常低，文徵明毅然进京赴任，只为实现为国效力的夙愿。试想，如果文徵明只求做富家翁，颐养天年的话，绝不会在知天命之年远赴北京做官。

令人惊讶的是，文徵明科举之路十谒朱门门不开，年过半百后好不容易才获得的官位，他去北京不久，便辞官归里。那么在北京，文徵明到底见到了什么情况呢？

文徵明去北京赴任是在 1522 年，就是嘉靖元年，嘉靖皇帝刚刚登基，当时发生了有名的"大礼议"。"大礼议"是指发生在正德十六年（1521）到嘉靖三年（1524）间的一场皇统问题上的政治争论，原因是嘉靖皇帝以地方藩王进京登上皇位，为其改换父母名分问题所引起的事件。嘉靖皇帝刚刚登基，与杨廷和、毛澄为首的正德旧臣们之间爆发矛盾，群臣认为嘉靖皇帝继承了明武宗的帝位，理应以明武宗之父明孝宗为尊，故要求嘉靖皇帝承认自己是过继给明孝宗，要认明孝宗为嗣父，而嘉靖皇帝却只认孝宗为伯父。另外，嘉靖皇帝生父朱祐杬只是兴献王，当时已经去世，嘉靖皇帝却要为其追上皇帝谥号，因此和大臣之间也爆发了冲突。一言以蔽之，大臣们的主张，嘉靖皇帝反对；嘉靖皇帝的主张，大臣们反对。在明帝国中央集权的体制下，嘉靖皇帝以强硬的手段，获得了斗争的胜利，固执己见的大臣多被下狱，乃至廷杖而死。

大臣们大多是走科举之路，进士出身，而后建功立业，获得了高官大位。在"大礼议"中，大臣们完全可以顺着嘉靖皇帝的意思察言观色，保住高官厚禄。但是耿直的文人只认"礼"，四书五经教化而出的文人如果没有被世俗所熏染，自然不会见风使舵，因此忤逆了皇帝。嘉靖皇帝大权在握，不顾法统正理，用残酷的廷杖从肉体和精神上摧残着文人。廷杖打了是进谏大臣的身，也打了天下文人的脸。文徵明当时就在京为官，由于官位太低，没有资格进谏，否则满怀报国之志的他，想必会秉承"文死谏"的信条，也不会屈服于皇威，抑或被廷杖而死？

文徵明在北京也目睹和亲历了皇帝的昏聩和朝廷的腐败，对报国之路悲观失望。文徵明的预见是完全正确的，也许是耿直的忠臣被阿谀的奸臣所取代，自嘉靖朝始，明帝国开始走下坡路，醉心于炼丹、谋求长生不老的嘉靖皇帝，多年不理朝政，堪称昏君代表。故有史家云：明虽亡于崇祯，实亡于嘉万。

另外，文徵明的书画已负盛名，木秀于林，风必摧之，因此也受到翰林院同僚的嫉妒和排挤，有人甚至叫嚣"翰林院又不是画院"。文徵明无比郁闷，三次乞归，终于得到许可后，放舟南下，回苏州定居。文徵明空有壮志，为国效力，却遭遇昏君在朝，奸臣当道，此情此景与岳飞何等相似。诗言志，文徵明创作这首《满江红》，一吐胸中垒块。痛惜报国无门的岳飞，是不是也在痛惜自己呢？鞭挞昏庸无道的宋高宗，是不是也暗指嘉靖皇帝呢？

这件书法作品落款是"徵明 时年九十"。公元1559 年，也就是明嘉靖三十八年，文徵明 90 虚岁，衡山先生喜得玄孙，文家五代同堂。文徵明欣然挥毫，将自己的得意之作《满江红》再书写了一遍。文徵明已然是 90 岁的耄耋老人，出错在所难免，所以诗作首句拂拭残碑，"碑"字就漏写了。

文徵明去世就是在公元 1559 年 3 月 28 日，所以可以推定，文徵明完成这件书法作品不久之后就结束了一代大家 90 年的翰墨传奇。文徵明在人生的最后时刻，还再次体会了一次自己和岳飞惺惺相惜的"仰天长啸、壮怀激烈"！

关于上海潘允徵墓出土家具模型的考察与管见

——兼论明代晚期苏作家具在松江地区的影响

刘　刚（上海博物馆）

内容摘要：本文从形制、工艺、材质等方面，对上海潘允徵墓出土的家具模型进行研究，同时结合上海与苏州的地缘关系以及晚明文人关于两地家具和室内陈设的描述，得出以下认识：一、潘允徵墓的家具模型属于苏作家具的微缩制作，显示了苏作家具在明代万历年间常见的种类和构造；二、细木家具在明代晚期的苏、松地区有很大的需求，这是当时两地家具消费和室内陈设的显著特点；三、"细木"的含义在明代不仅限于榉木、黄杨等中档木材，还包括今称硬木或红木的昂贵木材；四、晚明至早清的传世家具中今称明式的那一部分，正是苏作家具当年的出新之作及其延伸和发展。

关键词：潘允徵墓　家具　苏作　细木　风尚

一种以简约、古雅为审美取向的家具形式在明代晚期的苏州地区形成，进而影响到整个江南一带乃至全国，这种风格一直延续到清代。在现存的明晚期至清早期的家具中，很多都具有明式苏作家具的特征，这些家具没有确凿的断代依据，时代的判断基本上都来自于主观揣测，所以有些问题就很值得探讨，比如时代的判定是否与事实相符，相关的研究能否还原历史的真实，等等。争议的产生往往是由于缺乏标准，因而具有确切年代可考的家具就显得十分重要，上海潘允徵墓出土的家具模型就符合这个要求。

潘允徵墓出土的家具模型是一整套时代确凿的苏作家具的微缩制作，虽然体积很小，但结构和比例无异于实物，做工一丝不苟，是万历时期上海民

间家具形态的一个缩影，也是研究明代晚期苏作家具种类和形制的实物资料。通过分析这些家具模型的种类和形制，再联系同时期的文人笔记关于家具方面的记录，隐约可见当年苏、松地区在家具的选材、装饰和消费习尚等方面发生的变化，以及此后苏作家具对松江地区产生的影响。

一　潘墓情况简介

上海地区在多年的考古发掘中，虽然没有发现生活实用家具的遗存，但出土了一些有确切纪年的家具模型。如明代潘氏墓就出土了不少木质家具明器，其中以潘允徵墓所出数量最多，质量最精。虽然尺寸很小，但其造型、线条、结构、比例与明式苏作实用家具完全一致，在国内众多的出土家具明器中不多见。这些按比例缩微制作的家具模型，对于研究明代晚期苏、松地区的家具形制具有很高的参考价值。

1960 年 8 月，上海市文物保管委员会配合肇家浜路基本建设工程，清理发掘 3 座明墓，根据石刻墓志铭和买地券记载，墓主为潘惠夫妇、潘允徵夫妇和潘允修夫妇。潘氏当时在上海县是世家大族，潘允徵的堂兄弟潘允端在四川任布政使，上海豫园正是潘允端为愉悦父母所造。潘氏墓出土文物比较丰富，为研究明代晚期松江地区（今上海）的社会生活提供了重要的实物资料。潘惠和潘允徵为父子关系，他们的墓中都出土了家具模型。潘惠字淞涯，上海县人，生于明弘治十六年（1503），卒于万历十五年（1587），享年 85 岁，生前曾任承德郎、浙江

温州府通判和光禄寺大官署署丞等官职，有子允修、允徽、允达和允光四人。

潘允徵生于明嘉靖十三年（1534），卒于万历十七年（1589），享年 56 岁。曾任修职佐郎光禄寺掌醢署监事，从八品。潘允徵墓为一穴一棺一椁。在棺、椁之间发现了一套木质家具模型和木俑。木俑中有文有武，神态各异。其中有乐俑、仪仗俑、隶役俑、侍吏俑、侍僮俑和轿夫俑等 45 个，呈奏乐、捧印、抬轿、执棍等多种姿仪（图一）。家具模型种类较多，小到脚踏（长 11、宽 2.5、高 2.5 厘米），大到拔步床（长 31、宽 28、高 36 厘米），还有各种桌、椅，以及橱、榻、几、箱、衣架、巾架、面盆架等等[1]，应有尽有。这些家具模型用江浙一带常见的榉木制作，在数量和质量上都超过了潘惠夫妇墓[2]随葬的家具模型。从其造型、比例和结构的写实，犹见当时民间日用家具的真实面貌。不管这些微型家具是购自坊间的普通商品，还是参照墓主生前所用家具的特别定制，都是希望墓主在另一个世界里，能够继续享受往日的生活。

图一　潘允徵墓出土木俑

潘墓所在地上海县，当时虽然隶属于松江府，但是苏、松二地在地域上的毗邻关系及其经济和文化的紧密联系，决定了两地在家具形制上都属于苏作的范畴。现在的上海与苏州是互不相属的两个地区，但是在古代并非如此。东汉永建四年（129），会稽郡的浙江（钱塘江）以西部分被分离出来，设吴郡，治所位于原会稽郡的治所吴县（即今苏州市姑苏区），今苏州市和上海市（当时已成陆部分）所辖范围皆隶属之。昆山在唐代为吴郡属县。昆山在地域上，历代置废分合，变化很大。唐以前，昆山县境广至今嘉定全境以及太仓、宝山、青浦、上海、松江等县的部分境域。唐天宝十年（751），析昆山南境、嘉兴东境、海盐北境，置华亭县，亦隶属吴郡。唐乾元二年（759），改吴郡为苏州，华亭为苏州属县[3]。元至元十四年（1277）置华亭府，翌年改为松江府。至元二十九年，分华亭县东北境置上海县，属松江府。其后历经析分，又有了青浦、南汇、川沙、奉贤、金山诸县[4]（后来隶属上海市），而华亭县不复存在。

由此看来，潘家墓地虽然在明代已经属于松江府上海县，但是在宋末元初，此地尚为华亭县的一部分，而华亭县当时又是苏州属县。因而，潘允徵墓所在地，即今上海肇嘉浜路（原卢湾区），在宋末元初为苏州府所辖。尽管此地后来不再隶属于苏州，但是与苏州的经济和文化的联系不会因为行政区划的调整而改变。由于周边便利的水陆交通和商品流通，以及苏州在当时的手工业中心地位，上海县乃至整个松江府境域内民间所用家具，都会受到苏州的影响，造型和装饰不会有多大区别。因此，地缘关系决定了潘墓出土的家具模型在制作工艺和艺术风格上，都属于苏作的范畴。

二　种类与形制

这些家具模型呈现出成熟而稳定的风格，符合明代晚期苏作家具的基本特征，既有简洁清新的外表，又有古典雅致的韵味，为传世家具提供了确凿的时代依据。下面区分类别作简要的描述。

桌案类较多。平头案 1 件（图二），夹头榫案形结体，案面以格角榫攒框镶独幅面板，圆直腿，前后两面无枨，侧面各安直枨两根，是典型的画案造型。长方桌 2 件（图三），条桌 2 件（图四），结构相同，桌面以格角榫攒框装板，束腰与牙条一木连

做，方直腿内翻马蹄足。矮桌 2 件（图五），夹头榫案形结体，素牙条，圆直腿外撇，桌面独幅面板，面板上用墨线勾摹出攒框做法和格角榫结构。矮桌与同出的箱子尺寸般配，数量一致，虽为桌子的样式，却是凳子的高度，应该是用来承置箱子，以便存、取物品，可称之为箱桌。箱子 2 件（图六），为长方形，转角以明榫衔接，面页、拍子长方形，环形锁鼻，箱子两侧有铜攀手，与箱桌同属卧房家具。

图五　矮桌

图二　平头案

图六　箱桌

图三　长方桌

椅凳类有扶手椅和圈椅。扶手椅 3 件，分为二式，一式为弓形搭脑，搭脑、扶手不出头，即南官帽椅。靠背板向后弯曲。靠背两侧立柱与后腿一木连做。扶手略呈"S"形曲线，与鹅脖作圆榫对接，无联帮棍。座面藤编，下有托板。四足不垂直于地面，有侧脚，乃受到古建筑结构中梁、柱形态的影响，足间安券口牙子。管脚枨以半榫连接腿足，两侧较高，前后较低，看面脚枨略宽，便于踏足（图七）。另一式属轿内专用坐具，座面是独幅木板，进深较窄，只在看面安券口牙子，扶手下有联帮棍加固，鹅脖与前腿一木连做（图八）。圈椅 1 件（图九），椅圈高度较低，围以黑框朱地金花板。方直腿外挓，上端与鹅脖一木连做。侧面脚枨向前延伸，以置踏脚板。木踏脚板以方胜纹铜花板为饰，可承

图四　条桌

图七　扶手椅

图九　圈椅（显轿）

构也与普通圈椅基本相同，在此列入家具进行研究。

床榻类有拔步床（图一〇）和榻（图一一）各 1 件。拔步床是结构最复杂的床，床下铺板，如置地板之上，床前有廊庑檐柱，形同一间小屋，上床有如登堂入室。床身有束腰，直腿内翻马蹄足。挂檐镶绦环板，开海棠式透孔。床帷子饰透空的"卍"

图八　扶手椅（轿椅）

足。该椅出土时附有抬杠，椅盘下安有矩形铜质杠套，故为轿椅，属于乘具。因其可以单独使用，结

图一〇　拔步床

字图案。廊柱四根，安"卐"字纹围栏。床面两层，下层棕绷，上层藤编。床腿之间、廊柱之间的所有牙条皆为直牙条。顶板和地板都是格角榫攒框装板。地板下安十二只小足，以使地板架空，便于通风防潮。拔步床的舒适度和私密性绝非普通架子床可比，但由于工、料过于奢费，所以出现较晚，是社会经济发展到一定程度才会定型的家具样式。榻（1件），无围子，榻面以格角榫攒框，镶藤编面心。束腰与牙条一木连做，方直腿，内翻马蹄足。

图一一　榻

柜橱类有圆角柜2件（图一二），四足素圆直达柜顶，有下舒上敛、四面收分的侧脚特征，特色鲜明。柜顶装板平镶，除了后面与背板平齐，其余三面突出柜身，故称柜帽。柜帽圆转角，边缘饰有上下对称的线脚。门臼两上两下，上门臼挖在柜帽与腿足连接处的里侧，下门臼挖在门下横枨相应部位，可纳木轴为转枢，以开合柜门，不需要安装金属合页，此法自古建筑门窗移植而来，很早就用于家具，由此产生纯朴素雅的面貌。由于侧脚的关系，圆角柜有个独特的现象，即柜门在打开不足90度角时会自行关闭，而超过90度角时则会自行敞开。这是门轴在倾斜的状态下，柜门受重力作用所致。门扇间有"闩杆"，其上有钮头可以挂锁，吊环可作拉手。柜门攒框打槽镶整板，边框内侧起边线。柜内无抽屉，仅以一块层板隔为上下两层。底枨下安素牙子。

架几类有衣架1件（图一三），斗拱式墩子，无

图一二　圆角柜

图一三　衣架

站牙，墩子之间有纵、横各两根直材连接，可置鞋履，又有加固作用，搭脑两端上翘作扁圆形，横枨两根，各有两个角牙加固；巾架1件（图一四），斗

图一四　巾架

拱式墩子，墩子之间有宽木板，瓶形站牙，搭脑两端出头上挑作扁圆形，两根横枨下安素牙条；面盆架 1 件（图一五），圆腿圆枨，上下各有三根枨子作

图一五　面盆架

横向交叉榫合固定腿足，腿足下端外展作蹄足，可增加着地面积以求稳固，上端外展作鸠首状，可承置面盆；铜方炉架几 1 件（图一六）有束腰鼓腿彭牙内翻马蹄足，上有几面，下有托泥，类似矮几，几面边缘有冰盘沿线脚，与托泥的线脚类型相同而方向相反，呈对称状，有早期须弥座结构的影子，几面覆盖铜板，中间落嵌矩形铜炉，壶门牙条与腿足平齐交接。

图一六　铜方炉架几

三　材质与风尚

明代晚期江南一带家具制造业的发展，受益于商品经济的繁荣以及园林、府邸的兴建。繁盛滋养着奢靡之风，城镇新富阶层的兴起，在物质、文化消费的各个方面都会产生影响。比如园林、府邸落成之后，需要置办家具。为了适应新的物质、文化氛围，家具在造型和装饰的细节上发生了变化，这些改变可以部分地归因于"细木"的使用。当时有一种以简约、古雅为特征的家具风格在苏州地区形成，开创了家具设计的新概念。这种风格在细木材质的家具中表现尤为突出，其加工工艺和审美取向都有别于传统的漆木家具。比如保留木材的本色和纹理，注重造型和线条的提炼，以及减少多余的装饰。这种基于材质和装饰的新潮流从明代晚期一直延续到清代，留下了许多传世佳作。

潘允徵墓的家具模型使用了当时江南一带常见的榉木，质地坚致细密，是当时最常见的细木材料。在紫檀、花梨等珍贵硬木还没有在家具上大量使用的时候，榉木就已经作为高档家具用材，成为松江地区大户人家置办家具的首选。如果墓主生前家中所用是榉木家具，那就很容易理解，无非就是希望能在另一个世界里继续享用榉木家具。对明器实施精细的做工而达到近乎真实的结构和比例，也是出于这样的愿望。虽然榉木在当时算不上特别昂贵，但是专门用来制作陪葬品的例子，在上海地区的明代墓葬中仍不多见。比较该墓与上海其他明代墓葬出土的家具明器，做工的差异显而易见，而材质的区别却很容易被忽略。这些家具模型除了选用榉木制作以外，还有着清晰可辨的木材纹理。在漆木家具仍然居于主流地位的情况下，显示优质木材的天然本质以示区别，摈弃髹饰与雕刻，是当时苏、松地区家具制作和消费的新动向，越来越多的人开始购置细木家具，借以标榜家庭的财富和个人的品位。

这些发生在家具制造和消费领域的变化，其本质就是分化。分化是商业和手工业发展的趋势，也为江南地区细木家具工艺的发展提供了机会。分化的结果是家具的生产和消费有了更多的层次，制作上精、粗有别，使用者贵、贱分明。更高层次的消费需求促使了家具在工艺上精益求精，这是产生分化的必要条件。在明代晚期的松江府城，名园错综，宅第鳞集，这些建筑需要通过较高层次的家具来体现自身的价值和功能。同时，家具和其他奢侈品一样，是可以代代相传的家庭财富。苏、松二地民间奢侈之风对于家具的材质选择、消费需求以及室内陈设都产生了显著的影响。置办细木家具成为新兴市民阶层附庸风雅和聚敛家庭财富的重要方式，这种消费现象是以苏州为中心并且逐渐影响到整个江南地区乃至全国范围。

不仅日常用品如此，连陪葬品都不例外。上海地区出土的家具明器，大多比较粗糙，潘允徵墓却与众不同。在一个用度靡费的社会环境中，很多器物的品质都会有显著的提升，从同类之中脱颖而出，成为备受关注的对象。这种提升主要体现于材质和做工。以细木家具为例，除了用材讲究，还注重造型和线条的表现，以别具一格的外观与漆木家

具相区分。消费能力的提高和商品流通的便捷，使得购置和使用细木家具成为一种积累财富的手段和高尚生活的象征。新兴的市民阶层是细木家具的主要消费对象，他们崇尚新材质、新元素、新式样，以此来标榜自身高雅脱俗的性情趣味和优越的生活品质，这些都为17世纪家具风格的形成奠定了基础。

当时的松江府城，家具的制造和消费呈现出向高层次发展的趋势。比较之下，苏州的手工业更为发达，仅家具制造一项就对周围地区产生了影响。松江虽然有着得天独厚的地理位置，但手工业的发展不能与苏州相抗衡，部分高端消费品还有赖于苏州的供给。从晚明文人笔记可以看出，苏州已经率先进入细木家具的时代，其时玩与风尚开始向周边地区辐射。当时，日益奢侈的消费需求已经从苏州蔓延到了松江，连家具这种大件物品都会从苏州销往松江。

明代范濂《云间据目抄》："细木家伙，如书桌禅椅之类，余少年曾不一见，民间止用银杏金漆方桌。自莫廷韩与顾、宋两家公子，用细木数件，亦从吴门购之。隆、万以来，虽奴隶快甲之家，皆用细器，而徽之小木匠，争列肆于郡治中，即嫁装杂器，俱属之矣，纨绔豪奢，又以椐木不足贵，凡床厨几桌，皆用花梨、瘿木、乌木、相思木与黄杨木，极其贵巧，动费万钱，亦俗之一靡也"[5]。

文中有关于时间、地点、家具的来源、用材、价格和消费者的描述，反映了明代晚期松江地区家具消费的大致状况，具有重要的参考价值。范濂的少年时代是在嘉靖年间度过的。当时松江地区（云间是松江的别称）只具备普通漆木家具的生产能力，民间家具大多使用就地取材的银杏木，不能满足高层次的消费需求。当时细木家具不多见，属于高端消费品，只有大户人家才会从苏州购买。榉木是江南一带最常见的细木，在嘉靖年间的松江地区属于上等家具用材。隆庆、万历以后，民风日渐奢靡，使用细木器具已很普遍，豪富之家也就觉得榉木不足为贵，开始采用更加昂贵的木材来制作

家具。

"细木"一词值得注意，这是一个容易混淆的概念。在古代文献中，"细木"一词有两种解释，其中最常见的一种是指直径较小的木材（是相对于"大木"、"粗木"即粗壮硕大的木材而言），与上文所述内容无关；另一种解释比较少见，是指质地细密的木材，这才是文中所指。如果不能正确区分这两种含义，就会产生误解。另外，细木与硬木并非完全不同的两个概念，如果不受现代木材分类的影响，细木应指所有适宜制作家具的优质木材，涉及材种的范围很广，没有任何依据可以把现在所说的"硬木"排除在外。除了坚固耐用以外，细木的用意还在于摒弃繁饰与雕刻，以显示木材本质为美。

潘允徵墓出土的家具模型，造型、线条与苏作家具的特征相符，还能见到榉木自然天成的纹理，正是范濂所言之"细木家伙"。不管是本地制造还是购自苏州，这套模型都属于苏作的类型。松江富户使用榉木家具的热忱，显然是受到近邻苏州的影响。苏州地区具有细木家具向高层次发展的客观条件，除了经济、文化、技术方面的地区优势，还有木材方面的有利因素。在东南亚硬木对明代家具风格产生影响之前，榉木早已是江浙一带家喻户晓并且广为运用的细木品种。

一个地区能够成为一个时代家具消费时尚的领导者，除了花梨、紫檀等光鲜亮丽的名贵硬木所赋予的光环之外，还需要这样一种质地坚实、纹理美观、储量丰富的当地优质木材，能为这一工艺精进的漫长过程提供材源保障。在很长一段时期内，榉木家具一直都担当着转变风格的重要角色，呈现出与漆木家具不同的韵味和格调，而最终却让外来的紫檀、花梨出尽了风头。细木的使用是为了满足更高层次的消费需求，无论是榉木、黄杨，还是花梨、紫檀，对古人来说都是细木。如果没有榉木家具长期积累的工艺基础，紫檀、花梨等珍贵木材绝无机会登堂入室，成为大户人家标榜和显摆的对象。

范濂的描述中并未提及"紫檀"这一贵重木材，

若非有所疏漏，则紫檀在当时理应比花梨（今称黄花梨）更为昂贵。由此看来，松江地区的家具用材虽然奢侈，仍恐不如毗邻的手工业中心——苏州。姑苏城里，文人的审美屡屡触及日常生活，古典趣味与日用器具相结合，小到文玩，大到家具，无不格调高雅，气象清新。

王士性《广志绎》："姑苏人聪慧好古，亦善仿古法为之……苏人以为雅者，则四方随而雅之，俗者，则随而俗之，其赏识品第本精，故物莫能违。又如斋头清玩、几案、床榻，近皆以紫檀、花梨为尚，尚古朴不尚雕镂，即物有雕镂，亦皆商、周、秦、汉之式，海内僻远皆效尤之，此亦嘉、隆、万三朝为始盛。"[6]

上文透露了三个信息，反映出明代晚期在工艺美术领域所发生的显著变化。一是用紫檀、花梨来制作家具、文玩的风气形成于苏州；二是在苏州出现了新的工艺美术风格；三是国内很多地区都受到苏州的影响。由此，可以这样理解，新风格形成于嘉靖至万历年间的苏州，通过家具、文具、清玩等各种实物形态，对全国产生影响。由近及远，各地纷纷仿效。此时的苏作细木家具以古朴典雅为美，线条的处理更重于雕、镂、绘、嵌。此后很长一段时间，苏州人一直都引领着家具设计和消费的时尚。传世明清家具中所谓明式的那一部分，或是这一时期苏作家具的出新之作，或是其风格的延续。

朱守城墓虽然发掘于上海市宝山区顾村，但此处在明代万历年间隶属苏州府嘉定县[7]。墓中出土的万历年间的文房用具都是墓主生前实用物品，大多取材紫檀和黄花梨，在同时期的考古发现中极为罕见。这些文具以素面为主，也有仿古纹饰，制式古雅，工艺精湛，尤其注重以线面关系的处理来表现器物的造型和韵味（图一七）[8]，与当时流行的细木家具新风格异曲同工，都是典型的苏作工艺，印证了《广志绎》的记载。

当时松江地区的手工业远不及苏州发达，包括家具在内的工艺美术品的生产和消费，都会紧跟苏

图一七　上海朱守城墓出土的文房用具

州的时尚。潘允徵墓家具模型造型简约，风格古雅，材质细密，工艺讲究，在上海出土的很多家具模型（包括其父潘惠墓）中显得尤为精致，非同寻常。不管是本地制造，还是来自苏州，正是万历年间苏作细木家具的缩影。

松江府所辖地区，自明代嘉靖、隆庆以来，经济繁荣，人民富庶，从豪门贵室到普通住户，皆以奢侈为尚。当地人对于家具购置和陈设的热忱，与苏州相比毫不逊色。明代吴履震在《五茸志逸》中写道："吾松有可笑者，如皂隶偶得一居止，即整一小憩，以木板装铺，庭蓄盆鱼杂卉，内列椅桌供玩之类，辄自号曰书房，意不知此辈所读何书也。此辈直与缙绅交际，而所居者俨然画栋雕梁，更不止有书房矣。"[9] 这段文字充满了嘲讽和揶揄的口吻，形象地刻画了明代晚期松江普通居民的生活状态。连衙门里的差役都要用"椅桌供玩"来布置书房，

他们以士绅阶层为楷模，效仿其审美情趣和生活方式，对雅致的生活环境和家具陈设产生了前所未有的热情，这应与当时家具行业的繁荣有着密切的关系。不管潘允徵生前宅内家具配置如何，其墓所出家具模型的种类和数量，的确符合当时的社会风尚。

姚廷遴在《历年记》中对松江府城一隅也有类似描述："余幼年到郡，看城中风俗，池郭虽小，名宦甚多，旗杆稠密，牌坊满路，至如极小之户，极贫之衔，住房一间者，必为金漆桌椅，名画古炉，花瓶茶具，则铺设整齐。"[10] 互相剿袭乃明人积习，生活方式也是如此。对奢侈生活的向往以及喜好附庸风雅的状况，由当时平民百姓的居家陈设中可见一斑。在明代晚期的松江地区，家具不仅有着基本的使用功能，还能用于居家陈设，更是家庭财富的象征，成为人们争相聚敛的对象。

文献中所描述的这些利用家具和文玩来布置居室、书房的情况，相信在当时确有其事，也一定很有意思，不过目前只能在绘画和版画中看到一些图像，而难以探知其详。文字和图画毕竟都是间接的表达，实物的遗存才是最直接的见证。不管是潘允徵墓的家具模型，还是同时期朱守城墓的文房用具，都是墓主生前雅致生活的见证。它们反映了当时豪门富户"生不极养，死乃崇丧"的做派以及苏作工艺在上海地区的影响，与文献记载互为佐证，成为研究明代晚期苏、松地区木作工艺的重要资料。

注释：

[1] 上海市文物保管委员会：《上海市卢湾区明潘氏墓发掘简报》，《考古》1961 年第 8 期。

[2] 王正书：《上海博物馆馆藏明代家具明器研究》，《南方文物》1993 年第 1 期，图三 4－12。

[3] 昆山市地方志编纂委员会：《昆山县志》，上海人民出版社 1990 年，第 12—13 页。

[4] 上海市松江县地方史志编纂委员会：《松江风物》，1986 年，第 2—6 页。

[5] （明）范濂：《云间据目抄》卷二，民国戊辰（1928 年）五月奉贤褚氏重刊铅印本。

[6] （明）王士性：《广志绎》卷二，元明史料笔记丛刊，中华书局 1981 年，第 33 页。

［7］上海市文物管理委员会：《上海宝山明朱守城夫妇合葬墓》，《文物》1992 年第 5 期，第 63—66 页。该墓 1966 年发掘于上海市宝山县顾村，为明代万历年间墓葬。据《嘉定县志》，此地在万历年间属于苏州府嘉定县，该墓之砖、石地券中也有"苏州府嘉定县依仁乡"的记述。

［8］上海博物馆：《城镇之路》，上海书画出版社 2014 年，第 102—103 页。

［9］（明）吴履震：《五茸志逸》，上海市文物保管委员会编印上海史料丛编，1963 年，第 506—507 页。

［10］（明）姚廷遴：《历年记》，上海市文物保管委员会编印上海史料丛编，1962 年。

清代徽籍苏州墨工的生平及其成就

林　欢（故宫博物院）

内容摘要：本文以故宫博物院所藏大量传世苏州墨品文物，结合徽州文书（包括家谱和历史文献）中所涉及徽州墨工的部分史料，就清代苏州众多徽墨店主人的身份、事迹、墨品及其发展轨迹等问题进行概括，并就苏州徽墨在中国制墨史上的地位进行探讨。

关键词：苏州　徽墨　生平　成就　清代

明清以来，作为"科甲之乡"的苏州不仅富甲天下，而且文教昌盛，人文荟萃。无论是经济地位还是文化发展都在全国范围内处于领先地位，并对全国文化素质的整体提高起着主导作用。在此期间，以徽商（包括制墨商人在内）为主的人口流动，不仅连起了两地交流的纽带，而且为苏州当地文化打上了徽州文化的烙印。

故宫博物院藏有数百件苏州徽墨文物，长期以来不为社会所知。之所以如此，是因为墨属于消耗性生活用品，至今仍然无有效办法阻止墨品的自然老化与消亡。另外由于文化传统的制约，历代文人对于墨工这个直接为中国科举制度提供物质保障的手工业者群体不屑一顾，故著述中也绝少徽州墨工的记载。值得庆幸的是，徽州地区保存了大量的明清谱牒文书。为此，笔者在徽州当地家族的谱牒文献中涉及徽籍苏州墨工的部分谱牒史料与故宫博物院所藏传世墨文物的基础上，结合前人研究成果，仅就清代中期徽州籍苏州墨商的身份、墨品制作年代及其发展概况等问题进行一番探讨。做这样的资料考索研究，虽然无法全面了解苏州历史上三百年来徽州籍墨工群体的整体面貌，但是仍可为研究清代苏州当地科举文具市场的发展概况提供一些实例。

一　徽州籍墨工在苏州的发展概况

明清时期，科举对士人生活的影响无孔不入，

科举文化繁盛丰富，进而留下了丰厚的科举文化遗产。作为"状元之乡"的苏州以及以苏州为中心城市的江南更代表着中国传统社会文化的极致。正因为如此，苏州当地的制墨业十分发达。

（一）在苏州地区创业者

徽墨按照设计风格与服务对象被分为"歙派"、"休宁派"以及"婺源派"。清代的苏州是这三大流派代表性墨工的聚集之所。相对前两者而言，婺源徽墨是徽墨三大流派中最独特的一支。它具有成本低、工价低、运费省的三大优点，是清代全国文化用品市场上的消费主体。

1. 詹氏
①詹成圭墨业

故宫博物院藏有詹成圭制"御墨"墨一锭（图一），长方形，面额间一珠，下有"御墨"二字，中间又"乾隆庚申年（1740）制"六字，俱楷书填金；背镂五爪龙二，上下翔舞作戏珠状；一侧题"徽婺玉映堂詹成圭拣选名烟墨"，一侧题"钦差内务府郎中臣苏赫讷监制"，二款俱凹底阳识填金，楷书。此墨制作技艺精湛，质朴中略显华丽，是乾隆初年苏州墨品中较为出色的代表。据墨侧款识，此墨制作者为詹成圭。其原名詹玄（元）生（1679—1765），字成圭，婺源虹关人，侨居苏州等地开设詹成圭墨店并延续二百余年，堂号为"玉映堂"。据婺源《鸿溪詹氏宗谱》：詹成圭成年后"……贾于吴，徽人士建积功堂以瘗埋旅榇，首捐千金为倡。晚年家稍裕……"清光绪年间的《婺源县志》也记载其事迹："詹元圭：字成圭，虹关人，孝而友，惠而廉，乡里咸式之。侨居苏，市墨生理。遇荒赈饥，施棺布药。又捐千金于积功堂，买地以瘗旅梓。借资贫不

能偿者，悉焚其券。尝客余杭旅店，有休邑商人归娶，遗金首饰一函，获而俟之，询确辄呕还，不受其谢。居乡，恤贫周急，排患解纷，人德之。享年八十有四。"由此可知，詹成圭是一位在苏州开设墨肆的婺源制墨家。他立足于苏州开展墨业生产和销售，极为成功。詹成圭善于制作仿古墨，如詹成圭制国宝墨（图二），而且对现实题材特别关注。例如《竹燕图》墨（图三）便是其代表作之一。

图一　詹成圭制御墨

图二　詹成圭制国宝墨

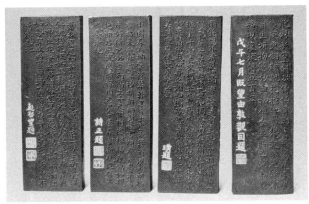

图三　詹成圭制《竹燕图》墨

后来，詹成圭墨店由詹元生之子詹永鑯（1704—1779）继承。此人籍名若鲁，字惟一。詹永鑯擅长经营墨业。其代表作品有"墨出青松烟"墨一锭（图四）。状若松树干，正面"墨出青松烟"，背面"詹成圭从先氏主人按易水制"。又"漱金家藏"墨一锭，通体漱金。正面为"漱金家藏"四字，"詹氏"方印一，背面为"徽婺主人詹成圭按易水法制"十二字，顶款"惟一氏"三字。再"百城春满"（图五）墨，正面为阴文楷书"百城春满"四字，填金，四周环以缠枝莲纹。背面为金梅图，侧款有框，内有"徽婺詹成圭惟一氏造"字样。《婺源县志》指明其以古法制墨："詹若鲁，字惟一，虹关国学生。自幼讲易水制法，业墨姑苏，名驰京省。"不仅如此，他还积极参加公益活动，深得乡人赞誉。

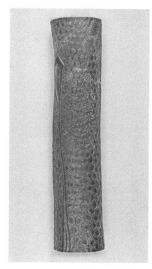

图四　詹成圭惟一氏按易水法制墨出青松烟墨

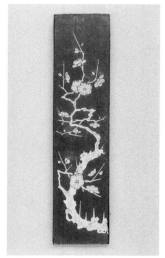

图五　詹成圭惟一氏造百城春满墨

②詹大有墨业

詹大有为苏州著名墨店之一，其斋号为"文华斋"。詹大有墨店的创始人詹胜专（1784—1848），字乾行。与上文所述詹成圭墨店主人一样，皆为徽州婺源虹关詹氏制墨家族中的成员。其后裔子孙不断将其事业发扬光大，在苏州、上海等地经营一百多年。其墨被称为詹大有墨或詹大有墨乾行氏。

从现存詹大有墨品及其生卒年来看，詹胜专的主要创作时间是在嘉、道年间。例如有"山带楼珍

藏墨"（图六）一锭，题有阴文楷书"嘉庆壬戌年（1802）制"字样。又一锭"潾山听桥赠"墨（图七）一锭，上署"道光癸未"，即1823年。詹大有墨业也是世代传承，如其第三代传人詹高焘（1833—1848），字子竹。詹广明子，詹胜专（乾行氏）孙。其"为人恂恂不露，模稜（棱）初依。设肆吴会，捐复本村文会。又益租于永济茶亭，为继父志，恤员周急。诸善举则尤楷不胜屈矣。"不过詹高焘离世过早，故詹大有墨业遂由詹高焘之弟詹高赞（1837—?）继承，堂号仍为文华斋。

图六　詹大有监制山带楼珍藏墨

图七　詹大有制潾山听桥赠墨

③詹方寰墨业

詹宇生（1686—1769），字方寰，籍名昊祖，婺源虹关人。苏州詹方寰墨业的创始人。《鸿浒詹氏宗谱》载其"慷慨仗义，经商齐鲁、吴会间。济急扶危，所至有声。文人学士乐与相接。历营茔墓，费累千金。"以上描述与《婺源县志》中"慷慨仗义，和厚敦伦。尝经商齐鲁、吴会间，济急扶危，所至有义声。每遇文人学士，无不致敬尽礼……"[1] 的记载基本相符。故宫藏有"寄鹤轩"墨（图八）一锭，长方形，面"寄鹤轩"三字，背面"华亭胡公寿书画墨，同治五年"，皆行书阴文填金。侧款为"詹方寰监制"，亦行书。一般而言，近现代的文人多不在徽墨婺源派处订制私人用墨。此墨的存世，证明婺源制墨的真正精品，是不亚于徽墨歙、休两派的。

图八　詹方寰监制寄鹤轩墨

詹方寰一生长寿，生平历康熙而至乾隆，其子孙亦多在苏州经营墨业并终老当地。如其曾孙广立（35 世）与其继妻同葬苏州[2]。广立氏有"青麟髓"墨（图九）一锭。长方形，通体涂金，正面阴文填蓝"青麟髓"三字，楷书，周围环以双螭纹，背面为阳文"世宝斋"三字，楷书，两边饰以双螭，填蓝。侧面及顶端分别另署"詹方寰制"与"广立

氏"等字样。又据《宗谱》，与广立同辈的广荣（1778—1796），字受初，籍名荣甲，赐赠朝议大夫。"公生有凤慧，年十六，闻父卧疾姑苏，星驰而往，躬汤药，不遑寝处，旋闻母疾，复奔归，衣不解带者年余，以积劳成疾、继得父凶问，一拗遂绝，人咸惜之。"[3] 文中所谓"卧疾姑苏，星驰而往"，当从婺源赶往苏州无疑。

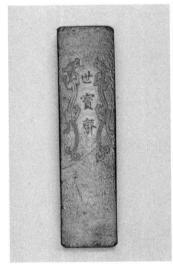

图九　詹方寰广立氏制青麟髓云龙纹墨

2. 余氏[4]

余氏为婺源沱川地区最大的姓氏之一。其中最为出名的是"余子上"墨店。故宫藏有余福从监造八宝云蝠纹墨（图一〇）：长方形，长 7.2、宽 15、厚 1 厘米。一面为金色"八吉祥"纹，一面为"五福庆云"图纹，两端各有云纹装饰。八吉祥、蝙蝠穿梭其间。一侧"乾隆丙辰年（1736）"五字，一侧"余福从监造"五字，俱凹底阳文楷书"福从监造"，顶款为"圣符氏"。此墨采用各种吉祥含义之图案，当为庆祝乾隆帝登基，故善颂善祷[5]。又余子上福从氏"吐气成云"墨一锭（图一一），长方形，长 9、宽 2、厚 1 厘米。一面为楷书"吐气成云"四字，楷书阴识填蓝，下方印一，印文为楷书"天都余子上福从氏制"九字，填金有框。一面为一螭，金色，翔于云海之中，做吐气成云状，周有火

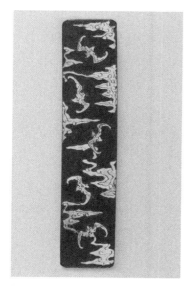

图一〇　余福从监造八宝云蝠纹墨

图一一　余福从吐气成云墨

纹装饰。此墨署款"天都"，当是指黄山天都峰而言，为徽州之代称。婺源派徽墨多以此为号。余子上墨店的创业者有可能是余福从。余天降（1708—1793），字福从，又称"余子上福从氏"。沱川余氏第二十二世。墨肆名为"荫桂堂"。《婺源县志·选举·人物志》记载："余天降，字福从，沱川人。家素贫，竭力事亲。父馆于休，距家二十里，朔望必问

安，无间寒暑。胞弟四，堂弟二，一室同爨。父将以幼子外鬻，降泣跪留。力耕度活。中年赴吴、鲁，市墨营生，为诸弟侄婚教食指至五十余人。父老析产，以长子勤劳欲厚与之，降泣请与诸弟均。自是家居养亲，先意承颜，亲皆年逾九秩，居丧，犹依依如孺子慕。享年八十有六。"[6] 文中提及余福从为家中长子，"家素贫"。由于弟兄太多，仅凭其父余百星在休宁行医的微薄收入无力承担如此巨大的家庭开销。于是余福从不得不"力耕度活"，以避免"父将以幼子外鬻"。直到"中年赴吴、鲁，市墨营生"之后，其家庭生活状况才逐步好转，甚至能够"为诸弟侄婚教食指至五十余人"。

3. 吴氏

周绍良先生曾有吴玉山制犁春雨墨一锭：长6.9、宽1.6、厚0.9厘米，长方形，面隶书"犁春雨"三字，阴识填金；下镂耕牛犁地之景。背行书两行："扶犁驱犊，十亩盈盈；含餔鼓腹，击坏其声。"阴识填蓝，下注"吴玉山珍藏"五字，楷书阳识。一侧"吴砺园制"四字，顶"上品"二字，俱楷书阳识[7]。我们可以从其侧款"吴砺园制"及"吴玉山珍藏"可知："吴砺园"与"吴玉山"有关，当是苏州吴玉山墨店的主人。据《环溪吴氏家谱》：所谓"吴砺园"者即清代婺源花桥吴氏之第二十一世吴嗣钥（1765—1840），名景福，字曜西，号砺园，又号蝶园。关于吴嗣钥在苏州制墨的经历，《环溪吴氏家谱》记载："……乾隆六十年，先生居于吴，始仿易水之制，兼以灵枢素问诸书，禅精研究，凡老者贫者有疾，尤必爱而怜之，慎思以治。一时着手成春，不能枚举。……"[8] 所谓"易水之制"，实乃徽墨创始人李廷珪制墨的"易水法"代称。"易水法"是自唐末以来后世上千年徽墨制作技术的基本准则。我们结合吴砺园的诸传记可知，吴嗣钥具体开始经营墨业的时间是乾隆六十年（1795）。当年他31岁，"始仿易水之制，兼以灵枢素问诸书"。不仅如此，传记中尚无吴砺园先前有过制墨技艺培训的基础。而且业墨与从医同时并举，

说明他并不一定直接从事具体的生产活动而只是进行经营。至于其到苏州经营墨业的原因是"家贫不能安读，遂服贾于吴松之间。"具体而言是他遭遇到了家庭的变故，在很短一段时间内丧失数位亲人。"及壮，游云间吴下……是以起家寒俭，遇寻昭苏，托业隃麋，名甲东南焉。生平以未尽孝养为憾，岁时祭祀，则必涕泣曰："祭而丰，不如养之薄业也。'"[9]文中之"隃麋"即"隃麋"，乃汉代最出名的书画墨，它是中国制墨史上久负盛名的墨名之一。其得名源于盛产松烟墨的陕西关中地区的"隃麋"地。汉代以后，中国制墨产地虽向东南方向转移，但"隃麋"作为墨的代称却一直保存了下来。

目前所见吴玉山墨，其款识多有"砚云斋"及"方升氏"字样，如"漱金家藏"墨（图一二）等。另据《环溪吴氏家谱》记载，吴嗣钥有子三人（长子夭折），次子宗瀜、三子宗添皆从事墨业经营。吴宗瀜（1810—1868），吴砺园之子，花桥吴氏第二十二世，"字芗岩，花桥人。性孝友，好施与。尝业易水术，侨寓姑苏，每岁必寄重赀赒族。又尝捐千余金，集吴中同志设义厂，施浆粥、棉衣。平居雅淡，自喜精琴工诗，著有《缘绮真诠》二卷，《砚云草堂诗集》四卷。"[10]吴宗添（1812—185?），吴宗瀜之弟，名伯亭，字俊彦，号斋泉。《家谱·济泉公传（二十二世）》记载："公年少倜傥不群，随乃兄芗岩公承守祖业，调易水之术，在姑苏多历年所。为人慷慨重义……"[11]《家谱·芗岩公传（二十二世）》记载："公世代忠厚，孝友传家，幼偕弟济泉公侨居姑苏，谨守先人遗业法制隃麋而名驰海内，是以都人士多与周旋，而店事亦蒸蒸然日以起色……"[12]无论怎样，吴砺园经营墨业所达到的效果很明显，其"吴玉山墨"不仅打响了名号，而且"中年来，家道渐裕。"当然，作为徽商，吴氏还是保持了"遇事好施，无德色，而自奉之俭约一如其初"的习惯，并最终立足于侨居地苏州。寺到宗瀜、宗添兄弟共同执掌墨店事务之时，"砚云斋"开

始与"吴玉山"齐名。其家族也已基本定居苏州，且在死后葬于苏州当地。即便如此，他们对于在侨寓地苏州的徽州同乡，仍勇于为义，多行善举，进而得到广泛赞誉。

图一二　吴玉山方升氏漱金家藏墨

（二）在苏州当地参与市场竞争者

胡开文是清代徽墨休宁派的代表之一，中国历史上经营规模最大的制墨业老字号，也是徽州制墨历史上最悠久的老字号之一。其草创于清乾隆三十年（1765），前后共经历七代传人。清代咸丰、同治年间，由于战乱和社会的变迁与转型，徽州制墨业逐渐衰退，名家、名品的声誉也随之冷落。此时唯有胡开文一家保持着兴盛的局面。胡氏家族善经营，其早年间只有海阳（俗称"休城"）、屯溪（俗称"屯镇"）两店，分别归拥有店业继承权的"老二房"、"老七房"所有。自同治初年以来，大批以"胡开文"为号的本家墨店开始广泛分布于徽州以外的各大城市，尤其是长江、京杭大运河沿岸。至清末民初，"胡开文"字号已遍布全国各大城市及交通枢纽。此时，胡开文墨业已经分裂为"休城胡开文"（老二房）、"屯镇胡开文"（老七房）、"休城胡子卿"（老五房）、芜湖"胡开文沅记"（老六房）与上海"胡开文老广户氏"（老八房）五大嫡系家支。

在此其中，胡开文曾经的嫡传"徽州休城胡开文"墨店被迫四处出击以占据其有限的市场份额。故宫藏有两张墨票忠实记载了这种变化：

> 本号开设徽州休宁县城内大西门正街百数十年，货真价实，虔制贡墨，中外驰名。近有无耻之徒减料假冒；更有不肖本家到处悬挂本号招牌，沿门投售希图渔利。士宦未知者误假为真，受欺不少。今本号于郡城、京都、汉口、武昌、安庆、扬州、姑苏开设分号。大雅光顾，请认明图记不误。光绪四年八月。胡开文起首老店谨白。

> 本号开设徽州休宁县城西门正街百数十年，货真价实，虔制贡墨，中外驰名。近有无耻之徒，减料假冒，更有不肖支丁，到处悬挂本号招牌，沿门投售，希图渔利。士宦未知者，误假为真，受欺不少。今本号现于徽城、芜湖、浙江、苏州、扬州、上海、安庆、广东、京都、汉口、武昌、湖南开设分号，特此陈明。大雅光顾，请即认明，庶不致误。胡开文起首老店谨白。

材料一出版于光绪四年（1878），由此可知，此时徽州休城胡开文墨店即已在七个城市进行了商业布局，苏州便是其中之一。相对而言，尽管材料二未注明时间，但是根据内容而言，相对晚出。周绍良先生曾对后者进行评论道："这里提到'到处悬挂本号招牌'，但并未具体点明哪些设立分号十二处，也未明白提出有什么标识。俱个人所制，它是加有'记'或'氏'以示支派……"[13]而在事实上，墨票中所提到的 12 处皆为"休城胡开文"在各地的分号。与材料一相比，材料二中多出了芜湖、浙江（杭州）、上海、广东（广州）、湖南（长沙）五个城市，符合其事业发展的规律。无法忽视的是，材料二中依然有苏州"休城胡开文"墨店的身影。据考，"新八房"裔孙胡祥厚（1857—?，字涵卿）于光绪间设"休城胡开文"于苏州，后传给其子胡道

南。安徽博物院藏有《姑苏察院场北苍桥西开文墨庄价目仿单附货真价实广告》，其上有"徽州苍珮室笔品，休城胡开文鉴定"字样以及笔品《价目仿单》（图一三）。上有"胡氏"、"开文"等章印。不过"休城胡开文墨店"在当地的业务一直没有什么发展，到抗战间便歇业了。另外，据苏州市档案馆相关资料，在抗战期间的苏州，仍有一家名叫"胡开文郁记/郁文氏"，又称"郁氏（郁记）胡开文墨庄"、"老胡开文郁记笔墨号"等名称的墨店维持经营。其最早开业时间为 1933 年，老板是安徽绩溪人冯郁文、冯志泽兄弟二人。他们于 1947 年迁到苏州金门内 10 号，而 1956 年时门市部位于苏州市阊门外上塘街 25 号；作坊则在金门内口。1956 年批准合营时企业名称为"郁文氏胡开文墨庄"，后改为"公私合营胡开文郁文氏墨庄"以及"胡开文文具纸张商店"。不久，此店被合并至上海墨厂。另外，苏州还有胡开文芳记和胡开文公记。前者位于苏州城内东中市 17 号（崇祯宫桥东首）。后者于 1949 年 5 月 1 日停业。它们的经营时间都不长。除"休城胡开文"外，其他墨店皆属于外姓租赁招牌的加盟店而已。

图一三 苏州休城胡开文墨店价目仿单（安徽博物院藏）

（三）在苏州当地分家析产且避难者

曹素功墨业是中国现存最古老的徽墨老字号，素有"天下之墨推歙州，歙州之墨推曹氏"的美誉。曹素功（1615—1689）是安徽歙县岩寺镇人，原名孺昌，后易名圣臣，字昌言，一字荩庵，素功是其号，后作为店号使用。自清朝初年开始，曹素功从

一家小店做起，由徽州至苏州，又由苏州到上海，通过了三百多年的经营。曹素功的后人编撰有《墨林》二卷，主要辑录珍品墨和墨客题咏，为后世研究古代制墨业的重要典籍。艺粟斋老店，原先只有歙县一家，由于析产分居的关系，曹素功六世孙曹深、曹尧千、曹引泉、曹德酬诸氏中的兄弟德酬、尧千二人为了得到更好的发展，便将老店的一部分开设到了苏州，分别开设了"曹素功德记"和"曹素功尧记"。后来由于太平军占领苏州，尧千一支便于咸丰十年（1860）从苏州迁往上海。新的"曹素功尧记"于同治三年（1864）正式开业（图一四）。尹润生先生曾藏有曹德酬所创"曹素功德记"墨票一张："……是以本斋六世孙德酬，今在古苏南濠南水巷口北首下岸第四家朝西门面开张，不惜工，不计费，实欲精益求精，世守其艺，非改昧图射利。"又有"曹素功尧记"墨票一张："徽州曹素功老店，向开姑苏南濠信心巷口，历有二百余年，货真价实，天下闻名。……咸丰十年（1860，'匪'扰苏省，今迁立上海小东门内察院西首第三家双间朝南门面开张，以辨假而崇真。……"与此相映证的另有墨票一张："新安曹氏以墨擅名者二百年矣。同治三年（1864），复于沪上设艺粟斋一肆，与海防同知署相接……"[14]王毅先生还藏有曹尧千艺粟斋墨票两张，同样是曹素功在苏州开店的佐证：

> 本庄自明万历年间创设严镇……迨至六世尧千公复增设于苏州阊门，世世子孙相承为业。九世端友公复于同治初年先后在上海、福建添辟墨庄，推广经营，十世月舫公董守成规，现至炳已十有一世，世守勿替……庶务希认明上海小东门大街今名方浜路门牌三十八号，坐南朝北门面，'曹素功尧千氏老店'招牌图章，庶不致误。……

> 本号遵祖法制徽墨，精益求精，历今三百余年，天下驰名。向在徽州府歙县，今分设上海小东门内及苏州阊吊桥头，别无今铺。赐顾

者须认明曹素功尧记招牌，庶不致误。

由此可知，曹素功的第六、七、八、九世皆有在苏州制墨的经历。如七世的曹毓东（图一五）、八世的曹云崖（图一六）、九世的曹端友。曹素功的九世孙曹端友，名寿朋，为尧千一支之后，迁往上海。其制有"雨亭清赏"墨（图一七），下题"光绪丁丑三年（1877）桂月日浔阳邺侯氏养轩定制"，背"西湖景"三字横额，侧署"徽歙曹素功九世孙端友氏制"。

图一四　曹素功六世孙尧千制隃麋圭式墨

图一五　曹素功七世孙毓东造隃麋菊花墨

图一六　曹素功八世孙云崖造八宝龙香剂墨

图一七　曹素功九世孙端友氏制雨亭清赏墨

二　苏州徽墨的特点

因地缘的关系，苏州与徽州在历史上长期同属于一个行政区内。特别是 16 世纪以后，徽商在苏州的活动异常活跃。其间以明万历中晚期徽州版画的勃然兴起而独领风骚。

（一）苏州文具市场的主力——徽州婺源派制墨技艺的渊源

沱川余氏、花桥吴氏素以耕读、行医、学儒为本，制墨只是副业，亦非一门一户之专属产业。其技艺来源当为与沱川、花桥一山之隔（浙岭）的虹关詹氏制墨家族。虹关詹氏为婺源制墨世家。其祖辈早在明末即开始经营墨业。传至第 31 世祖詹元秀

（1627—1703）时家业进一步光大，获利颇丰：

　　"涉远经营，以扩乃目而广乃心，武林、吴门皆有车辙马迹，虽所规者什一，而不屑于鱼盐。浙水、湖桐以资龙香剂用者，远师伭朗，近效幼博，则所货，盖文房上烟也，价不二。……三吴巨公、文人靡不乐与之交，亦心折其高义，以是名益噪而赀乃益赢，视祖父若较裕焉。"[15]

文中提到"龙香剂"一词。"龙香"又称"龙脑香"，本为中药"冰片"的别称，具有驱虫、增香功效，是制墨的基本原料之一。宋代墨工张遇在制墨过程中以冰片、麝香等配料为"龙香剂"，进而制成"龙香墨"。由此奠定了日后徽墨制作的基础。由此"龙香"便成为中国书画墨的代称。文中又言，詹元秀"远师伭（玄）朗，近效幼博"。"玄朗"，似为唐代天台宗僧人，字慧明，号左溪，博究经论。至于"幼博"，则是明代著名制墨家程君房的字。程君房，名大约，又字幼博，徽州人，明代制墨名家。明代著名书画家董其昌称："百年以后，无君房而有君房之墨；千年之后，无君房之墨而有君房之名。"程君房也自诩："我墨百年金不换。"程君房的墨品精良，墨谱的图式和墨模的雕刻也各尽其美，达到了历史的最高水平。它的墨样均由当时著名书画家设计，因此精妙无比。其著《墨苑》六部十三卷，五百二十余式，按玄上、舆图、人宫、物华、儒藏、锱黄分为六类。由此看来，詹元秀对于虹关詹氏制墨家族的事业发展，做出了重要的贡献。同时我们也可以了解到婺源徽墨与歙派徽墨有着密不可分的关系。

与此同时，我们通过翻阅《鸿溪詹氏宗谱》、《环川詹氏宗谱》、《婺源查氏宗谱》、《环溪吴氏家谱》以及《沱川余氏宗谱》中关于沱川余氏、花桥吴氏与附近一山之隔虹关詹氏、岭脚詹氏交叉通婚的记载屡见不鲜。当地詹、查、余、吴等几大姓氏家族的频繁通婚，从而导致原本密不宣人的"家传""世业"等封建手工技艺的传承限制已被突破。《宗谱》在提及余福从事迹时，明确了他曾"中年赴吴、

鲁，市墨营生"。所谓"中年"，当18世纪四五十年代。此时正是婺源虹关詹氏制墨家族第32世（"延"字辈）鼎盛之际。清代婺源制墨中的大家如詧方寰（1686—1769）、詹成圭（1679—1765）、詹侔三（1688—1759）、詹子云（1682—1745）等皆至苏州开店，甚至承揽清廷贡墨。如詹成圭立足于苏州进行墨业生产和销售，极为成功且闻名于当时。不仅为国人所知，亦为日本墨家所重视。又如詹子云墨，不仅在当时士大夫阶层得到好评，而且在日本也颇负时望。清康熙年间，日本著名制墨家、"古梅园"墨业的主要传承人之一的松井元泰（1689—1743）曾越海来到中国，向詹子云、曹素功等人请教制墨秘籍。至于余福从赴"吴、鲁"习墨并非孤例。另外，沱川余氏中尚有余国镇（1765—1832，字康亭，号静斋）者[16]，同样因为"家贫鲜，兄弟手未成童"而"之吴，治墨业，主人称其能，厚遣之，得俸以养亲……"[17]又有余国炳，字明辉者"反童后，往粤习墨业，居停倚重，家渐裕……"[18]的记载。以上余氏两人的事迹同样说明，这些村落在制墨业上以姻亲为纽带，在婺源北部浙岭山区形成了一个牢不可破的产业集群。当地各大家族乃至各自家支内部由此依托资源优势，各自为政，使得制墨技术以一家一户的形式作为基本结构得到了广泛传播。

（二）墨品款识中所反映的地理品牌问题

从明代中期开始，由徽州人制作的墨品开始以其精湛的技艺、上乘的配方、华丽的设计，代表着中国制墨业发展的一个新阶段。从此，徽州成为当时中国的制墨中心。以"徽墨"为命名的地域性手工业产品开始享誉全国。到了清代，以"歙州"、"新安"、"天都"等字样为开头的署款方式开始在墨品上大量出现，故而人们在谈及"墨"时必定涉及"徽州"。这是继唐代"端砚"、"宣纸"，元代"湖笔"之后我国传统"文房四宝"制造业发展中的又一大幸事。

1. "徽婺"与"徽歙"

按清代徽州制墨诸家的署款规律，凡在徽州以外地区开办营销点者，皆在其墨品上署明"徽州"或"新安"字样，有些墨品会再加上县名，如"徽州休城×××制（造）"。而仅面向徽州境内消费人群者，仅在墨上标明县名或镇名。如"徽歙×××"者，当为"徽州歙县×××"的简称。如位居清代"四大"墨家之首的曹素功制墨家族所制墨品中，有不少署以"徽歙曹素功"的款识。如"艺粟斋"墨的侧款为"徽歙曹素功来孙尧千造"。前文所述"珍墨"的侧款为"徽歙曹素功八世孙云崖造"。而"徽婺×××"者，则指代"徽州婺源×××"。张子高先生捐有吴玉山制漱金云龙纹墨一锭，长7.1、宽1.7、厚0.8厘米，正面阴文填金行书"漱金"二字，下有阳文行书"徽婺吴玉山按易水法墨"[19]。而詹方寰"青圭"墨（图一八）侧款为"徽婺詹方寰广立氏制"。又据前文所记载的詹成圭的"御墨"墨上也署有"徽婺玉映堂詹成圭拣选名烟墨"字样。再如詹公五"锡汝保极"墨的侧款同样为"徽婺詹公五监制"[20]。

图一八　詹方寰青圭墨

2. "新安"

徽州，古称新安，位于新安江上游。春秋属吴，吴亡属越，越亡属楚，秦统一后属彰郡；汉置黝、歙二县，属丹阳郡；晋太康时改为新安郡，隋开皇九年

（589）改置歙州；大业三年（607）又改歙州为新安郡；到了宋徽宗宣和三年（1121）又改歙州为徽州，从此徽州之名历宋、元、明、清四代达八百年之久。安徽博物院藏有道谊遗风墨一锭：长方形，长 14.3、宽 5.6、厚 2.4 厘米。正面额嵌小珠，下为阴文楷书"道谊遗风"，下刻一方印"何须仿古"。左侧款阳文楷书"新安玉映堂珍藏"，右侧款阳文楷书"庚申年詹成圭制"，顶侧书款楷书"郭圯制"。墨背面图案，有古松、车和人物等。另外安徽博物院还藏有仿汉瓦砚形墨一锭，长 8.8、宽 3.5、厚 0.6 厘米。砚面上有阴文草书"纹如犀质如玉法沿于超迈于谷"，下钤"从先"小印一方。砚背楷书"新安詹成圭仿古制"。

3."天都"

在周绍良《清墨谈丛》中有一锭詹彩臣"天都至宝"墨，题有"徽婺广诚堂詹彩臣旦明珍藏"字样[21]。"天都"本为安徽黄山第三高峰名，为黄山三大峰中最险峻者。天都峰与光明顶、莲花峰并称三大黄山主峰，海拔 1810 米。古称"群仙所都"，意为天上会都，故取名"天都峰"。在婺源徽墨中，多有以"天都"替代"徽州"、"新安"者。如胡魁章造宝翰冰香墨（图一九）：面款填金，余本色。侧款"天都胡魁章造"[22]；胡魁章谷记"千秋光"墨（图二〇）的背楷书阳识："天都纯一氏谷记选烟"[23]；又查二妙堂友记"亦政堂墨"背面有"天都二妙堂制"（图二一）。诸如此类的还有詹成圭惟一氏"漱金"墨，上题"天都詹成圭按易水法制"；

图一九　胡魁章造宝翰冰香墨

詹素文"亦政堂"墨，背题"天都詹素文制"等等。

4."星江"

在徽墨中，还有以"星江"为号者。"星江"即婺源。如詹大有乾行氏"五百斤油"墨，其背有"星江詹大有造"字样。詹大有少竹氏成记监制"千秋光"墨"星江詹大有仿古制"。

图二〇　胡魁章谷记制千秋光墨

图二一　查二妙堂友记制亦政堂墨

（三）苏州徽墨面对不同的市场需求

有清一代，由于封建城市化水平的提高，且受市场内不同消费群体需求差异的影响，徽墨内部的艺术分化和价格差异逐渐拉大。这种多样化的消费需求，使"苏式"徽墨有了更为繁多的种类和广阔的创意空间。乾隆三十六年编订的《歙县志·食货志》在提到徽墨的用途时分为"文人自怡"、"好事精鉴"、"市斋名世"三类[24]。一般而言，自制墨和贡墨被歙县墨商控制，集锦墨为休宁商人所掌握，零锭墨和百姓用墨则由婺源墨商把握。其中歙派以隽雅大方、雍容华贵见长，多服务于宫廷权贵；休宁派推崇集锦系列，其墨样式繁杂、华丽精致，多受富豪喜爱。而婺源派多为"市斋名世"墨，以满足社会底层市井、未及第书生生活学习之需。所谓"市斋名世"类，又称市易墨，即徽州诸墨家在门市公开出售，为普通大众服务的商品墨。其形制较为普通，选烟用料也比较一般。当然，市易墨的品质也有优劣之分。

苏州的重教风尚，不仅仅表现在精英教育，还体现为多层面基础教育的普遍开展：从家庭教育到义塾、社学、书院、县学、府学层层而上。这种崇学好学的风气自唐宋以来就十分盛行，即便进入近代以来，此风依然不改。这也是科举用墨市场得以维持长时间运转的一个有利条件。而婺源墨适应了初级教育及科举市场的需要，故寓意明确，实用性强且价格低廉的墨品仍是其销售的重点。此外，由家庭和私营作坊制作出来的一些普通墨品，因为省工省料、耐用、质朴，而满足了一般城市居民的日用消费需求。

另一方面，为了满足某些消费对象奢靡生活的需要，大量消遣性墨品有了广阔的市场。一些官僚和富商在相对优越的环境里，物质文化得到了充分的发展，并逐渐养成了标准相对成熟的精工制作的审美传统。这便使得某些身怀绝技的工匠也有了用武之地。这些功能墨的作用完全超越了实用功能，走向纯把玩性的艺术化道路，如贡墨、集锦墨、文人自制墨等，成为中上阶层炫耀财富、彰显身份的象征。此类墨多注重外部的表现形式，装潢精美。例如以詹成圭等为代表的婺源墨家中即制有质精款新的珍玩墨佳品。

1. 科举用墨

在清代苏州市场上通行的墨品，绝大多数属于科举用墨。明清文人生活在科举社会中，科举成为士子的晋身之阶，求取功名的敲门砖。科举考试与学校教育一体化使得举业制艺成了学官教学、学生学习的重心。他们的心态、行为、生活无不受科举

的影响。不仅如此，包括苏州在内的全国各地，一些以文人为主体的社会风俗，也在科举直接或间接的影响下产生并流行起来。所谓"科举功名"，使得民间将读书应举作为获得名望、财富、官职的主要手段，除了赋予人们生活以确定的意义和方向外，还是社会上普遍认同的人生责任和意义。

从徽州文房艺术发展的总体来分析，苏州徽墨（尤其是婺源派）反映了乾、嘉时期江南科举用墨市场的实际情况。例如它们的主题内容多涉及祈福、求功名、盼丰收等现实主义色彩。这不仅在总体风格上可以让大众喜闻乐见，而且在装饰上用色鲜艳明快，直接体现了科举中人的观念和态度、心理和愿望。与此同时，商人是市场活动的主体，也是时尚的引领者。他们预测行情，创造商机，按照市场的要求订货，因为读书人对科举的追求和青睐就是风俗得以形成并盛行的全部理由[25]。在以科举制度为读书人主要出路的时代，婺源派徽墨主要是为了满足广大社会底层人民群众的日常生活所需。故其在图案设计上需要更加强调风调雨顺及丰收这一主题，试图从情感上与整个社会共同的思想情感与信仰相互作用。故此，很多墨名巧妙地运用了双关，这种词语修辞手段，赋予墨名更丰富的意蕴。双关是指利用音同，音近或词义的联系达到一语两义的效果。一般分为谐音双关和语义双关。这些词多采用意思较美的谐音字和美好的意义联想，增强墨名的表现功能。这样的修辞手段，结合了传统的社会审美取向与个性审美取向，既符合人们标新立异的客观要求，同时又负载着深层的文化使命，进而蕴涵自然哲学思想。店主常常用这种方法来表达言外之意，趁机借题发挥，借物抒怀，把自己最真实的思想内容表达得更加委婉，意境更加深远。如胡开文"龙翔凤舞"墨（图二二）一锭，六角柱形，周身被一龙一凤绕之，面行楷"龙翔凤舞"四字，阴识填金。此墨形式极为普通，光绪年间颇流行。各墨肆几乎普遍制造，即便其墨型虽简单，但是与前述墨品一样表达了书法技艺高超之意。虽然此题材的雷同频率相对较高，却仍然能够为各个阶层所接

受。另有"黄粱"墨、"笔花"墨以及"龙宾"墨等，皆是徽州当地通用的墨品题材。如"黄粱"墨纵4.7厘米，横3.7厘米，厚0.7厘米，重17.5克。扁方锭，作书卷展开状，面镂一人眠于榻上，一童侍侧。背引首有一"詹氏仿古"椭圆印，中间楷书五行"黄粱初熟，碧管增华，蝶来香采，凤吐文夸。詹方寰题"，旁钤篆文连珠印"方"、"寰"，俱阴识填金[26]。又"龙宾"墨的（图二三）原型即著名的乾隆"七十二月令"集锦墨。此墨为长方形，面书"龙宾"二字，填金。下作两行，阳文楷书"新安詹方寰仿古法制"。背面题"东风解冻"；侧署"徽州詹方寰瑞记选烟"，顶署"上超顶烟"。

图二二　胡开文监制龙翔凤舞墨

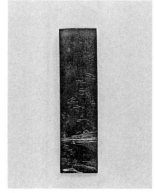

图二三　詹方寰瑞记制龙宾东风解冻墨

2. "文人自怡"墨

清代，文人自制墨成为时尚。大批文人雅士、书画名宿、社会名流纷纷将自己的情趣、爱好、追求，寄托于朝夕相伴的文房用具中，于是自行设计墨的款式、造型、图案，再交由指定的墨店生产。此举颇有典故：如宋代叶梦得（1077—1148），苏州吴县人，字少蕴，号石林居士。叶氏作为一时大儒，颇好翰墨。其曾自云"平生嗜好屏除略尽，惟此物（墨）未能忘。"在他看来，如果墨写字不黑，则"视之毫毫然使人不快意"。他还认为"惟近岁潘谷亲造者黑，他如张谷、陈瞻与潘使徒造以应人所求者，皆不黑也"。在求好墨不得的情况下，叶梦得开始自己制墨。他本人所著的《避暑录话》记载了此事："数年来乞墨于人，无复如意，近有授余油烟墨法者，用麻油燃密室中，以一瓦覆其上，即得煤，极简易。胶用常法，不多以外料参之，试其所作良佳。大抵麻油则黑，桐油则不黑。世多以桐油贱不复用麻油，故油烟无佳者。"大部分墨品定制者可以被看作一个群体，他们的官阶虽然有高有低，他们的主要职责不尽相同，但各阶层对文化知识的崇仰是毋庸置疑的。他们功成名就之后的维护名教的举动，其本身就是一种态度，一种个人、家族对文化和科举的态度。他们更加看重的便是"书香门第"为家族所带来的更为持久的名声和更加长久的繁荣。

通过中国古代科举考试制度的实施，儒家价值规范在各精英阶层的对流中得以广泛的认同与普及。士绅在地方上对声望、文化、经济等资源的垄断，使得越来越多中下层家庭出身的举子实现了"朝为田舍郎，暮登天子堂"的事实。一旦这些幸运儿成为拥有某种权力的魅力型人物，便在垄断儒学文化上使他们获得了一种以传承道统、教化万民为己任的特殊权力，进而成为左右社会审美风尚的决定力量。如"朱门"墨（图二四）出于明代著名制墨家方于鲁所辑《墨谱》。其一面为阴文行书"朱门"二字，填金，下方方印"何须仿古"印一，另一面为琼楼玉宇图，顶端"惟一氏"三字。詹从先对此进行了创新和发展。在此，金榜题名就不仅是荣耀的象征，而是演化成了一种行事制度与伦理秩序，成为大众的一种共习心理。人们希望成为权力群体中的一员，并小心翼翼地维护着权力的合法性以及权力关系本身。

另外，苏州人对于科举的重视和提倡使得人们特别重视日常生活环境中的文化氛围，仅仅是对于墨品的私人定制也是他们对于儒雅生活的追求和向往。这些私人定制墨整体华丽精致形制各异，墨面书法、绘画、雕刻各尽其妙，是名副其实的工艺美术品，甚至成为达官贵人和文人雅士赏玩或互相馈赠的礼品（图二五）。而墨家与名流极力保持交往是其产品享有盛誉的重要原因。"贾而好儒"的徽州墨商们知道，要想融入苏州社会，站稳脚跟，首要的任务就是要得到占据文化主导地位的文人集团的认可。因而当时的各家墨店皆派有专人与当时的达官名流交往密切，投其所好进行专门的墨品订制，不敢稍差分毫。例如曹素功六世孙德酬制富贵图墨（图二六）即是代表性杰作之一。此品以体态小巧、

图二四　詹从先朱门墨

图二五　詹从先群仙高会墨

灵动著称，虽然其造型是普通的长方形，但是其图案能够极大地透出一种自然柔和的审美关照，颇为雅致和恬静。

图二六　曹素功六世孙德酬制富贵图墨

（四）苏州墨店的发展走向

1. 科举

科举制度将所有其他生产性的经济活动都降为次等的职业。在"亢吾宗"思想的指导下，徽商不仅仅是谋求个人的生存，还要负担家庭及整个宗族群体的生存。用经商所得用来赡养父母、扶助兄弟。然而这种以"孝弟慈"为动机的服贾并不能够改变社会现状。读书入仕，即所谓"举子业"，仍然支配着传统中国社会的职业选择。如果客观条件允许，绝大多数的男子仍都会走上"服儒"的选择。

詹广桃（1760—1841），字鳞飞，号湘亭，又号响山、止园等，籍名应甲[27]。其父詹国淳（从先），詹成圭墨号第四代传人。其墨被称为詹成圭墨鳞飞氏或詹应甲墨，堂号赐绮堂。詹广桃一般以官员身份名于史册。例如他在乾隆甲辰（1784）南巡时应召试，钦取二等赐绮两端。戊申（1788）恩科顺天乡试中举人。后历任湖北天门，南漳、恩施、应山、通山、远安、汉川、汉阳、云梦县知县，宜昌府通判，荆门直隶知州等。其著作有《赐绮堂集》等。林则徐为其题写过墓志铭。詹应甲《赐绮堂集·先府君圹记》云："府君于诗爱放翁，所著有《古愚诗

钞》及《省吾斋墨谱》若干卷。詹氏之族，业于治墨，其墨行天下，惟府君能搜罗唐、宋以来古法，运以精思，得者如拱璧。"詹应甲墨中最知名的贡墨，当属"日月合璧，五星联珠"墨（图二十七），曾被大批收贮于清宫懋勤殿。此墨侧款有二：其一作"道光辛巳四月辛巳朔"，其二作"臣詹应甲恭纪"。"道光辛巳"为道光元年（1821），此年有天象奇观出现，作为臣子，詹广桃作墨以示吉兆之纪念，说明詹广桃的官员身份要远远闻名于其制墨工匠身份。詹广桃另有"客卿私印署文房"墨（图二十八），墨为正方形，两面皆有"客卿私印署文房"字样，唯有字体不同。

同样，吴玉山制墨家族是一个以儒业闻名、而后经由墨业成就家业、最后又回归于儒业的墨商家族[28]。婺源当地花桥吴氏一族自明清以来有多人考取过功名。吴玉山墨店的创始人吴嗣钥早年便"性极聪敏，爱读书，过目辄能记诵。"其子吴宗灏虽为墨商，同样对于文学艺术有一定造诣（图二九）。至于余子上制墨家族中的功名仕进亦值得称道，如"大鄣山麓选制"墨（图三〇），长方形，一面为楷书填金"余氏珍藏"四字，一面为楷书填银"大鄣山麓选制"六字。另有"江南己未恩科解元余镜湖仿古监造"等字样。据张子高先生考证：余镜湖名鉴，同治七年（1868）戊辰科二甲八十五名进士，隶籍安徽婺源，当是余子上同族。仅就以上二例可以看出，从商入儒乃是绝大多数商人的实际选择。

这种来自于士绅身份的"自然"合法性，可直接促成商人社会地位的提升，进而更容易获得社会的认同。不少徽商甚至为了更好地推销自己，还选择了一条捐置买官的道路。

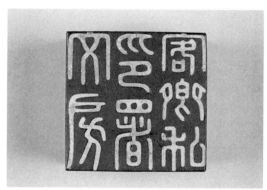

图二八　詹应甲客卿私印署文房墨

图二七　詹应甲日月合璧五星联珠墨

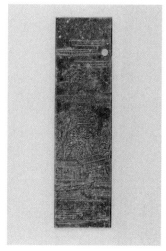

图二九　吴玉山方升氏珍藏平湖秋月墨

图三〇　余氏珍藏"大鄣山麓选制"墨

2. 祖业经营

徽人宗族观念极强，举凡一族作一事，大则一邑，小则一村，同姓相沿，蔚然成风。中国古代匠人的技艺传承多在家族内进行，形成了对技艺的垄断。作为祖业，一些品牌具有良好的社会声誉。因而墨店名称持久不变。作为徽州地方制墨世家，尽管他们的主要销售中心随着时代的变化而发生改变，当时唯一不变色，还是自家的祖业和招牌。例如同属徽州婺源籍的湖南詹有乾墨号中保留的《有乾公号四轮承做合同新章》序文中极力赞扬"我祖卓荦不凡，深谋远识"，并自豪地评价"我祖诚世界之伟人"。从而反映出徽州墨商强烈的历史使命感。其中最为著名的是曹素功、胡开文、詹成圭、詹方寰、詹大有等，他们皆世代为业，曹素功到新中国建立之前有十三代，詹成圭家族传承至少八代，胡开文传承了七代。詹方寰的经营延续到了民国年间。时值有章氏，已传至第六代。据《徽州詹方寰墨局》墨票提供的信息："……本总墨局开设上海小东门内东街系姚家弄东口，并设分局于北京、天津、郑州、关东、山东等埠，凡仕商赐顾者务请认名徽州詹方寰广立氏、有章氏、文章氏为记，庶（恕）不致误。"由此可见，即便到了民国时期，詹方寰墨号遍布大江南北，俨然成为徽墨行业一直不可小觑的力量，但是各自经营已是既成事实。其中第五代传人人

称"有章氏"，而第八代传人詹真柏（1827—?），字清瑞，詹广功孙。其墨被称为"詹方寰墨瑞记"，堂号世宝斋。类似的还有詹大有第六世传人詹克俊等。又如吴玉山家族"观其署款，至少可有三世之上"[29]。

某些斋堂号数百年不变，如曹素功的"艺粟斋"，胡开文的"苍珮室"等。同时也有另起炉灶型。如詹成圭堂号亦经过多次变化，如詹成圭、詹惟一时期的"玉映堂"，到詹淳时期的"省吾斋"，詹应甲的"赐绮堂"，再到后代詹正元的"文艺斋"等。同样，詹侔三墨号在清代经历过"侔三氏"、"洪生氏"，斋名则有"苑芳斋"、"棣芳堂"等。至于与詹氏隔岭相望的沱川余氏制墨家族中，余子上墨业最初的斋号"荫桂堂"传至嘉庆间的允公氏时改斋名为"见寸心斋"。

（五）苏州徽墨的败落与"海派"徽墨的发展

苏州制墨业的生存与苏州的城市化和商业化一样，是与小农经济个体生产方式紧密联系在一起的，从未摆脱传统的自给自足经济模式。晚清及民国年间，由于战争以及交通运输网络布局的改变，苏州终于沦落为上海经济圈中的一个内河商港城市。再加上西方文化影响导致国民书写习惯的变化，苏州当地传统制墨业最终避免不了凋敝与终结的结局。

与之相反，此时的上海作为当时中国最为发达的经济重心，已经吸引了传统徽墨制造商的目光。原属苏州的大量徽墨商号纷纷涌入上海租界的过程，同时也是现代化制墨业人才和资金向上海汇聚的过程。它为近代海派徽墨的崛起提供了必不可少的前提条件，即：资金、劳动力和需求市场。此时，一批具备现代经营方式的手工业企业开始在上海出现。例如对徽墨业乃至近现代中国墨业影响最大的措施是上海"胡开文广户氏"的经营者胡祥钧所采取的。他于 1910 年结交了洋行买办，试用"坤和"、"利康"牌洋烟（即工业炭黑）制墨成功，从而大大降低了徽墨的制造成本，并且此做法一直沿用至今。当然，洋烟的性质决定了它无法与用桐烟和松烟制造的高档墨相比，其制品一直"为艺林所鄙夷也"[30]。此时的徽墨无论是从质地还是造型方面来

讲，皆由中国自明清以来传统的高档手工艺品变成了低俗劣等的生活用品。又如张子高先生曾于1963年在南京购得一锭梅仙监制墨宝墨，此背铭文题曰："壬戌春余因避乱至日本之长崎，赖笔耕以养亲。因得与日本诗文书画诸风雅士交游，即长崎精绘事者为居士逸云，方外铁翁诸君，而惜无佳笔墨以助兴。乙丑夏余奉亲归乡，暂客申地，知大有詹氏能造佳墨，因嘱加工选料，按易水法制成若干斤，名曰'墨宝'，以宗诸风雅，聊为一助云。槐荫居士梅仙识。"[31] 由此可见，"乙丑（1925）"年时，詹大有墨号已经将上海作为自己的生产和经营基地（图三一）。1924年，曾经在苏州名噪一时的徽州诸家墨号不仅依然在上海维持经营（图三二），而且还卷入中

图三一　詹大有俊记监制朱子家训墨

图三二　民国二十一年曹素功尧千氏制越园写竹墨

国社会变革的历史大潮之中，例如上海的詹大有、詹方寰等诸墨肆纷纷卷入劳资纠纷事件[32]。

三　结论

清代苏州徽墨文化主要包括四大内容：

一是苏州徽墨的经营具有强烈的地域和家族经营色彩。这是中国古代传统手工艺行业传承的最基本特点之一。相对而言，由于中国文化传统的制约，这些创造出灿烂文明的中国古代手工业者的历史信息遗存相当稀少。例如我们仅从故宫博物院所藏五万余件墨文物的款识便可知明清墨工总数有数百位之多。不过极为遗憾的是，其中绝大多数墨工仅是一个名号而已，并无更加翔实的资料可供背景参考。苏州徽墨商号的流传与发现，在很大程度上取决于徽州发达的谱牒文书记录制度。

二是自明中叶以来，徽州移民向苏州地区的流动与汇聚，使得大批徽商与高水平手工艺人开始流寓苏州，从而使得苏州工艺美术明显地受到了徽派艺术的浸润。而苏州市民阶层的日趋活跃，市井生活的渐趋繁华，为从雅到俗的审美流变提供了厚实的社会基础。

三是商品经济的快速发展，使得财富逐渐成为主导社会伦理、价值取向的推动力。在此作用下，文人士大夫的思想观念开始发生改变，在其生活中处处留下了不同程度的俗化痕迹。他们身体力行地参与到墨品创作的活动中来，提高了苏州徽墨雅化的层次。与此同时，由于徽州墨商对雅文化的全面介入，也提升了俗文化的品位。这时期的苏州徽墨在雅俗之间的界限已经被逐渐打通，进而成为雅俗共赏的混合物。

四是科举取士影响下的人生价值观念与社会心理、风俗习惯等对于苏州徽墨产生重要影响。如果说以"徽墨"为名的这个地域性手工业品牌之所以能名震全国，是因为具有得天独厚的上等原料来源优势的话，那么其能够持久发展，应当归功于中国科举制度千年以来储备了一个超大规模的市场消费和生产群体。特别是科举落第者的"补偿心理"[33]、明清士子的八股习气、社会对于状元的尊

崇之风等风气的盛行，使得苏州徽墨为迎合市民的欣赏习惯和审美需求，不得不将求吉纳福、趋利避害的民间习俗和装饰题材纳入文具设计的大雅之堂。

注释：

[1]（清）吴鄂、汪正元：《婺源县志》卷三十二《人物·义行》。

[2]《鸿溪詹氏宗谱》卷九《鸿溪坦房世系·三一世至三五世·（三五世）广立》

[3]《鸿溪詹氏宗谱》卷九《鸿溪坦房世系·三一世至三五世·（三五世）广荣》。

[4]《婺源县志》卷三十九《人物十一·义行四·詹若鲁》，第 720 页。

[5] 周绍良：《清墨谈丛》，第 62—63 页。

[6] 民国《婺源县志》卷四十五《人物十二·质行五·余天降》，第 106 页。

[7] 周绍良：《吴玉山砚云斋墨（方升氏）》，第 56 页。

[8]《环溪吴氏家谱》卷一《世系·嗣钥》，清光绪二十九年宝诰堂木活字本，首都图书馆古籍部藏，第 29 页。

[9]《环溪吴氏家谱》卷三《谱传·砺园公传（二十一世）》，第 18 页。

[10] 民国江峰青等：《婺源县志》卷九十一《人物十一·义行七·吴宗澍》，《中国地方志集成·江西府县志辑》1925 年刻本第 27—28 册，江苏古籍出版社 1996 年，第 3 页。

[11]《环溪吴氏家谱》卷三《谱传》，第 25 页。

[12]《环溪吴氏家谱》卷三《谱传》，第 24 页。

[13] 周绍良：《清墨谈丛·胡开文墨业》，第 158—159 页。

[14] 周绍良：《曹素功家世》（下），《收藏家》1999 年第 2 期。

[15]（清）詹真良等编修：《鸿溪詹氏宗谱》卷九《"旦"房世系》，光绪五年（1879）刻本，第 9 页，私家收藏。

[16]《沱川余氏宗谱》卷十四《篁村百三公派文昌公允辉公房仁广公支》，第 46 页。

[17] 民国《婺源县志》卷四十《人物十一·义行六·余国镇》，第 753 页。

[18] 民国《婺源县志》卷三十三《人物七·孝友七·余国炳》，第 601 页。

[19] 故宫博物院编：《清墨图录：张子高藏墨》卷三，第 463 页。

[20]《清墨谈丛·詹公五心一斋墨》，第 310 页。

[21]《清墨谈丛·詹彩臣广诚堂墨》，第 277 页。

[22] 故宫博物院编：《清墨图录——张子高藏墨》卷三，第 465 页。

[23]《清墨谈丛·胡魁章谷记墨（纯一氏）》，第 145 页。

[24]（清）刘大櫆等：《歙县志》卷六《食货志》，乾隆三十六年（1771），国家图书馆古籍馆藏。

[25] 王玉超：《明清科举与小说》，扬州大学博士学位论文，2010 年。

[26]《清墨鉴赏图谱》，第 176 页。

[27]《宗谱》卷九《"旦"房世系》，第 98 页。

[28] 何建木：《商人、商业与区域社会变迁——以清、民国的婺源为中心》，复旦大学博士学位论文，2006 年，第 148 页。

[29] 周绍良：《清墨谈丛·吴玉山砚云斋墨（方升氏）》，紫禁城出版社 2000 年，第 56 页。

[30]《中国地方志集成》编辑工作委员会：《中国地方志集成·民国歙县志》，上海书店 1993 年，第 108 页。

[31] 故宫博物院编：《清墨图录：张子高藏墨》卷三，故宫出版社，2013 年，第 364 页。

[32] 刘石吉：《一九二四年上海徽帮墨匠罢工风潮——近代中国城市手艺工人集体行动之分析》，《江淮论坛》1989 年第 1—2 期。

[33] 胡海义：《科举文化与明清小说研究》，暨南大学博士学位论文，2009 年，第 2 页。

新样和古式

——以清高宗御制诗为核心谈乾隆与苏州治玉

宁方勇（苏州博物馆）

内容摘要： 清高宗御制诗中有大量的诗文涉及苏州治玉，经过对清高宗御制玉器诗的研究，发现乾隆追求玉器的"古式"和苏州治玉重视的"新样"成为玉器诗中谈论的中心。乾隆强调的玉器"古雅"和苏州治玉的"俗巧"，是他评价苏州治玉的关键点。研究发现，乾隆对苏州治玉有一个类似"否定之否定"的认识和评价过程。

关键词： 清高宗　御制诗　苏州治玉　新样　古式　评价

《清高宗御制诗文》（以下简称《御制诗》）汇集了弘历登基（1736）直至退位（1796）后二年所做的绝大部分诗文。其中大部分诗文是叙述时事，且多有批注，极具历史文献价值。除此以外，诗文中吟咏的器物，多是乾隆鉴赏涉猎的历代书画、青铜、玉器、竹木牙角和织绣等。乾隆少年便热衷笔墨丹青，喜欢临摹宋元明名家之作，亦能绘画花鸟、山水和人物等小景致，御制诗文中多有提及[1]。登基之年（1736）便将自己早前绘制的7幅花卉恭送给母亲清玩[2]。所以其诗文中对古今绘画所作的鉴赏吟咏是非常多的，远远超过玉器、青铜、文玩、漆器等其他文物。

乾隆钟爱这些古今字画古董文玩，为政闲暇之余手摩心赏，才留下众多的诗文。乾隆虽为满族统治者，并且一生都在努力要保持满洲习俗，却仍是醉心于汉族文化，除了宗奉儒家文化，还追慕古代汉族文人的风雅生活和人文风物。这些诗文就是最好的证据。这些诗文恰恰也成为我们了解乾隆和苏州治玉关系的一种有利渠道。

一　乾隆玉器诗和师古观

除书画的咏物诗之外，玉器诗无疑是其中数量最多的。虽然乾隆的玉器诗和其他诗一样都不具备太高的文学性，但是作为历史文献却是极具价值的。很多的玉器诗中都有大量的注释，这更是极为难得。这些无疑都为我们提供了很多的信息量，便于判断他和苏州治玉的关系。

根据笔者对《御制诗》[3]的粗略统计，有关玉器的诗文大约有767首之多。这个数量是除书画之外，其他器物鉴赏诗中难以匹敌的数量。根据玉器来区别，玉器诗大致可分为二类：古玉诗和时做玉[4]诗。

乾隆关于古玉和时做玉的诗在《御制诗》的分布情况不太一样，所呈现的情况也各有特点。从古玉诗来看，这类诗的创作是贯穿乾隆执政的整个时期的，甚至到其退位之后都有作品，只是为数不多了。乾隆对古玉的喜爱，由此可见一斑。

乾隆的古玉诗数量最为集中是在《御制诗》的初集和二集当中，时间为乾隆元年（1736）至乾隆二十三年（1759），此期间关于时做玉的诗数量堪称极少。而此后的《御制诗》中古玉诗所占的比例也越来越小，时做玉诗的数量愈发多，尤其在《御制诗》三集、四集和五集中显得数目庞大。

《御制诗》中的古玉诗蕴含着乾隆对古代玉器的认识和经验，尤其是对于古玉的断代、沁色和造型等方面都折射出他对汉族古代文明的见解，具有比较鲜明的个人特色。

乾隆眼中的所谓古玉指的至晚是汉代的玉器，他有"今之古玉率称汉"、"汉玉已称古"的诗句[5]。因此《御制诗》中的古玉诗几乎通通都叫作

"汉玉"，这种例子不胜枚举。为数不多的诗中将古玉称为"旧玉""古玉"和"周玉"的，如《咏旧玉刘海蟾》[6]《题旧玉祖丁尊》[7]《咏古玉斧佩》[8]《咏古苍玉璧》[9]《咏周玉亚鼎》[10]《周玉云刀》[11]等等。

从《御制诗》观察，乾隆吟诵的古玉分类有：玉璧、玉刀、玉斧佩、玉圭、玉章和玉磬等，多集中在玉礼器。乾隆对宫中所藏各类古玉似乎都有所鉴赏，并且是十分珍爱，尤其是个别类型的古玉，宝爱到几乎无以复加的地步，如乾隆对"汉玉璧"反复吟诵，多次创作，足见其经常摩挲盘玩，时有新意才如此频繁作诗。仅仅《御制诗》三集中题目是"汉玉璧"诗的就有 38 首之多[12]。如此密集的古玉诗足见乾隆对古玉的痴迷。

乾隆在盘玩鉴赏古玉的过程中，慢慢形成了自己用玉的理念和思想，治玉的审美和方法。乾隆结合自己的统治理念和思想，逐步将自我的玉器思想整体外化表现为一种"师古"的观念，并在《御制诗》中进行了表达。乾隆在制作仿古觥形玉器的诗文中不断阐明了自己的这种观念。乾隆四十四年（1779）《和阗玉仿周夔匜歌》中有："师古爰述说攸闻"[13]；乾隆四十六年（1781）《咏和阗绿玉龙尾觥》中说："和阗绿玉捞河得，龙尾翠（同'翠'）觥俾古师（是玉以和阗玉陇河秋贡所得，因命发古式龙尾觥为之[14]）"[15]；乾隆五十二年（1787）《和阗绿玉龙尾觥歌》中"相质命工事追琢，古式制此龙尾觥"，"玩物颇存复古意"[16]；乾隆五十八年（1793）《题和阗龙头龙尾觥》中"事须师古说攸闻"[17]；乾隆五十八年（1793）《咏和阗绿玉龙头龙尾觥》"肯付劣工成俗样，原多古式仿前型"[18]；乾隆五十九年（1794）《和阗玉龙尾觥》中"祛俗偏教一仿古"[19]等等。这些诗文中的"古师""古式""师古""复古"和"仿古"等词汇，都充分说明了乾隆在要求玉工制作仿古玉器的标准，就是一定要"师古"，一定要针对古代玉器进行模范，这样制作出来的玉器才是乾隆所钟爱的，才可以是古雅的，而非市面上的庸俗器物（图一至图四）。

图一　乾隆题诗青玉龙首觥

图二　乾隆题诗青玉龙首觥底座

图三　青玉龙首觥

图四　青玉龙首觥

图六　乾隆年制款白玉仿斧式佩

乾隆在玉器上的"师古"观念直接对时做玉特别是仿古玉的设计、制作产生了至关重要和具体的影响。乾隆甚至在御制诗《咏和阗玉斧佩》中发出"作器每教仿古式"[20]、"美玉多教仿古为"[21]的呼声。因此，可以说乾隆对时做玉已经有了看似比较明晰的要求和标准，那就是仿古、师古，以古代玉器的审美高度为制作本朝玉器的标尺；乾隆"师古"的指示精神对于治玉的承办者来说，并非一下就完全领会，更不可能短时间内执行到位。况且"师古"的提出本身也是有时间过程的，也是乾隆针对当时的时做玉作品所提出的意见（图五、图六）。

图五　乾隆年制款白玉仿斧式佩
（苏州玉工姚宗仁设计制作）

苏州治玉，特别是他提出"师古"观念的作品中，有很多就是针对苏州治玉作品所发表的看法。只是这些对苏州治玉的看法和评价，在乾隆不同的时期，并不一致，褒贬不一，侧重点也不一样。

二　专诸巷中多妙手

苏州治玉早在明代已经是誉满天下，明末宋应星在其所著《天工开物》就发出了："良玉虽集京师，工巧则推苏郡"的赞叹。想必乾隆也是知道这句话的。只是乾隆对于苏州治玉的认识和了解的初始经过，这些历史细节，目前我们还了解得不够详细。《御制诗二集》中有乾隆十六年（1751）第一次和乾隆二十二年（1757）第二次南巡所做诗文，关于苏州风物的诗作颇多，但都没有与苏州治玉相关的作品。二集中的玉器诗多是咏叹古玉的，时做玉仍然极少。当然这些都不能证明乾隆没有接触过苏州治玉，不过我们的设想当中，那时乾隆没接触过苏州治玉似乎也不现实。或许只是当时的苏州治玉还未触动其诗兴，便也没有诗作流传下来，是否如此就不知道了。但是随着乾隆二十四年（1759）平定回部之后，和阗玉石春秋进贡逐步正常化制度化[22]，玉石原料日渐增多，《御制诗三集》中的关于时做玉的诗文就越来越多；同时从一个侧面反映出时做玉的制作数量在不断增加。这表明似乎乾隆前期由于受制于玉石原料的来源，苏州为朝廷治玉的数量也非常有限，即便苏州治玉技术高超也是"巧妇难解无米之炊"。

随着和阗玉石采集力度的加大，并且逐步大量进入内地，苏州治玉可谓是"将遇良才"，日渐得到乾隆赏识。乾隆三十年（1765）第三次南巡驻跸苏州的乾隆恰好拿到邮驿递进的和阗玉石，"邮致正值金阊游"，于是写下了第二首以《于阗采玉》为题的诗作。这首诗借苏州专诸巷玉工治玉来证明"卞和献璧"的历史传说中"剖璞得玉"之事不可相信，我们因此也有理由相信，乾隆在这次下江南游苏州的时候或许是去过阊门内专诸巷观摩过当时治玉作坊的，至少也是观赏过苏州玉工的作品，否则诗中"专诸巷中多妙手，琢磨无事太璞剖"岂不成了乾隆的道听途说[23]。

似乎从此开始，《御制诗》中便有越来越多的地方对苏州治玉的赞誉之词。如乾隆三十七年（1772）《题和阗玉镂九鹌鹑小屏》中"相质制器施巧剖，专诸巷益出妙手"[24]；乾隆五十二年（1787）《咏和阗玉汉兽环方壶》里的"专诸巷里工匠纷，争出新样无穷尽"[25]。乾隆对苏州治玉的赞美其实与其仿古玉器制作上的高超水平有很大的关系。乾隆四十年（1775）的《题和阗玉镂霜菘华插》就写道："和阗产玉来既夥，吴匠相材制器妥。仿古熟乃出新奇，风气增华若何可。"[26]从这些诗句中不难读懂，乾隆对苏州治玉的赞赏应该集中在相材制器、琢玉技术和造型款式等方面上，这些可以概括为"新巧"。恰恰是这个"新巧"，可谓"成也萧何败也萧何"，使得乾隆对苏州治玉可谓"议论纷纷"（图七、图八）。

图七　清乾隆青玉白菜式花插

图八　清乾隆青玉白菜式花插（局部）

三　俗手好翻新样奇

随着苏州承办的玉器越多，乾隆对苏州治玉的认识也日趋加深。苏州为宫廷大量呈进玉器的同时，苏州织造选送的玉工也大量进入紫禁城内的造办处作坊为宫廷服务，乾隆时期仅仅见诸记录的共有 18 批次征调，近四十人[27]。这些情况自然昭示着，乾隆对苏州治玉的欣赏和器重，但并非不表示他完全没有异议，其中"玉厄"一说就主要是对苏州治玉而发。

"玉厄"一词似乎最早见于《御制诗四集》的《咏和阗绿玉龙尾觥》，这首诗作于乾隆四十六年（1781）。其中有"俗手好翻新样奇（今之玉工多欲速，争出新样，制器俗而工弗系，盖因玉来者多因速售，是亦玉之一厄矣），顿教琼玖价增卑"的诗句[28]。此处所谓"玉厄"是指所制作的玉器造型不古雅，并且工手不精细。乾隆认为原因就在于，玉工（或者说是玉商）追求制作和买卖的速度不顾及质量，尤其是"俗手"为使得所做玉器便于出售而"争出新样"，最终导致了"玉厄"。乾隆四十八年（1783）《咏和阗玉斧珮》更直接将"玉厄"写进诗句而非注释之中："迩来俗工辈，时样翻新意。斫器牟贵贾，呈进率掷弃。斯亦玉之厄，是用五字刺。"[29]乾隆言明要用"玉厄"讽刺那些只为牟利的庸俗玉工，对于呈进此类玉器不屑一顾。诗中并未指明呈进的玉斧佩是否为苏州所进贡，但是这类玉佩苏州玉工制作较多[30]。乾隆五十年（1785）所著的《咏和阗云龙玉瓶》直接表达了对苏州治玉"弄奇"导致的"俗巧"不满乃至鄙视："迩日吴工特弄奇，琢龙瓶口守珠为。鄙其俗巧取其义，庄语富言两合之。"[31]（图九、图一〇）

图九　带皮青玉浮雕云龙纹瓶

图一〇　带皮青玉浮雕云龙纹瓶（背面）

乾隆对治玉中出现"新巧"的现象，应该有一个发现过程的。《御制诗》中有三首同为题咏《和阗玉观泉图》的诗，这三首诗对我们观察乾隆如何产生"玉厄"观念有一定的例证价值。我们先要明确的是这三首诗中的"和阗玉观泉图"玉山子，还无法证明是否同一件玉器，或者是三件玉器，但这不影响我们的考察。如果是同一件玉器最好，可以更明确的从时间上看出乾隆态度的变化；如果是三件玉器也好，同一题材不同时间制作的也能非常好的反映乾隆的态度变化。第一首《题和阗玉观泉图》作于乾隆三十二年（1767）[32]，诗中只是描述观泉图的模样，并无任何"玉厄"评述。第二首《咏和阗玉观泉图》作于乾隆四十八年（1783）[33]，"玉厄"直接出现诗文中。"玉厄曾经辟俗工（迩年玉工多以新样斫器，既失古意且不免俗，近咏《和阗玉斧佩》诗有'斯亦玉之厄'之句），成图佼佼见庸中。"这二句诗的大致意思是：只有不使用庸俗的玉工，玉厄方能避免，做成的玉器才可能是凡庸之辈中的超出者。此时距第一首诗已经过去16年，可见乾隆意识到近年的玉器制作风格发生了显著变化，至少这样的变化引起乾隆的注意，否则不会连续就时做玉器发表意见。第三首《咏和阗玉观泉图》作于乾隆五十年（1785），其中有"玉厄向来已咏辞（向咏《和阗玉斧佩》有'迩来俗工辈，时样翻新意。斫器牟贵贾，呈进率掷弃。斯亦玉之厄，是用五字刺'之句），玉工遂有改弦为。"[34]此时距离第二首诗过去了2年，乾隆再次在诗中引注了《和阗玉斧佩》，重申了他早就注意"玉厄"的现象[35]。恰巧此类玉斧佩苏州玉工也多有设计制作。从这三首诗的时间轴上，我们可以比较清晰的观察到乾隆对"玉厄"一说的提出过程。

虽然不能完全断定"玉厄"从开始就是针对苏州治玉提出的，但是从《御制诗》来看，苏州的确是乾隆眼中"玉厄"的重灾区。乾隆五十二年《咏和阗玉汉兽环方壶》中说："专诸巷里工匠纷，争出新样无穷尽。因之玉厄有惜辞，凡涉华器概从摈（近时玉工制器竞为华器牟利，以致琢损良材屡见题咏，有'世降人心巧，争奇炫新裁，曾谓玉之厄，孤负球琳材'之句）。"[36]从这四句诗文逻辑推理上看，就因为苏州治玉喜欢"争出新样无穷尽"，才有了乾隆"因之玉厄有惜辞"。同年的另一首诗《和阗绿玉龙尾觥歌》[37]中说："幸哉良球玘秋贡，未入吴市俗样呈。"乾隆感叹和阗秋季进贡的上好玉石，庆幸没有售卖到苏州玉市，否则会被俗工做成庸俗不堪的样子。同年还有一首诗《题和阗玉璧》[38]中有"玉厄疾其俗样深"，乾隆的注释中提到："和阗玉材不乏佳品，每为吴市俗工以新样制作，斯亦玉之一厄，向屡有诗惜之。"直到乾隆五十八年（1793）《咏和阗玉仿文王鼎》的诗中仍然述说"苏制每因俗斥今"，注释中说："向来苏州玉工每得玉材，相其形质竞出新样，而不知其益入于俗，近颇斥之。"[39]显示乾隆对苏州的"玉厄"还念念不忘（图一一）。

图一一　青玉仿周文王鼎

看来乾隆对苏州治玉中出现的"玉厄"着重批评在二点，一是造型上过分追奇弄巧的不满，也就"新巧"过之而导致玉器近于"庸俗"；另一点就是过于追求"新巧"对玉石过度加工，造成良玉不必要的琢磨，反而伤害玉石本身的自然美。客观地看，

乾隆对苏州治玉中的所谓"玉厄"的评价也仅仅是一家之言，他自己也在《题和阗玉蟠夔壶》中感叹"吴工巧去诬"，认为正是苏州玉工的琢玉技术使得这件仿古蟠夔壶"愈为难得"，并解释道："吴中玉工爱惜玉材，每就其形似，制为新样，以质重可获厚利，意谓见巧而转近于俗。迩来亦颇知规仿古器，俾良材不诬于市贾也。"[40]所以苏州治玉的所谓"俗巧"是有原因的，主要是出于商业经济利益上的考虑。

除了所谓"玉厄"，域外治玉技术传入中国也导致了一段时期内乾隆对苏州治玉颇有微词。

四　喀吗工巧压吴工

古代回疆地处丝绸之路上咽喉要塞，不仅是历来兵家必争之地，更是中西文化交流汇融之处。乾隆二十四年（1759）平定西域回部大小和卓的叛乱统一回疆是乾隆十大武功之一。回疆归附清王朝后，安定发展的局面逐步促进中原与回疆的交流沟通。从《御制诗》来看，三集之前的诗文中回疆物品的诗文极为罕见，由此亦可看出那时的交流相对较少。就玉器诗来看，随着两地融通发展，"和阗玉""回玉"和"痕都斯坦玉"等字眼越来越多地跃入眼帘。和阗的玉石原料在慢慢大量进入内地的同时，回疆的玉器也愈加频密地进贡到北京紫禁城内。乾隆对回疆产出的玉石和玉器也逐渐有了更深入的认识和了解。尤其是痕都斯坦玉即印度玉器以其独特风格，受到了乾隆的青睐，并不断有诗文吟诵。从《御制诗》来看，三集和四集是乾隆创作的痕都斯坦玉器诗最集中的部分，五集和余集以后就鲜见了。

痕都斯坦玉器诗中，乾隆将苏州和回疆的治玉技术进行了多次比较，从数量上看恐怕不是其无意为之。当然《御制诗》中所提到的痕都斯坦玉器，其制作者估计既有造办处的玉工，也有回部的玉工即喀吗（回语中对作玉者的称呼，屡见于乾隆御制诗文）；更有来自印度的售卖品，如乾隆在《咏痕都斯坦玉碗》的注释中说："痕都斯坦更在拔达克山西南，自己卯平定回部后彼处商人时持玉器来回疆售卖始，间有购得呈进者，盖四十年前所无之物也。"[41]但是这不影响我们观察乾隆对两地治玉所表现的态度。

《御制诗》中最早出现痕都斯坦玉器诗是在乾隆三十三年（1768）的《题痕都斯坦双玉盘得十韵》[42]。这首诗第一次提及了痕都斯坦的"水磨"治玉技术，"水磨省工烦"，并自注说"闻彼处治玉以水磨不以沙石错"。这是乾隆以文字的形式第一次阐述了对痕都斯坦治玉技术的认识。

在诗文中将苏州和回疆治玉来作比较，大致出现在乾隆三十九年（1774）的《咏痕都斯坦玉碗》诗中。乾隆非常倾心这只玉碗，序文中就夸其"况巧压吴工"，诗文更赞其"巧"，即"巧制水磨贻喀吗，羞称吴匠富专诸"。乾隆非常明显地表达了，苏州专诸巷里的玉工治玉技术比不上回部玉工喀吗。乾隆对这种痕都斯坦治玉技术的近乎倾倒崇拜，以至于"每因擎用率惭予"[43]。

此后对痕都斯坦玉器更是赞誉声不断，而苏州治玉就显得很"失宠"。乾隆四十年（1775）《题痕都斯坦绿玉盘》说："喀吗匠能逞彼巧，专诸人或逊其精（苏城玉人多居专诸巷）。"[44]《咏痕都斯坦玉碗》诗中乾隆自注说："痕都斯坦玉工用水磨治，玉工省而制作精巧，迥非姑苏玉工所及。"[45]乾隆四十三年（1778）《痕都斯坦桃耳盂歌》："方言印度音各殊（痕都斯坦即印度之转音），厥有玉人喀吗呼（彼处呼玉人为喀吗，攻玉为水磨）。水磨制此桃耳盂，宝砂琢磨异专诸（吴中玉匠多出专诸巷）。"[46]乾隆五十一年所作《咏和阗白玉碗》："水磨天方巧，专诸未足论（苏州专诸巷多玉工，然不如和阗美玉痕都斯坦玉工所制者）。"[47]乾隆五十四年（1789）《咏痕都斯坦绿玉碗》："专诸巷里精工者（苏州专诸巷出玉工较痕都水磨所为远不及），三舍真当退避行。"[48]乾隆五十八年（1793）《咏痕都斯坦所制玉盂》："和阗产良玉，追琢乏工为（和阗虽产玉而无良工）。却赖痕都制，有过茂苑奇（苏州专诸巷多玉工，然总不若痕都斯坦用水磨治玉特为

精巧）。"[49]以"巧"著称的苏州治玉在乾隆眼里也褪色了。

乾隆"扬喀抑苏"的现象断断续续有近20年的时间，时间不可谓不长。当然，这期间两地的治玉技术应该是有互动交流的，喀吗也被征调入宫服役，为宫廷制作痕都斯坦风格的玉器。客观地讲，苏州和回疆（笔者：或者说痕都斯坦）的治玉技术各有特点，彼此治玉的文化背景也有很大的差异，但是如果从综合实力来看，苏州治玉是肯定不会输给回部喀吗们的工艺，造办处的资料也充分显示了即使在这段时间，苏州仍然承做了大量的玉器，而且不仅有新作，还有修补、做旧、刻字等治玉活计。所以苏州治玉完全没有必要因为乾隆的褒贬而妄自菲薄，事实上，乾隆爷最后也没忘记为苏州治玉点赞。

五　良工究属吴

乾隆对苏州治玉中的俗工所做的"俗巧"玉器甚为痛惜，对其不知道"师古"治玉理念多加批驳，乃至讥讽为"玉厄"。面对君王如此严厉的批评，作为治玉的承办者，苏州方面的臣工们不可能不重视。但是天子的声音是如何传布给治玉工匠的，其中的具体细节我们还仅仅知其大概。《清宫内务府造办处档案总汇》的记录大致描摹了在宫廷层面的皇帝对玉器制作的约略要求和意见，但是在工匠具体执行的层面就鲜有资料记载。苏州工匠对于皇帝指出的问题是如何修正的，我们还很难给出具体的描述，仅仅能猜测出玉工们在玉器的造型、纹饰和工艺上不断向皇帝"师古"的方向靠拢，并逐渐得到了君王的认可。

情况逐步发生变化好像是在乾隆五十二年（1787）。这年乾隆创作了多首玉器诗，诗中慢慢流露出他对苏州治玉变化的关注。《题和阗玉璧》中说："玉厄疾其俗样深，近多仿旧琢球琳。"对"吴市俗工"的"仿旧"行为，乾隆注释说："俗样者多屏弃，外间近亦知不为，多从古式矣。"[50]同年《赋得良玉不琢》中"俗工俾去巧"句的注释也说："吴中俗工所制玉器，向惟志在牟利，每多费雕儿，务求新样，以致良材琢损，转失古意，故每见必屏

置之。迩来亦渐知规仿古式，是亦返朴还淳之意耳。"[51]乾隆认为只要玉工按照古代形制、纹饰等仿古，不要"志在牟利"，不去"务求新样"，就不会"转失古意"，并且认为已经开始"返朴还淳"了。但是民间是否真是如此，尚且不甚清楚，因为这只是玉工按照帝王的喜好制作进贡的玉器。可是乾隆似乎认为这种玉器仿古的风气已经流行开来。乾隆五十七年（1792）的《题和阗白玉谷璧》也认为"俗样知不售，古风今渐开"，注释云："向来玉工每以玉之重轻为价之高下。是以多就其形质，制为新样而买入。于俗近日亦知其难售而不为。如此璧即依古式为之，颇觉好玩。"如此仿古制作的玉器，乾隆就认为"好玩"。并言明，这种变化非常慢，要自己警觉言行，"移易可云速，为君应慎哉"。乾隆认为这种"移易"变化，使得吴工制作的玉器愈发雅致，可以作为"文房之玩"了[52]。乾隆五十九年的《咏和阗石室藏书图》继续阐述了他的"师古"观点："纤巧由来素不容，玉人述古渐知宗。"在注释中说明最近制作的几件玉器非常符合他的心意，是"古雅"的文玩："向来吴阗玉工制器往往就玉之形似创为新样，以希厚利，方且自矜纤巧，而不知俗不可耐。每置之弗顾。近日彼亦渐觉其非，所制如凫鱼壶、召夫方彝、龙尾觥等皆规仿三代古制，即丹台春晓图、栖霞图之类，摹写山水形胜，率以古式为宗，而不降于俗。向日题句甚夥，此器作石室藏书图刻雕而不伤古雅，可供文房之玩。"[53]注释中提到的如凫鱼壶、召夫方彝、龙尾觥、丹台春晓图、栖霞图等《御制诗》中都有吟诵，都得到乾隆的赞誉（图一二至图一五）

这种赞誉到了乾隆六十年（1795）变得更加直接明白，苏州治玉在乾隆执政末期仍然深得帝王欢心。《题和阗玉孤山图》中夸奖苏州治玉"谷样专诸大减今"，他说："苏州专诸巷皆玉工所聚　向来制器多就玉质形似，竞夸新样而不自知其俗。近日率知仿三代器物，形制古雅；或琢为山水名胜图，俗样为之大减。"[54]《咏和阗玉蓬壶仙侣图》也赞誉"专诸易俗制"，认为："苏州专诸巷玉工每得和阗玉

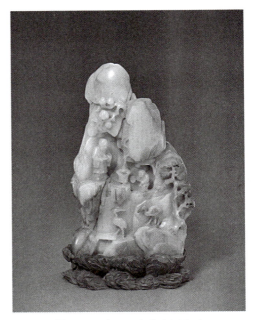

图一二　青玉丹台春晓图山子

图一三　青玉丹台春晓图山子（局部）

料，相其形似制为器物，意在惜材而易降于俗，甚为不取。兹刻蓬壶仙侣图尚有雅趣可玩。"[55]此时，乾隆也似乎能够理解民间治玉因为玉料贵重，为了争取更高的利润不得不按照市场需求制作"俗样"，方能便于出售达到目的。

不管乾隆是否能完全理解苏州治玉的苦衷，他对

图一四　青玉栖霞全图山子

图一五　青玉栖霞全图山子（局部）

吴地玉雕的评价整体上来说是认可和赞赏。于是在

《题和阗玉渔樵耕读图屏》赞叹"去俗渐从正，良工究属吴"，认为："迩来吴中制玉多仿古器画图颇堪玩赏，虽意在牟利而不致于良材弃于俗工，亦可取也。"[56] 似乎曾经是"玉厄"的苏州已经不复存在，进而赞许苏州治玉水平"虽然仍寓巧，亦可许归儒"。乾隆认为虽然苏州治玉中还是延续"巧作"的思路，但目的是为了"师古"的玉雕效果，这样的做法他能接受，而且他认为这样的玉雕应该是艺术品了，才是"儒雅"的，才不失为真正的文房之玩。这是对苏州治玉极高的评价了。

纵观乾隆《御制诗》中的苏州治玉，从帝王的视角来看，如同经历了"否定之否定"的哲学路线。乾隆按照自己的意志和审美，不断对苏州治玉承办者提出具体和严格的要求。乾隆从"师古"的理念出发，对玉器的选材、造型和加工技术都表达了个人想法，苏州治玉也积极响应了帝王，完成了宫廷审美的民间表达；同时也通过玉器的"巧作"形式，向宫廷传达了民间治玉的审美趣味。这其实是一种宫廷和地方的互动，是主流意识形态和民间自发意识的调和，也似乎表现了少数民族政权和江南文化之间的一种文化状态。总之，无论是乾隆皇帝的"古式"还是苏州治玉的"新样"，它们共同构筑和呈现了 18 世纪乾隆朝玉器乃至中国玉器制作的高峰。

注释：

[1] 参见北京故宫博物院编：《清高宗御制诗·初集》卷二《偶仿唐寅笔意作寒梅小景并题以句》，海南人民出版社 2000 年；《清高宗御制诗·初集》卷二十一《仿倪云林秋亭嘉树并题以诗》；《清高宗御制诗·初集》卷二十四《偶作风候写生二十四册各题以诗》；《清高宗御制诗·四集》卷八《偶仿陈琳溪凫图因叠旧题陈画韵》，等等。

[2] 《清高宗御制诗·初集》卷一《昔予读书之暇间亦旁涉绘事，尝恭制数图进圣母用供清玩。兹蒙圣母宣付装潢仍命各题以句，敢辞不文，聊以效九如之颂云尔》，第 89—90 页。乾隆所画为松竹梅、桂菊、牡丹、梨花白燕、栀子花、凤仙石竹、梅花等。

[3] 以北京故宫博物院编《清高宗御制诗》第 19 册为底本。

[4] 时做玉指的是乾隆本朝宫廷内外制作的玉器，《清高宗御制诗》中提到的时做玉主要有仿古玉、痕都斯坦玉器、陈设器（如玉山子、玉如意等）和礼器（如玉牒等）等。

[5] 《清高宗御制诗·和阗汉玉歌》，第 7 册第 175 页；《清高宗御制诗·咏古玉尺》，第 13 册，第 376 页。

[6] 《清高宗御制诗·四集》卷十五。

［7］《清高宗御制诗·四集》卷七十九。

［8］《清高宗御制诗·三集》卷三十五，第 294 页。

［9］《清高宗御制诗·三集》卷三十八，第 329 页。

［10］《清高宗御制诗·四集》卷五十一。

［11］《清高宗御制诗·二集》卷八十三。

［12］《清高宗御制诗·三集》卷五《汉玉璧》，卷十三《汉玉辟邪璧》，卷十五《汉玉谷璧》，卷二十四《汉玉谷璧》，卷二十九《题汉玉璧》，卷七《汉玉谷璧》，卷三十八《咏汉玉瓃璧》，卷三十九《汉玉谷璧》，卷四十三《汉玉谷璧》，卷五十三《汉玉谷璧》，卷五十四《题汉玉谷璧》，卷五十六《咏汉玉谷璧》《题汉玉璧》，卷六十一《咏汉玉谷璧》，卷六十三《题汉玉谷璧》，卷六十六《题汉玉谷璧》，卷七十《题汉玉璧》，卷七十二《汉玉璧》，卷七十三《题汉玉谷璧》，卷七十七《题汉玉谷璧》，卷七十八《咏汉玉谷璧》，卷七十九《咏汉玉素璧》《题汉玉素璧》，卷八十《咏汉玉盈尺璧》，卷八十一《题汉玉谷璧》，卷八十二《咏汉玉谷璧》《咏白玉谷璧》《咏古玉璧》《题汉玉璧》《咏汉玉谷璧》卷八十七《汉玉谷璧》《咏汉玉谷璧》，卷八十九《咏汉玉谷璧》，卷九十《汉玉谷璧》《咏汉玉谷璧》，卷九十三《汉玉谷璧》，卷九十九《咏汉玉璧》《题古玉素璧》等。

［13］《清高宗御制诗·四集》卷五十六，第 13 册，第 2 页。

［14］《清高宗御制诗》括号中的文字，无特别说明的皆为乾隆诗中的注释文字。

［15］《清高宗御制诗·四集》卷八十一，第 14 册，第 3 页。

［16］石光明主编：《新编乾隆御制文物鉴赏诗》，国家图书馆出版社 2014 年，第 615 页。

［17］《清高宗御制诗·五集》卷八十一，第 18 册，第 395 页。

［18］《清高宗御制诗·五集》卷八十二，第 18 册，第 420 页。

［19］《清高宗御制诗·五集》卷九十二，第 19 册，第 7 页。

［20］《清高宗御制诗·余集》卷十五，第 19 册，第 42 页。

［21］《清高宗御制诗·五集》卷四十八，第 17 册，第 78 页。

［22］乾隆《和阗玉》诗作第一次在《清高宗御制诗》中出现了"和阗玉"这个名词，诗中写到"回域定全部，和阗驻我兵"，《清高宗御制诗·二集》，第 5 册，第 337 页。

［23］《清高宗御制诗·三集》卷四十七，第 8 册，第 5 页。《于阗采玉》："于阗采玉春复秋，用供正赋输皇州。奚待卞和识琳球，邮致正值金阊游。专诸巷中多妙手（卞和刖足以玉在璞，人不知识也。然今之贡玉皆捞之河中，并无剖璞之事。古之玉亦今之玉耳，则记载之失信，率可知矣），琢磨无事太璞剖。"

［24］《清高宗御制诗·四集》卷一，第 10 册，第 357 页。

［25］《清高宗御制诗·五集》卷二十七，第 16 册，第 182 页。

［26］《清高宗御制诗·四集》卷二十八，第 12 册，第 16 页。

［27］郭福祥：《苏州玉工在宫廷》，《紫禁城》2016 年第 8 期。

［28］《清高宗御制诗·四集》卷八十一，第 14 册，第 13 页。

［29］《清高宗御制诗·四集》卷九十四，第 14 册，第 210 页。

［30］苏州博物馆编：《苏·宫——故宫博物院藏明清玉作文物展》，清乾隆白玉斧式佩 2 件，故宫出版社 2016 年，第 96—97 页。

［31］《清高宗御制诗·五集》卷十五，第 15 册，第 335 页。

［32］《清高宗御制诗·三集》卷六十二，第 8 册，第 382 页。

［33］《清高宗御制诗·四集》卷九十五，第 14 册，第 219 页。

［34］《清高宗御制诗·五集》卷十五，第 15 册，第 307 页。

［35］《清高宗御制诗·四集》卷九十四，第 14 册，第 210 页。

［36］《清高宗御制诗·五集》卷二十七，第 16 册，第 182 页。

［37］《清高宗御制诗·五集》卷二十七，第 16 册，第 187 页。

［38］《清高宗御制诗·五集》卷二十七，第 16 册，第 195 页。

［39］《清高宗御制诗·五集》卷八十，第 18 册，第 27 页。

［40］石光明主编：《新编乾隆御制文物鉴赏诗》，国家图书馆出版社 2014 年，第 607 页。

［41］石光明主编：《新编乾隆御制文物鉴赏诗》，国家图书馆出版社 2014 年，第 641 页。

［42］《清高宗御制诗·三集》卷六十九，第 8 册，第 385 页。

［43］《清高宗御制诗·四集》卷十八，第 11 册，第 229 页。

［44］《清高宗御制诗·四集》卷二十八，第 12 册，第 4 页。

［45］石光明主编：《新编乾隆御制文物鉴赏诗》，国家图书馆出版社 2014 年，第 641 页。

［46］《清高宗御制诗·四集》卷四十六，第 12 册，第 328 页。

［47］《清高宗御制诗·五集》卷九十六，第 16 册，第 99 页。

［48］《清高宗御制诗·五集》卷四十八，第 17 册，第 166 页。

［49］《清高宗御制诗·五集》卷八十四，第 18 册，第 337 页。

［50］《清高宗御制诗·五集》卷二十八，第 16 册，第 195 页。

［51］《清高宗御制诗·五集》卷三十二，第 16 册，第 256 页。

［52］《清高宗御制诗·五集》卷七十四，第 18 册，第 174 页。

［53］《清高宗御制诗·五集》卷九十，第 19 册，第 15 页。

［54］《清高宗御制诗·五集》卷九十八，第 19 册，第 150 页。

［55］《清高宗御制诗·五集》卷九十六，第 19 册，第 120 页。

［56］《清高宗御制诗·五集》卷九十七，第 19 册，第 128 页。

回归本土语境：苏作鼻烟壶的艺术成就

王　振（苏州博物馆）

内容摘要：鼻烟壶是一种传统工艺品，始于明末，盛于清朝。清代闻吸鼻烟在社会各阶层蔚为风尚，且迅速融入中国的艺术风格，发展出匠心独运的各式鼻烟壶。本文围绕清代帝王与贵胄的文化游乐与起居，搜寻苏作鼻烟壶的历史印记与脉络，探讨鼻烟壶的流行始末，并发掘其背后的文化内涵。

关键词：苏作　鼻烟壶　清高宗　郎世宁　巨莱臣

鼻烟壶始于明朝，盛于清代，是盛放鼻烟的专用器具。虽是舶来品，却在中华古国开放多彩的怀抱中尽情绽放。中国有关鼻烟的文献资料始见于《熙朝定案》。康熙二十三年（1684），皇帝在第一次南巡途中，行至南京，接受传教士毕嘉（Joannes Gabiani）和汪儒望（Jannes Valat）进贡。传教士将所携四种方物献上，康熙皇帝传旨：“朕已收下，但此等方物，你们而今亦罕有，朕即将此赏赐你们，惟存留西腊，即是准收。”[1]康熙皇帝在传教士进贡的方物里有“赏收”与“驳回”，即使喜欢的贡品，皇帝也常常只收一件。西腊即鼻烟的译音。鼻烟是将烟叶去茎，磨成粉，再经发酵或加香料制成。用指拈烟于鼻嗅之，味浓辣。清代皇帝多好之。鼻烟经常由广东进贡，价值昂贵。鼻烟传入中国之后，盛装之器有两种，一为旧式药瓶，一为与鼻烟一起传入中国的鼻烟盒（图一）。在当时鼻烟文化盛行的欧洲，人们习惯把鼻烟放在各种形状的扁形盒子里，称之为鼻烟盒。这些盒子往往嵌金镶玉，精致华丽。在康熙、雍正、乾隆三朝，西洋各国及罗马教皇国常以鼻烟盒等进贡朝廷，作为开展邦交的礼物[2]。但西洋烟盒终究不符合中国人的审美情趣，兼之吸闻时需完全打开盒盖，鼻烟容易倾覆、受潮、走气。于是皇帝责成宫中的能工巧匠打造盛放鼻烟的专属

图一　乔治二世搪瓷金质松鼠蜥蜴花丛嬉戏图鼻烟盒，制作师为 Frederick de Veer（1731—1781）

器皿——鼻烟壶，所以说鼻烟壶是中国所独有的。

一　烟壶与皇家千丝万缕的联系

清代宫中的鼻烟壶，除了西洋传教士馈赠以外，有些是由各织造衙门采购进呈的。江宁织造、苏州织造、杭州织造合称江南三织造。康熙年间，江宁织造曹寅、苏州织造李煦、杭州织造孙文成负责采办宫中用品。例如康熙四十九年（1710）六月二十六日，苏州织造李煦进呈的贡品内就包括湖笔、新出佛手和鼻烟壶[3]。乾隆年间苏州老阊门内外乃玉石加工与集散中心，一时间花团锦簇、人流如潮。阊门内专诸巷成为商人与工匠交易的重要场所。沿街破墙开店，面街做生意买卖，后厅及阁楼为加工作坊，玉石琢磨之声不绝于耳。乾隆年间进入宫廷内府造办处做雕刻匠的苏州艺人便有几十人之多。

目前存世的还有不少反映清代官员文人与鼻烟壶相关的摄影作品（图二、图三）。有关清代皇帝嫔妃与鼻烟壶的绘画作品也不在少数。从雍正的十二

图二　官员与鼻烟壶

图三　文人与鼻烟壶

最为勤勉的当属雍正帝，一年当中雍正只有生日那天才会休息，在十三年的帝王生活中写下了一千多万字的御批。料想在没有咖啡的年代，在处理繁忙的日常琐事时，闻吸鼻烟对他有可能起到提神醒脑的功用。

皇帝好此，臣子妃嫔必效仿之，从《胤禛围屏美人图》可清晰地看出在抚书低吟一画中，美人手边的红色鼻烟壶已经成为生活中不可缺少的重要组成部分。这《胤禛围屏美人图》在清室善后委员会接受登记以前，是收藏在寿皇殿的，其具体记录是："同治二年三月十七日内务府大臣恭亲王等奉旨由宫内请至寿皇殿供奉，世宗宪皇帝圣容一尊御案上供奉，世宗宪皇帝圣容三轴一匣西大柜尊藏，笔墨双妙册一册西大柜尊藏，册页二张西大柜尊藏，御容十二张（图四、图五）西大柜尊藏，以上五款系由雍和宫后佛楼金塔内请出。"是什么样的女人画像，竟然这么有头有脸地和雍正皇帝的塑像与画像一起藏入雍和宫佛楼金塔内呢？按照故宫博物院杨新先生的推断，当然只有雍正皇帝的皇后那拉氏（亦有妃子说），才能担当得起如此隆重而崇高的大礼[4]。再仔细看美人翻到的书页即停住的内容，"劝君莫惜

图四　胤禛围屏美人图之抚书低吟像

张《胤禛围屏美人图》，可见鼻烟壶与皇家有不可磨灭的联系。无论是画上的美人，还是美人身边的物件，美人所处的花园，都精美绝伦。清代三品以上的一千多名高级官员可以直接给皇帝写密折，这是皇帝和他的高级官员们的一种重要沟通手段。皇帝必须在每个奏折上都写下自己的意见。清代皇帝中

图五　胤禛围屏美人图之立持如意像

金缕衣，劝君惜取少年时。花开堪折直须折，莫待无花空折枝"，这是唐代杜秋娘写的《金缕曲》。表面看此诗句似教人及时行乐，仔细回味，却是教人爱惜时光，不虚度年华。抓住时机，果断行事，才不会后悔。试想这幅画的构思立意，绝对不是普通工匠画师想象得到的。雍正皇帝的喜好在这幅画中有更深层次的表现，鼻烟壶想必也是不经意间的自然流露。这件玻璃鼻烟壶的颜色是雍正皇帝喜好的颜色之一——红色。雍正皇帝最喜爱的《胤禛围屏美人图》，以工笔重彩绘就，画风已出现了西方透视的味道来。画家将宫廷雍容华贵的审美情趣和仕女画工整妍丽的艺术特色完美地融于一体，正是这种在严格规范下的成就，更值得做进一步的研究和探讨。

二　清高宗审美情趣影响下的鼻烟壶艺术

清高宗乾隆皇帝学养深厚，文物技艺样样精通。在他指导与赞助下的宫廷艺术，展示出盛世帝王高尚的品位与格调。乾隆皇帝不仅自己勤奋钻研，还时常与皇族长辈兄友砥砺切磋，这些均为他的学养打下良好坚实的基础。他一生中与伴读词臣、宫廷画师、作坊工匠以及西洋传教士密切接触，对他的艺术鉴赏力与创作都助益匪浅。

在传教士钱德明（Jean-Joseph-Marie Amior，1718—1793）的一封信中是这样描述的，乾隆皇帝对郎世宁和王致诚（Jean-Denis Attiret，S. J，1753—1780s）的绘画认可度进行了比较。"当王致诚将自己用西洋技法绘制的作品呈给乾隆皇帝御览时，皇帝不喜欢油画作品中出现的物像的高光和阴影，他认为像是污点。皇帝向王致诚分析了油画和中国水墨画的区别，并认为后者更优雅。皇帝认为运用和驾驭此项技法，画面会变得更具有神韵。他回过神来吩咐这位新来的画家（王致诚）必须和其他人一样用中国的方式来绘画（用笔调和水与矿物颜料在丝绢上绘画），就好比他用油画的技法来画肖像画一样。接着郎世宁回答说他会尝试着教会王致诚"[5]。在这封信里，我们看到了乾隆皇帝的喜好，也看到了郎世宁来到中国二十几年后，对东西方两种绘画方式的驾轻就熟。对比苏州博物馆所藏一件涅白地画珐琅绶鸟花卉料鼻烟壶（图六），与台北故宫藏清雍正画珐琅彩瓷珍禽纹样和郎世宁的《画仙萼长春册》（图七），发现其图案样式是有传承的，瓷器和鼻烟壶上的珍禽，开口作啼鸣状，下布各类祥瑞植物，寓意"春光长寿"。把雍正朝珐琅彩瓷的装饰纹样与郎世宁的《画仙萼长春册》作比较，珐琅彩瓷

图六　清乾隆时期涅白地画珐琅绶鸟花卉料鼻烟壶

图七 清郎世宁《画仙萼长春册》与清雍正珐琅彩瓷珍禽纹样对比
（采自余瑾：《丹青以外——郎世宁影响乾隆朝画珐琅装饰纹样的层面》）

器虽然不如郎世宁雍正前期绘画中凝聚而出的效果那般鲜活生动而富有立体感，但珐琅厂工匠极尽所能描绘出鸟儿彼此互动瞬间的表情，比如对看、并肩、耳语等细微的动作，应当是受郎世宁等一批宫廷画师艺术影响的结果。而在乾隆朝，图案纹样更趋向富丽和烦琐，令人不免联想此类装饰纹样的出现是否正是内廷恭造之式下流通于绘画、瓷器和鼻烟壶等之间的共同品味。

1. 苏作鼻烟壶风格

乾隆皇帝以其收藏以及丰富的阅历为后盾，将文物分出品第。例如对玉器，在器物本身或托座底部刻上甲、乙、丙等级别[6]。对于收藏品的思考和感想则附注御制诗文，直接书写或镌刻在文物或包装上，让后代分享他的意见。并有甚者下旨直接依实物或古器物图谱仿制（如姚宗仁制作的白玉斧形佩），或交予宫廷作坊以此为基础进行创新变化，可以看出乾隆皇帝意图展现在他统治下的当代工艺水准。文物收藏、品鉴与制作三者相互作用，并试图纳入18世纪多元的当代元素[7]，创造超越先辈的至臻工艺，苏作鼻烟壶自不例外，这些清玩亦是受到了几代皇帝审美情趣的深刻影响，从上至皇族下至仕宦商贾的收藏可见一斑。

（1）具有深厚历史底蕴的仿古艺术作品

乾隆时期对仿古鼻烟壶的关注，与他所推崇的师法古人的创作理念一脉相承，这一理念对当时的苏作鼻烟壶制作不能不产生影响。如台北故宫藏雕紫檀龙纹多宝格内所藏乾隆款白玉螭耳鼻烟壶（图八），为乾隆前期的仿古风格，通高5.3厘米。肩部镂雕螭耳，颈部以下依次浮雕如意云首纹、回纹、蕉叶纹。带铜嵌碧玺盖与铜匙，底阴刻横书隶款"乾隆年制"。

图八 苏作白玉螭耳鼻烟壶

（2）具有文人雅士意境的艺术作品

身为一国之君的乾隆皇帝，其内心的某个角落却充满着对文人世界的憧憬[8]。通过搜集、整理、品鉴、设计、组配、仿制、新创等全面而多元化的步骤，集结了生活情趣与文化韵味的艺术作品。私人藏家收藏的白玉雕"张良进履"图鼻烟壶（图九、图一〇），高 6.5 厘米，此件苏作鼻烟壶来自美国琳达里德尔霍夫曼的收藏，其原珍藏于霍夫曼女士的家中，此人亦热衷于中国鼻烟壶的收藏，这使她在享受收藏东方艺术品带来的愉悦同时，又结交了来自世界各地的朋友。2009 年 4 月琳达里德尔霍夫曼女士在自己的家乡加州蒙特斯托去世，享年 85 岁。2011 年邦翰斯纽约春拍，琳达里德尔霍夫曼收藏中国鼻烟壶专场中香港张宗宪先生拍得了包括此壶在内的一系列精品。

图九 苏作白玉雕张良进履图鼻烟壶（正面）

图一〇 苏作白玉雕张良进履图鼻烟壶（背面）

（3）具有吉祥寓意性质的艺术作品

在几代皇帝看来，鼻烟壶不但是玩赏贮存鼻烟之器，还是表达意愿的载体。通过对这类烟壶寓意的重视，可以梳理出不少为当时玉工后来借鉴的范式。

如葫芦题材鼻烟壶，由于一棵葫芦可长出上百个，因此它就有"子孙众多"的意识，再加上蔓与万字声音相近，于是众多的葫芦附生在藤蔓上的图案就代表"子孙万代"。台北故宫藏一苏作玛瑙雕鼻烟壶（图一一），器腹部巧雕五只蝙蝠和一个大葫芦，因为蝙蝠代表"福"，故这件鼻烟壶的纹饰就寓意"五福万代"。

图一一 苏作玛瑙五福万代图鼻烟壶

另有台北故宫藏修篁多宝格文玩，其内有很多匣屉夹层（图一二），其上层有多件描金白玉葫芦形鼻烟壶，下面还有一层折扇，扇面多为内廷如意馆供奉画师所制。两件嵌玉竹丝如意匣的两端有镇纸，两件为仿汉铜镇，两件为仿汉玉镇，铜镇一作趴虎，一作细嵌双獾，质料之精，恐为明代吴中佳作。

又如瓜瓞题材鼻烟壶，苏州博物馆藏乾隆款瓜瓞绵绵白玉鼻烟壶，高 9.4 厘米。烟壶为和田白玉籽料制成，随形琢成瓜式。壶身阴刻瓜棱，浮雕瓜蔓与瓜叶，一小瓜结于绵绵藤蔓之中，在瓜蔓之间，阳刻"瓜瓞绵绵"四字隶书，寓意深刻。烟壶配以红珊瑚枝柄匙，镶嵌绿松石为盖。壶底阳刻"子冈"

图一二　台北故宫博物院藏多宝格

款。"瓜瓞绵绵"早在《诗经》中便曾初露端倪，成为祝颂子孙满堂的词令。《诗经·大雅·绵》曰："绵绵瓜瓞，民之初生，自土沮漆。"大瓜小瓜累累结在藤蔓上，确是世代绵长、子孙万代的绝妙想象与象征。诸如天竹配南瓜纹图意为"天长地久"。此玉手感温润，雕琢细腻，给人以一种糯而嫩的感觉。

2. 苏作鼻烟壶的取材、造型种类与制作

苏作鼻烟壶的取材突破了以往的限制。金、银、铜、瓷、玉、松石、玛瑙、碧玺、水晶、青金石、孔雀石、煤精石、珊瑚、象牙、虬角、琥珀、蜜蜡、竹、木、漆、葫芦、紫砂、蚌壳等等，除玻璃和翡翠外，凡可用者，无所不用。

造型种类千姿百态，各种仿生造型大量涌现，荔枝、葫芦、佛手、葡萄、石榴、甜瓜、茄子、人、鹤、鹰、象、鱼、熊、龟、刀、剑、火锅等等凡可作者，无所不作。

纹饰题材广泛，花鸟虫鱼，山水草木、亭台楼阁、珍禽瑞兽、人物故事、神话传说、诗词歌赋、各种吉祥图案，如松鹤同春、马上封侯、状元及第、二甲传胪、喜上眉梢、瓜瓞绵绵等等凡可饰者，无所不饰。

阴刻、阳刻、浮雕、镂空等制作工艺的发展推动了鼻烟壶的兴盛，拿美玉来说，从一块璞玉，制作成一件赏心悦目的鼻烟壶，需要经过选料、设计、画活、

琢磨数道工序，玉石的摩氏硬度在6—6.5度之间，除了外形雕琢成各种形制和纹饰的烟壶，还需要掏膛，鼻烟壶因其口小，质地坚硬，在无电力，全靠手工的情况下，诚属不易。光绪十七年（1891），李澄渊绘制了一份当时的玉作图[9]，其中提到鼻烟壶制作上的重要工序之一——打眼（图一三）："凡小玉器如烟壶、扳指、烟袋嘴，手不能扶拿者，皆用七八寸高大竹筒一个，内注清水，水上按木板数块，其形不一，或有孔，或有槽窝，皆像玉器形。临作工时，则将玉器按在板孔中或槽窝内，再以左手心握小铁盅按扣金刚钻之丁尾，用右手拉绷弓、助金刚钻以打眼。"在鼻烟壶口打了眼之后，下一步工序是掏膛（图一四）："……凡玉器之宜有空堂者，应先钢卷筒以掏其堂，工完，玉之中必留玉梃一根，则遂用小鎚击锤，錾以振截之，此玉作内，头等最巧之技也。至若玉器口小而堂宜大者，则再有扁锥头有弯者，就水细石沙以掏其堂。"由此得知，制作工艺是何等精巧。

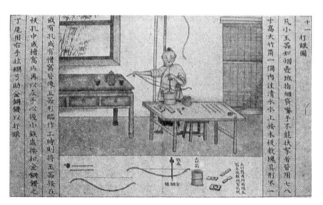

图一三　打眼图

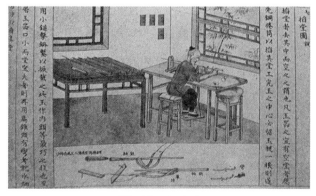

图一四　掏膛图

三　苏州博物馆展览的苏作鼻烟壶

苏博展出的鼻烟壶，体积微小，不盈一匡之物，这些大部都是民国收藏巨擘庞莱臣先生生前所用及把玩之物，其数量之多之精妙者令人叹为观止。特别是其中的"巧作"鼻烟壶更是其佼佼者，巧作用材以玛瑙为多，玛瑙因其硬度高，抛光效果好，具有天然交错的纹理，质地温润而色泽美丽，皮色复杂而变幻无穷，故而成为巧作最理想的材料。在此择其一二，作一介绍。

玛瑙巧雕俗称"影子玛瑙"。通常习惯根据其颜色和分布的情况经过刻意的设计、雕琢，很巧妙地把这些天然的斑点全部或部分安置在纹饰或壶身上，此为巧雕。巧色玛瑙钟馗舞剑图烟壶（图一五），高6.1、宽4.4 厘米，这件烟壶就是利用了巧色巧雕的手法刻画了一幅钟馗舞剑捉鬼图，钟馗仗剑，小鬼半蹲，形象生动逼真。巧色玛瑙行旅图鼻烟壶（图

图一六　清代鼻烟壶（左：玉带玛瑙鼻烟壶，中：苏作巧色玛瑙行旅图鼻烟壶，右：玛瑙水藻纹天然形鼻烟壶）

一六），高5.5、宽3.5 厘米，制作者以黄、黑、白三色玛瑙为料，在烟壶正面雕琢了一骑马老翁，行走在苍松掩映，山石嶙峋的山路上。烟壶另一面琢有苍松及悬崖峭壁，岩石上阴刻有"马上看山色"五字。烟壶器型浑厚，雕琢刀工有力，线条流畅。

此外，庞莱臣收藏苏作的鼻烟壶精品还有黄玛瑙巧琢"鹊梅图"鼻烟壶、玛瑙巧琢"双鹊梅花图"鼻烟壶、玛瑙巧琢"婴戏图"鼻烟壶、玛瑙巧琢"牧马图"鼻烟壶、玛瑙巧琢"龙马负太极图"鼻烟壶等，都是贵在天趣、巧夺天工的上乘之"苏作"。特别是其中的"玉瑛"款黄玛瑙"鹊梅图"鼻烟壶，通体黄色，一小黑点巧为喜鹊之眼睛。如果细细地审视一下，目中竟有瞳仁泛光，不禁让人叹为观止。除以上鼻烟壶之外，庞莱臣收藏的鼻烟壶中还有琥珀鼻烟壶、黄杨木雕鼻烟壶等等，真可谓揽南北巧匠之精华，集古今烟壶之大成。其鼻烟壶的收藏亦如其书画收藏一样，光彩夺目。这些苏作鼻烟壶，亦可反映清宫恭造之式影响下鼻烟壶的艺术水准及工艺成就。

图一五　清代鼻烟壶（左：玛瑙巧色"钟馗舞剑图"鼻烟壶，中：玛瑙"巧色童子牧牛图"鼻烟壶，右：玛瑙巧色"墨马图"鼻烟壶）

注释：

［1］南怀仁：《熙朝定案》，吴湘相主编：《天主教东传文献续编》卷3，台湾学生书局1966 年，第1702—1703 页。

［2］张临生：《院藏绚素交映的鼻烟壶》，《故宫文物月刊》1990 年第7 卷第2 期。雍正三年（1725），西洋伊达里亚国教化王（意大利教皇）伯纳第多进贡方物中包括各色玻璃鼻烟壶、绿石鼻烟盒、各宝鼻烟壶、素鼻烟盒、鼻烟等凡六十种。乾隆十七年（1752），葡萄牙国王又致献方物，包括鼻烟和赤金、螺钿、玛瑙、青石等烟盒。

［3］庄吉发：《鼻烟壶的妙用》，《故宫文物月刊》1984 年第2 卷第8 期。

［4］杨新：《胤禛围屏美人图藏秘再探》，《紫禁城》2013 年第7 期。

［5］Marco Musillo：The Qing Patronage of Milanese Art：A Reconsideration on Materiality and Western Art History，《郎世宁来华三百年特展》，台北故宫博物院2015 年，第320 页。

［6］《十全乾隆——清高宗的艺术品位》，台北故宫博物院 2013 年，第 130—131 页。张丽端指出：档案内常见宫中将同类器集中整理，其步骤通常是先细看类别，再进行"认看"。先辨识材质或功能，继而进行新旧真伪的断定，还进行等级划分。鉴等的工作，主要由乾隆皇帝自己评断，偶尔会委予文臣、宫廷画家、艺匠，或指定特别人选。文物等级一般分为头等、上等、次等。配座时会按其等次，在座上刻"甲、乙、丙"的字样。

［7］《十全乾隆——清高宗的艺术品位》，台北故宫博物院 2013 年，第 247 页。余佩瑾指出：台北故宫所藏清乾隆内填珐琅西洋人物瓶，同时融合内填珐琅和画珐琅两种技法，并收藏在一件做工精整的圆筒木匣中，木匣上段设计成四面糊纸开光，由活跃于乾隆朝的词臣董邦达（1699—1769）画出四幅山水图，由钱汝城（1722—1779）分别题写节录自王羲之《兰亭序》《游目帖》、曹植《洛神赋》和唐太宗《御制圣教序》中的小段文字。乾隆三年至十五年（1738—1750），乾隆皇帝曾密集降旨为康雍乾三朝画珐琅作品配置木匣，由此看来，这件器物与盛装的木匣反映出乾隆皇帝充分融合西洋趣味、文人雅士的集锦品位。

［8］《十全乾隆——清高宗的艺术品位》，台北故宫博物院 2013 年，第 331—332 页。邱士华指出：宋无款人物画是北宋册页精品，此图将理想的文人生活具象化，乾隆皇帝对此图文人生活情调颇为欣赏，因此下令宫廷画家仿制数本《是一是二图》。

［9］玉作图系光绪十七年（1891）李澄渊为西洋读者所绘制，参见 Heder R. Bishop：*Investigations and studies in Jade*，New York，1906。

"万唐人物"：内森·邓恩收藏及展出的中国工艺品

谭倚云（广东民间工艺博物馆）

内容摘要：美国费城商人内森·邓恩来华贸易致富的同时，收藏了大量中国工艺品，带回美国展示，后又运去英国展览，称为"万唐人物"。本文简略分析这一案例当中，在 1839 年鸦片危机与 1842 年鸦片战争的特殊历史背景下，中国的工艺品如何进入收藏、如何展示、在特定语境下表达出何种意蕴、收到怎样的效果与反响、如何参与塑造所谓"西方人眼中的中国"等问题，探讨中西物质文化与观念交流的具体过程。

关键词：万唐人物　内森·邓恩（Nathan Dunn）　中国工艺品

晚清时期的中西物质文化交流过程中，不仅有大量中国工艺品作为商品外销，亦有相当一部分成为许多来华洋人的收藏，甚至作为展品在西方展出。

1839 年，曾到广州贸易并因此致富的美国费城商人内森·邓恩便将其收集的中国藏品陈列于费城的博物馆；三年后，他又把藏品运到英国伦敦。1842 年 6 月 23 日，邓恩的"万唐人物"展览正式面向公众开放；当伦敦的行人从海德公园角往西走时，可能会被其吸引。若他走进展览那座"独一无二"[1]、"金碧辉煌"[2]的中式亭阁入口，也许就会发现"阿拉伯之夜里的中国——一个成了真的幻想世界"[3]。它被誉为"该国有史以来最珍奇的展览之一"[4]。展览中，数百件工艺品以其"精美"、"稀奇"、"非同寻常"、"怪诞"等特点，迎来了西方观众"探究"之目光。

如今，这个曾号称"中国缩影"、轰动费城与伦敦的展览已湮没在历史的尘埃里，藏品流散无踪，更罕见研究提及。然而，它和它背后的历史有一些特别之处，似乎仍值得今人探究一二。特别是占据展览相当分量的中国工艺品，在这一独特的历史背景之下，被赋予及生产出与处于中国本土使用语境当中的同类迥然不同的意蕴。它们亦通过有别于外销品的途径与形式参与塑造西方对"中国工艺"乃至"中国"整体的观念与认识。

一　"万唐人物"展及其中的工艺品

1838 年，中国的禁烟与销烟风云欲起前夕，美国费城博物馆新馆建成。该年 12 月 22 日星期六晚，"万唐人物"展首次亮相，内森·邓恩广邀费城精英参观。费城展至少在参观人数及吸引"回头客"方面大获成功："在费城，成千上万人参观过这套典藏，据信人人都十分满意。许多人在展馆里待上数小时乃至整整数天，而那些光顾得最是频繁的观众似乎一次比一次来得高兴。"[5]展览的影响不限于费城，美国其他地区以及英国亦有人参观。在费城当地媒体以外的报刊上，亦有展览的评论发表或游记出版，基本是好评，其中更是不乏热情洋溢的赞颂。1839 年，邓恩配合展览出版了《"万唐人物"：费城中国藏品描述目录》[6]。该目录按展柜与展品号排列介绍内容，观众便可以边手持目录边参观展览，按照展览中的标签序号"按图索骥"，在看到实物的同时阅读对应的文字资料。

1841 年 12 月，中英鸦片战争前夕，邓恩将其收藏运往伦敦。1842 年 6 月 23 日，展览在几天内相继邀请女王、贵族、文学家与科学家等特殊群体参观过后，全面向公众开放。邓恩将 1842 年 6 月至 9 月的展览报道汇编印刷成一本名为《中国藏品报道》（*Opinions of the press on the Chinese Collection*）的小册子，寄给远在广州的《中国丛报》。期间邓恩的藏品管理人威廉·朗顿（William B. Langdon）在费城展目录的基础上增补资料，出版了伦敦展的目录[7]，这版目录多次再版。朗顿在这版目录的基础上继续添补资料，于1842年底编成一本最详尽的目录[8]，并于1843年根据鸦片战争的新况增补。本文即以最详尽版本目录的1843年版为基础展开讨论。上述诸版目录均有中文"万唐人物"作书名，可能是"Ten Thousand Chinese Things"（唐人万物）之硬译。

从这个版本最详尽的目录中可一窥伦敦"万唐人物"展的盛景。目录当中记录的展柜数为六十。包括陈列于展柜之外的绘画在内，目录列数展品至1341号，有时多件成套或构成一组摆放的展品同标一号，还不包含大量没有标号的灯笼、水车、对联、屏风等等，可知展品总数远不止1341件。而且，据邓恩目录前言称，费城的展览当中展出的远不是收藏的全部；即使伦敦展展品数远比费城展的多，邓恩亦不一定把全部收藏运到伦敦展出，推测他的收藏量远比目录中记录的要多。

"万唐人物"展的展品亦十分丰富。最抢人眼球的可能是入口的中式亭阁模型、展馆内的大屏风、三尊大佛像以及四十七尊人像特别是这些人像以中国的官员、士绅、仕女、仆从、剃头匠、打铁匠、船民、商铺老板与伙计、乞丐等各式人等为原型塑造，展现了中国社会的不同阶层；并被摆放在相应的中国场景里展示，这些场景里也包含了刺绣、家具、瓷器等各种工艺品。人像展柜后，有专门的展柜陈列漆器、竹雕与根雕、陶瓷、象牙雕、玉雕、刺绣、古镜、成扇等工艺品，此外还有船、塔等模型以及乐器、布料、服饰和大量自然标本。第三大类展品就是三百多件外销画。

虽然并无足够的实物或图片可得知工艺展品的原貌，但从展品描述中还是可以一探究竟。例如，有嵌螺钿漆盒、苏州漆柜、竹雕笔筒、疑为"刘海戏蟾"、"太狮少狮"等传统民间题材的陶塑、描金彩绘瓷瓶、珐琅、象牙球、象牙船、象牙扇柄与刺绣丝绸类扇面打造的成扇等具体的品种或类型。

《泰晤士报》在展览开幕当天的报道称："星期六，女王陛下在阿尔伯特亲王的陪同下参观了展览

并细看藏品，对其所见及整体布置极其满意。星期一及星期二贵族蜂拥而至，而昨天展览则专向文学家与科学家开放。展出的这套藏品是藏主邓恩先生在华居住十一年心血及巨额花费的结晶……它完整呈现了一个欧洲人尚未熟悉的庞大帝国，不仅包括了其礼俗，在许多方面还包括其历史与宗教。成千上万人应当且必将参观这个展览——事实上，所有对当前在华事态进展感兴趣的人都会前往。这里囊括了与中国制造业、生活方式、服饰、国内经济及艺术之况相关的一切；这里拥有能取悦所有探究者之物。"[9]这篇报道可能代表了当时西方观众对展览的观感，即这些"奇观"一样的展品代表了一个"全面"、"真实"的中国。然而，海伦·萨克士比（Helen Saxbee）在她的博士论文《一个被展示的东方：1840年代的英格兰中国藏品展览》（An Orient Exhibited：The Exhibition of the Chinese Collection in England in 1840s）认为这不过是西方殖民主义视野下的中国，带有猎奇的偏见。她以大量外销画为例说明绝大部分展品的产地都局限于广州一隅，内容之狭窄远远无法代表全中国；而且多是专为洋人生产的外销品，迎合洋人的审美与需求，却无"中国"的声音与表达。

但是，她把在西方展示的中国之物完全看成"被动的"——即"被展示"、"被观看"，未免过于简单。她论证的举例中，亦忽视了大量被特意突出"来自内地"的工艺品。例如，第60号展品便是"一个极品柜子，产自以漆器业闻名的江南省苏州"。而且，"这么大且漂亮的漆器工艺实例在广州很少见。"因此，"万唐人物"所展示的"中国"未必如她所认为的那样狭窄；更重要的也许不是真实与"被展示的真实"之间错位所折射出看与被看得简单乃至僵硬的关系，而是这些中国之物得以进入收藏并展示的过程里中西文化与观念的互动与碰撞。

二 商人与藏家

那么，这一过程的具体情形究竟如何？邓恩怎样收集藏品，并将其运到英国展出？为伦敦展编撰目录的威廉·朗顿在前言中这般描述道：

邓恩先生是一位交游广阔、事业成功的商人，笔者在中美两国都与他过从甚，知道他在华十二年间拥有着实非凡的机遇，得以尽搜所求。他耐下性子探究、勤奋不懈，为人又练达知礼，在唐人当中的声望史上无一洋人能出其右。这些品质又大大提高了他搜集资料的机会。他这番值得称道的苦功更得浩官、庭呱等颇为重要的行商相助。特别在此事上，这些行商似乎超越了其同胞的偏见，乐于告知准确信息。

在这个不列颠都会与王国当中最有影响、最具科学头脑又最是博学之人的建议下，藏主把藏品运来英格兰展出。他自然深深渴望自己的辛劳可以得到那些睿智明鉴之士的好评。他固然丝毫不曾担心会招来恶名，也不在乎那点儿常伴随小小喧哗骚动而来的浮名；但是那群致力于改善同胞、提升民智、促进福祉的社会精英如此殷勤相邀，如果他还无动于衷的话，那就未免辜负自己、辜负人情了。他将人生盛年都奉献给这套藏品，从未踟蹰付出。他在英格兰费心出力，让藏品及展馆都值得听有阶层的体面人家去参观。为此他建了一座大楼，尽力造得宽敞合适。

哪怕这两段为溢美之词，也能透露出一些极其重要的信息：一是邓恩在中、英两国的人永以及雄厚的财力，是促成收藏及其展示的主因。可以说，作为藏家的邓恩之成功，是以商人邓恩的戈功为基础的。

罗杰·哈达（Rogers Haddad）在其著作《中国传奇：1776 至 1876 年美国文化里的中国之诗》（*The Romance of China：Excursions to China in U. S. Culture：1776–1876*）中详述了邓恩的生平[10]。邓恩于 1782 年出生在美国新泽西州，1802 年前往费城学做生意，但成为商人后事业并不成功，因负巨债于 1318 年出发前往广州，寻求能助他偿债的商机。他在这个当时中国唯一对外通商的关口立足，与伍秉鉴等最有实力的十三行行商建立良好的关系，开展了将美货卖到英国、购买英货卖到中国、然后把中国货物运回美国出售的三角贸易，由此积聚了大量财富。从 1822 年他在英国安排好商务后返回广州起，直到 1831 年离开广州前往英国及后返美，他几乎从未踏足广州以外的地方，却在做生意之余逐渐收集起大量来自中国各地之物。在 1830 年至 1833 年间，他主持着内森·邓恩商行[11]。其后他带着庞大的财富与中国藏品回到费城定居，不仅偿还了债务，还跻身这座城市顶级的阶层。他的中、英、美三国"商路"与网络，便是"万唐人物"展览的根基。至少，他的巨额财富足以支撑他在收藏过程中所耗费的精力、财力、人力等等，又能容许他一掷千金，在费城捐建博物馆以陈列收藏，继而在当时的物质技术条件下把大量甚是脆弱的藏品千里迢迢打包运到伦敦，出资修建展馆再度展示。

作为商人的邓恩在财力之余，其经营所积累的人脉可能是更重要的资源。据说邓恩是"在这个不列颠都会与王国当中最有影响、最具科学头脑又最是博学之人的建议下"才把展品运到伦敦展出，可能有所夸大，却不一定是虚言。早在费城展期间便有英国人专门参观过这个展览，并写下评论，认为该展览应当运到英国展出。美国费城的一场展览声名远播至英国，本身就可能是通过邓恩在英国的人脉关系传播之缘故。

更重要的是邓恩与中国人的关系。"浩官"伍秉鉴向来与许多美国来华商人保持极好的关系，邓恩并非其中个例。而且伍秉鉴极其慷慨，曾在十三行火灾时大力帮助过邓恩，从这点可以推测二人的关系应该没有夸大。邓恩与伍秉鉴以及庭呱关联昌的关系，除了一些方便邓恩进行搜集的隐形好处外，可能还直接导致了相当一部分工艺品进入他的收藏。例如，第 182 号展品便是"一件极品玉石浮雕，为行商浩官赠邓恩先生之礼"。这件礼物似乎颇见隆重，目录中渲染道："这件浮雕极大，是一幅有天有地的壮阔山河，天地间有万千乡村景物。"此外，第四十一展柜中标号"XXV"的展品是"浩官六十大寿时发给这套收藏之主的寿筵请柬"。第 1049 号绘画则是"一幅公行首脑浩官的肖像"。除了浩官的赠礼外,三百多件外销画很可能便是从经营此业的庭呱处得来。

但目录的前言里并未提到更多工艺品的来源,反而是一幅肖像画的描述透露出重要信息。"第 1032 号是一幅大和尚……的肖像,他是河南海幢寺的住持或方丈。这位确实令人敬仰的主教是邓恩先生的私交,他通过自身的影响加上劳心劳力从帝国腹地获取各种古玩,给这套典藏的成形出了大力。众所周知,中国官府那条奇特的政策可是禁止所有洋人进入腹地的。"由此可知很多来自内地的工艺品并非邓恩亲自收集的,而是通过中国的"代理人"。现无史料证明邓恩有明确指定"代理人"应当获取何物。更有可能的情况是,这个"代理人"作为海幢寺的住持,可能文化水平与社会地位均不低,依靠的是自己的判断为邓恩收集他认为有意义之物。这种获取方式,自然使得这部分收藏和"专为洋人而设"的外销品在审美与文化观念上有很大区别。

从这个角度来看,"万唐人物"的收藏与展示过程,本身就是中西商贸与物质文化交流的一个生动的侧面,若简单将展品固定在"被看"、"被展示"的框架和时刻里,则可能忽略掉重要的历史含义。特别是所谓的"西方"视野,其实融合或者夹杂着中国人自身的观念与表达。

三 "接触之地"

1839 年费城展出版的目录中,有这样一段话可以反映邓恩对中国的整体好感:

> 这位高尚的威尼斯人(指马可波罗)笔下所述大力培育了那种崇高的热忱和不屈意志,最终让欧洲得见,那其实不是一条通往富庶的中华帝国的新道路,而是一个新世界。这里注定是各地受压迫者的避难所,天命所归将成为一个诸种崭新非凡之政府试验的剧场。剧场里,人性从古老朝代压榨的重负下解脱出来后,便当重新迈着势不可挡又游刃有余的步子竞相改

进。但愿那只曾在千灾万劫当中庇护这出大戏开幕主角的全能之手,在接下来的时代中继续荫护这些广阔的领土,因而能促成那位专注的大诗人预言应验:"时间留下最高贵的帝国是笑到最后的一个!"[12]

从这段声情并茂、极尽渲染之能事的话中透露出对中国赞誉及其未来的乐观看法,很难断言邓恩只是用一种猎奇的目光打量一片丰饶多彩的东方异域。更有意思的是,邓恩旗帜鲜明地反对鸦片贸易。无论是费城展还是伦敦展的目录结尾都是几段从基督教传教士立场出发对鸦片贸易的强烈谴责与呼吁:

> 如果欧美人谴责唐人的专制政策称得上公平合理的话,那么控诉欧美人在贪婪诱使下做的违法勾当也绝对有正当理据。多少年来,基督商人明知官府反对,仍然违反律例,每年都把价值一千五百到两千万的鸦片全部倾入中国沿海!
>
> 此为传教努力之大不幸,只要派出传教士的各个国家仍欲壑难填,那么恰恰就在当求令其皈依的人眼前,基督徒之任全都化为泡影!……当每个同胞为寻求快乐或收益而造访传教之地时,其清清白白的人生能够成为传教士的助力;当传教士不仅可以提及其信仰创立者的圣洁训诫和崇高教义,还可以提及笼聚信徒身上给其增辉的君子之风——那么那一天当然会破晓而来,千禧年的晨星将会在这世界冉冉升起!

在费城展的目录结尾篇章中,邓恩甚至详述中国的禁烟之举与成效,并附上马儒翰译林则徐于道光十九年二月四日(即 1839 年 3 月 18 日)发布之《谕各国商人呈缴烟土稿》,谴责了以英国为首、包括美国商人参与在内的鸦片贸易[13]。措辞之强烈,甚至让人觉得他的展览隐含着通过让人了解中国从而影响对华政策的企图。但是,可能因邓恩的矛头直指英国,所以在伦敦展的目录上,这部分内容被

删去，只剩下较为空泛的斥责。考虑 1842 年中英之间鸦片战争正在进行的时代背景，这种策略显得耐人寻味。

邓恩的对华观点与立场，可能是他收藏与展示"万唐人物"的动机与出发点之一，同时也是展览中中国工艺品展示方式的整体语境。但邓恩要做的不是通过一个赏奇宝的展览让观众以东方之异彩为乐，而是郑而重之地打出"教育公众"的旗号："这套藏品作为教育手段，价值无量。它教人以物而非字。"目录的广告亦以传播知识为要旨："当前在华事务出现危机，唤醒了公众心中深切强烈的求知欲。诸君都想探究这个奇特而封闭的民族。本书下文直切之旨，便是要证出一种无与伦比又实用愉人的方式，以传递公众渴求的信息。"具体而言，便是通过物品让大众更"直观""直接"地了解"唐人的心智与道德品性"以及"他们衣食住行的世界，如神像、寺庙、宝塔、桥梁、艺术、科学、制造、品味、喜好、厅堂、衣着、盛装、摆设、兵器、船舰、居所等诸事万物"。

可能正因为他想呈现的是中国的方方面面，所以并无特意考虑"工艺品"作为独立的一个展品分类。当时对中国艺术乃至整体文化的认识当中，可能亦尚未有将"工艺品"视为研究对象的清晰意识。从目录可以看出，策展人通过几种不同方式陈列如今我们归为"工艺品"之物，服务于呈现中国各方面的主要目的。陈列于人像及其背景当中的工艺品实则上是这些"中式场景"的重要组成。此时它们展现的不是自身或工艺，而是可以说明"厅堂、衣着、摆设、居所、风俗"等有形与无形方面的道具。其余工艺品则主要按材质与类型的结合来分类摆放，例如有"漆器"、"漆器与古玩"、"杂件"、"瓷器"、"中国的船"（即各种船的模型）、"中式亭阁的模型"、"银器、珐琅等"、"古董珍玩"、"丝织品"、"刀具、铸件等"、"精雕实例"、"中式灯笼"等等，分类方式在今天看来似乎没有什么严谨的科学依据；而且各"类"之间常常交叉混杂，例如"杂件"展柜中实则包括根雕、青铜器、陶瓷、玉雕等在其他类别的展柜也能看到的工艺品类。

目录中，对工艺品的说明大多只是一笔带过的器类与外形描述，例如，第 437 号展品为"怪诞的连座太狮少狮像，用彩云石打造"。"怪诞"、"珍奇"、"非同寻常"、"精美"、"古老"、"雅致"等空泛又高度重复的词被大量使用来形容这些工艺品的外形，除此之外却无针对它们的艺术特色的进一步剖析。单从这一点上看，其背后似乎蕴含打量异域之物的猎奇目光；但若抛开这种后殖民主义的理论，这些空泛描述也许只是目录编撰者一种吸引眼球的策略，与展览本身所蕴含却未宣扬的娱乐特性相称。

但也有相当一部分工艺品有进一步的描述。有趣的是，这些描述多是目录编撰人从以往来华传教士或使者的著述中摘录而来的。例如第 457 号展品"一只十七层同心象牙雕球"的描述便可能是摘编自德庇时的著作：

> 长久以来欧洲人对这类象牙球都是又惊又佩，甚至猜测在嵌入里球后套上外球的过程中肯定要了骗人的花招。为了检验是否如此，象牙球经受过沸醋的作用，却无产生任何效应。工匠的确是用锐利的弯曲工具穿过那些镂空牙球的圆洞，在一层里面雕刻另一层的。雕刻一只球平均用时约为一个月。[14]

这些描述一般关注两方面：一是唐人的风俗与观念，二是中国的制造技术。例如，第 158 号是"一个漂亮的连座黄釉古瓶，上面点缀着一条青龙凸纹"。这句常规说明之下，还附加了一段其实和这件工艺品本身并无太大关联的描述，着重指出了唐人的迷信观念及相关风俗："唐人相信，神龙吞月的神话之象是夜晚月食的原因。出于这个迷信观念，当地人在月食时就会敲锣打鼓或者用其他嘈杂乐器喧闹，以期吓走这头想象出来的怪兽。"

目录对工艺品之"工艺"的关注角度似乎亦与今天对工序的研究不同，更注重的制造行业与生产技术。总体而言，这是一种从西方自身工业与制造业的兴趣出发，希望在中国之物上寻找与此对等的信息。因此在描述过程中，往往会带有中国与西方的对比。例如在第 44 号展品"一面金属做的古镜"描述当中，关注点并非其工艺细节与工序过程，而是专门探讨为何"拿住镜背正中的球形纽，用抛光那面反射阳光，镜背凸纹便清晰映在墙或别的平面上"，又与西方的同种生产技术相提并论：

> 这一难题的答案可能是镜背之纹采用了比正面更坚硬的金属，镶入时透过这面更软的金属，因此肉眼难察的两种金属结合就使得纹饰在光线下显形。铁与钢以此方式结合，正如谢菲尔德[15]餐具所用之法，二者相通，将可解释这一谜题。

又如第 181 号展品"一件以硬木钟架支撑的青铜古钟"的描述中特别提到："如今的钟除了钟口较窄和没有钟锤外，和欧洲的无任何差别"。更重要的是，这种中西对比可能并不完全是空间中的平行并列。目录中对唐人之"巧手匠心"总结如下：

> 有三样发明与发现（在蒸汽发明之前）首先在天朝出现，其成果对现代社会的独特形塑贡献极大，已远超其他因素之总和，注定在和蒸汽动力联手把人类文明推至完美巅峰的过程中起到关键作用。无论下面这个表述给我们的虚荣心带来怎样的窘迫，它也是相当合乎情理的：整个基督世界里公认为印刷术、火药、磁针和水手罗盘的发明家，通过不同信息流通渠道从东亚的源泉里获得最初的鼓动，他们的天赋这才加快步伐，变成行动。

可见编撰者更多是把中国的技术放在"起源"的地位，同时把西方的技术放在继承发展的先进阶段，由此构成了自中到西的线性时间序列。

但是，邓恩的想法未必能完全主导及展览的效果及工艺品的表达。首先，从当时的报道来看，许多热情洋溢的赞美多是围绕邓恩收藏之庞大华美以及展览之精彩，实则甚少讨论和关注展品的内容以及目录上大量记载的关于中国的具体信息；而且似乎更偏重展览的娱乐性，至少是把娱乐性放在其教育功能等同的地位。这种反响可能和邓恩希望通过展览引起英、美两国公众的关注，促进深入了解乃至影响对华政策的初衷有所偏差。

其次，目录编撰者在为展品添加描述时，大量摘录德庇时、马礼逊、裨治文、郭士立等关于中国的著作，实则成为各种声音与观点的大杂烩。而且，上面提到过一部分工艺品可能是通过中国本土的"代理人"获取，其相关描述便会出现产地、年份、唐人的偏好等其他工艺品说明中所缺乏的信息。例如第 214 号展品为"一个来自内陆的瓷瓶"，相应描述为"超过五百年历史。因唐人十分推崇古董，所以它亦有与其年份相称的高价。"第 230 与 231 号为"一对珍贵稀奇的瓶"，它"来自南京"，而且"这种装饰风格极受唐人推崇"。一种可能是邓恩只是指定"代理人"要获取来自内地因而也更能体现唐人偏好的"古玩"，但具体如何选择则留给了"代理人"决定，而这些"特别"的描述信息便出自"代理人"的介绍。因此，这部分工艺品和洋人自己选择以及为迎合洋人品位而制造的外销品相比，可能更接近当时中国人（具体来说是上流社会与精英阶层）的审美与品位。

四 小结

哈达借用美国人类学家普拉特（Mary Louise Pratt）的"接触地带"（contact zones）概念来理解所谓"西方眼中的中国"："证据表明，对中国的塑造并非仅仅源自一个美国白种人的观感，也不仅仅是反映了白种人的观点、需求以及偏见。反而，这些塑造是由东西方遭遇与相系之地、即普拉特所说的'接触地带'里发生的文化、商贸及外交互动所产生的。从这些'接触地带'里产生的中国之塑造反映了双方的输入。也不仅仅是因为在华的美国人极度依赖中国人。有时，他们的塑造实际上是借由后者之助才有可能完成。"[16]

这一观点有助于打破中西方之间"看"与"被

看"的僵硬关系。特别是在"万唐人物"这个具有特别历史意义的收藏与展览例子当中，来自中国的工艺品也许并不适宜定格为"被西方展示"的一个静止、被动的画面。如果细看它们如何得以进入收藏、如何展示、在特定语境下表达出何种意蕴、收到怎样的效果与反响等过程，可能会发掘出多种声音碰撞、交融、妥协的过程，也更接近中西物质文化及不同文化观念交流的具体历史过程。

注释：

[1] *Opinions of the press on the Chinese Collection*，1842，p. 3.

[2] *Opinions of the press on the Chinese Collection*，1842，p. 8.

[3] *Opinions of the press on the Chinese Collection*，1842，p. 48.

[4] *Opinions of the press on the Chinese Collection*，1842，p. 5.

[5] "Introduction"，*Ten Thousand Things Relating to China and the Chinese：an Epitome of the Genius，Government，History，Literature，Agriculture，Arts，Trade，Manners，Customs，And Social Life of the People of the Celestial Empire，Together With a Synopsis of the Chinese Collection*（London：G. M'Kewan，1842），xxi.

[6] 即"*Ten Thousand Chinese Things*"：*a Descriptive Catalogue of the Chinese Collection，In Philadelphia. With Miscellaneous Remarks Upon the Manners，Customs，Trade，And Government of the Celestial Empire*（Philadelphia：Printed for the proprietor，1839. 以下简称 *A Descriptive Catalogue*.

[7] 即"*Ten Thousand Chinese Things*"：*A Descriptive Catalogue of the Chinese Collection，Now Exhibiting at St. George's Place，Hyde Park Corner；with Condensed Accounts of the Genius，Government，History，Literature，Agriculture，Arts，Trade，Manners，Customs，and Social Life of the People of the Celestial empire*（London：Printed for the proprietor，1842）

[8] 即 *Ten Thousand Things Relating to China and the Chinese：an Epitome of the Genius，Government，History，Literature，Agriculture，Arts，Trade，Manners，Customs，And Social Life of the People of the Celestial Empire，Together With a Synopsis of the Chinese Collection*（London：G. M'Kewan，1842）

[9] *Opinions of the press on the Chinese Collection*，p. 1.

[10] 详见该书第四章"China in Miniature_ Nathan Dunn's Chinese Museum"。

[11] 〔美〕雅克·当斯：《黄金圈住地——广州的美国商人群体与美国对华政策的行程，1784—1844》，周湘、江滢河译，广东人民出版社 2015 年，第 547 页。

[12] 见 Nathan Dunn，*A Descriptive Catalogue*，p. 107.

[13] 详见 Nathan Dunn，*A Descriptive Catalogue*，pp. 111 – 119.

[14] 除"为了检验是否如此，象牙球曾经受过沸醋的作用，却无产生任何效应"一句外，其余均见 John F. Davis，*The Chinese：a General Description of the Empire of China And Its Inhabitantst*，New ed. London：C. Knight & co.，1840，vol. ii，p. 232.

[15] 谢菲尔德（Sheffield）是位于英国英格兰北部南约克郡的一座城市，自古以刀具生产著称。

[16] *The Romance of China*，"Conclusion".

明清点螺漆器的审美情趣

梁文杰（常州博物馆）

内容摘要：本文简要介绍了点螺漆器的历史源流及工艺步骤，并通过对传世的明清点螺漆器的综合分析，归纳其题材内涵和设计要素，进一步探讨明清时期社会审美情趣对点螺工艺的影响。

关键词：螺钿　漆器　点螺　薄螺钿　软螺钿　江千里

一　点螺的发展历史

点螺漆器是我国传统漆器的一个品种，它是以五彩的螺贝，如珍珠贝、夜光螺、石决明等为材料，加工成薄如蝉翼的透明钿片，再用特殊的刀具裁切成各种点、线、面，然后在漆地上镶嵌成各种图案，最后经抛光成器。因点螺漆器用料比一般螺钿镶嵌更薄更软，故又称"薄螺钿"或"软螺钿"。点螺工艺约始于唐宋时期，日本奈良正仓院藏有一批唐代从中国传入的嵌螺钿乐器，这些乐器上所用的材料多是海产贝类角蝾螺或夜光螺，但是所用的螺片较大，不够精细。到了宋朝，工匠弃用厚大白皙的贝壳，采用轻薄细小的贝壳镶嵌更细致的纹饰。苏州博物馆藏有北宋黑漆嵌螺钿经匣，其脱落的螺钿厚1.08毫米，比唐朝所用的贝壳更薄、更艳，使得螺钿镶嵌工艺更为细致。台北故宫博物院藏宋代苏汉臣《秋庭婴戏图》中的开光螺钿黑漆坐墩，从侧面反映了宋代薄螺钿漆艺的高超艺术水准[1]。1970年，北京后英房元大都遗址中发现一片元朝黑漆嵌螺钿碎片（图一），可能是一个盒子或盘子的局部，上面用薄螺钿镶嵌出广寒宫图案。虽然是碎片，但细腻的工艺和绚丽的色彩历久弥新，仍然光彩夺目。日本东京国立博物馆藏中国元代黑漆嵌螺钿龙纹菱花形盘，龙鳞、云气、水纹皆以螺钿细丝嵌出，而且龙头以蓝、绿、红、紫等色的彩螺片拼成，显示

图一　元代黑漆嵌螺钿广寒宫图漆盘残片

出精湛的螺钿配色水平。

点螺漆器发展到明代工艺水平已经相当精湛，大至桌椅台几，小至盘盒杯碟，均是精巧细致、色彩缤纷。明代黄成的《髹饰录》螺钿一节说道："百般文图，点、抹、钩、挑，总细密精致如画为妙。又分截壳色，随彩而施缀者，光华可赏。"明末清初的江千里就以制作点螺漆器而闻名全国。目前北京故宫博物院、苏州博物馆、扬州博物馆、南京博物院等地还藏有少量江千里的作品。点螺漆艺在明末逐渐成熟，到清代进一步发展，可惜随着晚清政治的动荡和经济的衰退，点螺工艺逐渐衰落沉寂。直到20世纪70年代，扬州等地才逐步恢复点螺漆器的制作。

二　点螺的工艺步骤

点螺工艺，即螺为材料，点为技法。先选贝壳、夜光螺等厚料打磨成薄如蝉翼的螺片；再用特制的工具，细分成点、线、面镶嵌在乌黑的漆坯上构成图案，故名点螺。它的设计稿要求精细周到，细节交代清楚。其画面大多以细小的螺片组成，最小的

螺片可以细如针尖。点螺工艺的制作步骤大致分为以下六步[2]：

1. 开片：挑选有色彩的贝壳，经加工处理，开成极薄的片料备用。

2. 下料：根据设计稿进行选料，用工具将片料切割成点、线、面等镶嵌件。

3. 粘贴：根据设计稿，将镶嵌件用胶合剂粘于漆坯上，粘实、压平、待干。

4. 开纹：用开纹刀或墨水笔表现出画面细部纹理。

5. 了手：添补细部装饰纹样，如芦苇、溪径、小花、细草、云雾、松针等。

6. 光漆：漆工处理待实干后，用细少纸打磨，再经数次擦漆、抛光而成。

三 明清点螺漆器的题材

随着明清商品经济的发展和文人审美情趣的提高，点螺漆器的工艺更加精细，技法更加纯熟，题材也更加丰富。人物、山水、花鸟等各种纹饰都成了点螺漆器的设计元素。

1. 夜光浮动照西厢——点螺漆器中的人物场景

晚明的社会生活丰富多彩，传奇小说、戏文故事大量涌现，与之相应的木刻版画插图也是精品迭出。例如元代戏剧家王实甫所作的《西厢记》，描绘了中国式的浪漫主义爱情。其版画插图情节生动、构图精美，明末漆工江千里常以此为题制成点螺漆器。《西厢记》共五本二十一折，五本分别为："张君瑞闹道场""崔莺莺夜听琴""张君瑞害相思""草桥店梦莺莺""张君瑞庆团圆"。二十一折大致为：游殿、惊艳、酬韵、附斋、寺警、许婚、退贼、赖婚、探病、闹简、回柬、赖简、琴心、佳期、拷红、长亭、酬简、惊梦、逐婿、抗命、并喜。

北京故宫博物院藏有四件江千里的点螺漆盘。每只小盘高 1 厘米，口径 12.3 厘米。敞口、折沿，浅腹，平底，通体髹黑漆，盘底嵌螺钿阳文"千里"篆书款，盘面以薄螺钿镶嵌《西厢记》人物故事场景四种。第一件为《西厢记》的"探病"，是说张生思念莺莺，得了相思病，他趁红娘探病之机，托她捎信给莺莺，莺莺回信约张生月下相会。盘上图案为莺莺让红娘送信的情景。两名仕女一前一后，前女手拿信件，侧头回顾，后女似在叮嘱。第二件为《西厢记》的"佳期"，说的是张生约会小姐，翻墙而入，莺莺怪他行为轻浮，发誓再不见他。张生因此病重，莺莺借探病为名，到张生房中与他幽会。图案为一女正在叩门，一女在阶下等候。反映莺莺在红娘的帮助下与张生幽会的情景。第三件为《西厢记》的"拷红"，说的是红娘送莺莺到张生的书房幽会，被崔夫人发现，唤来红娘进行拷问，责怪她玷辱了相府的名声。红娘据理力争，最后崔夫人无奈只好答应婚事。第四件为《西厢记》的"回柬"，说的是张生退了围普救寺之兵，崔老夫人绝口不提婚事，张生失望至极病倒，莺莺让红娘去书房探望。张生相思难解，央求红娘替他从中传递消息。莺莺怜惜张生，鼓起勇气写诗回赠[3]。南京博物院也藏有一件"千里"款西厢记点螺漆盘（图二），此盘描绘了小园深处，张生正在临窗弹琴，假山后面还躲着莺莺与红娘，正在倾听琴声，此景恰好对应了《西厢记》中"琴心"一折[4]。以上漆盘不仅工艺无可挑剔，而且所表现的人物场景也是精彩生动，薄螺钿镶嵌在黑漆器皿上，配合花前月下的西厢故事，更是夜光浮动、锦上添花！

图二 南京博物院藏"千里"款西厢记点螺漆盘

除了花前月下、男欢女爱的浪漫爱情，点螺漆器中也包含了许多历史故事，例如《中国漆器全集》第五卷收录的明末黑漆嵌螺钿赠马图长方几[5]，系日本东京东方漆艺研究所收藏。此器高52.5、面长44.5、宽41.9厘米，为木制长方形几，高束腰，开鱼门洞，三湾腿，下承须弥座。通体髹黑漆，蓬牙、腿、座分别饰以花鸟纹饰，几面镶嵌《曹操赠马图》。此图说的是三国时曹操求才若渴，想招揽关羽，为表诚意，就将吕布的战骑赤兔马送给关羽的故事。几面上身穿红袍者正是曹操，他命仆人牵来赤兔马，正向关羽示好。而坐在榻上长须飘逸、身穿绿袍者即是关公，他见曹操赠马也不起身答谢，表明了自己忠于汉室的决心。这件作品中人物的外貌充分考虑了三国原著中的人物特点，并用不同的螺钿色彩来区分服饰衣着，对人物神态的刻画也是简练传神。

明末点螺漆器中的人物场景多为戏文故事，而清代点螺漆器中的人物场景则多有吉祥寓意。例如南京博物院收藏的一组清代人物纹点螺漆盘，共六件，方形、倭角、口沿镶银边，通体髹黑漆。表现的人物场景各不相同，有行酒作乐玩投壶游戏的，有搭弓射箭正中靶心的，还有指着太阳喃喃自语的等等，这六件盘子分别寓意平升三级、状元及第、连中三元、指日高升、官上加官、夫荣妻贵，表达了人们对事业和生活的美好向往。又如故宫博物院收藏的清中期五子夺魁点螺圆盒，高6.8、口径16.8厘米，黑漆为底，嵌薄螺钿贴金箔。盖上有一妇人倚坐于石桌旁，观五子庭前嬉戏。为人父母者都望子孙能状元及第，然状元仅有一名，故望五子各自努力争取。图中大儿手中持一盔帽，"盔"谐音"魁"，夺盔者即夺魁也，即象征高中状元。

2. 湖光山色寄情怀——点螺漆器中的山水意趣

仁者乐山，智者乐水。明清山水画充满了诗情画意的文人情怀，这一时期点螺漆器里的山水画更是以小见大，以情写景。例如南京博物馆收藏的一对清代黑漆嵌螺钿山水人物图插屏，一件为"渊明爱菊"，另一件为"溪山访友"。"渊明爱菊"是根据陶渊明"采菊东篱下，悠然见南山"的诗意构思

而成，插屏边框以连续的格锦纹做装饰，画面中心的庭院里高低错落的夹叶树与玲珑剔透的假山石相互掩映，树下安坐着一位高士，高士身后的土坡和篱笆上点缀着金黄色的菊花。院里还有绿绿的芭蕉，一个小童正在打理盆景。远处是起伏的群山，因为撒满了螺钿屑，显得朦朦胧胧，恰如其分地表达了"悠然见南山"的意境。而另一件"溪山访友"则描绘了文人远游的传统题材，画面布局远山近水，山水间的树木花草疏密有度，综合运用了芥子园画谱中的各种夹叶树技法。一位高士徜徉于湖光山色之中，小书童肩挑行囊紧随其后，真是"山阴道上行，如在镜中游"。两件插屏虽然画意不同，但是都体现了文人画的意境。

丹麦国家博物馆藏有一套清早期咸斋款点螺山水纹盏托（图三）。共4只，直径14.9、高1.5厘米。这种黑漆盏托为了便于放置茶盏、茶碗，中间有作为承托的凸起托圈，即托口。托口外圈嵌山水风景纹饰，托口内嵌有古诗句。例如其中有一件题材为携琴访友，小桥流水人家的构图充满了中国画的诗意美。螺钿分色也极其丰富，无论是抱琴的书童，还是执杖的老者，每一个细小人物至少要搭配

图三　清早期咸斋款点螺山水诗文盏托

五种颜色的螺片。盘心诗句为"闻道春还未相识，走傍寒梅访消息。"诗意很好的呼应了画面，细腻的衬托出早春的气息和寻春访友的喜悦心情。美好的山水必然寄托了美好的情怀。醉翁之意不在酒，在乎山水之间也。螺光溢彩的山水间悠然寄畅的文人精神，才是观者需要细细品味的。

3. 繁花似锦万年春——点螺漆器中的花鸟瑞兽

花鸟纹饰一直是工艺美术中必不可少的装饰元素。多姿多彩的花鸟草虫源于自然却又被赋予了世俗化的吉祥寓意。例如南京博物院藏清代点螺凤戏牡丹高足杯（图四），杯身装饰有凤凰牡丹花纹饰。凤凰是鸟中之王，牡丹是花中之王，二者皆是富贵荣华的象征。这件高足杯在选料上以红、紫、翠绿为主，其凤冠、凤翅为翠绿色，凤尾则为紫色和红色，牡丹花使用了夜光螺的粉红色部分。牡丹的花头朝着凤首盛开，在布局与色彩上都突出了主题，凤戏牡丹，富贵花开！

图四　南京博物院藏清代嵌螺钿凤戏牡丹高足杯

又如故宫博物院收藏的清中期黑漆嵌螺钿花卉小几，几面为蝶恋花图案，多彩螺贝巧妙互用，构成了叶绿花红、蝶舞翩翩的明媚春光。蝴蝶配鲜花，既有"探花及第"的寓意，又象征了美好幸福的情感。除了花鸟草虫，吉祥瑞兽也是点螺装饰的重要素材，例如苏州博物馆藏清中期点螺圆砚盒，圆盒黑漆为底，盒盖中央镶嵌一大一小两只狮子，一蓝

一紫。"狮"谐音"师"，大狮小狮即太师少师，寓意家族世代为官、官员亨通。将太师少师的图案镶嵌在砚盒上面，也是对科举仕途、考取功名的一种寄托与希望。

四　点螺漆器的审美标准和设计要素

明清点螺漆器经过长期的实践摸索，已经形成了特定的审美标准和设计要素。题材、造型、用料、内涵、品牌等要素相互联系，相互影响，形成了一种精益求精的工匠精神。

1. 器形多样、赏用结合

造型和构图是点螺漆器设计的关键要素。人物、山水、花鸟等多种题材为点螺漆器的构图提供了广泛的选择。而多变的造型则为点螺提供了更为广阔的施展空间。以明清时常见的点螺小杯为例，有圆杯、方杯、套杯、马蹄杯、桃形杯、高足杯、元宝形杯等多种样式（图五）。此类杯子既轻且薄，其内胆多以锡、铜、银等金属制成，可谓内外兼修、小器大雅！器以用为上，明清点螺漆器的造型将观赏性和实用性融为一体，呈现出一种雅俗共赏的文化内涵。例如中国国家博物馆藏明末"千里款"点螺花鸟纹执壶，壶盖表面以薄螺钿镶嵌缠枝莲纹，盖钮上嵌梅花纹。壶身四面开光，以珊瑚、玛瑙、绿松、螺钿等嵌成花鸟。这件执壶造型别致，是晚明点螺工艺与百宝镶嵌工艺相结合的典范[6]。

图五　清代点螺人物山水桃形杯

到了清代，政权更迭，点螺漆器造型又融合了异域元素，呈现出多元化的特色。如丹麦国家博物馆藏清代点螺多穆壶（图六），造型上具有强烈的西

图六　清代点螺多穆壶

藏地方风格。壶高45、直径13厘米，没有壶柄，背部嵌有两铜孔，以铜链条和瓜棱铜球相连，便于拷带。但是其点螺纹饰还是传统的山水画和双龙戏珠图案。

又如辽宁省博物馆藏清代点螺游春图帽盒（图七），承圆筒形，口径35.8、高29.3厘米，盖顶隆起作筒状把手，内有帽架。通体黑漆，嵌薄螺钿和小金箔片。腹部装饰士人游春赏玩的场景，盖顶饰

折枝花卉和博古图案。此帽盒器型独特，造型比例符合满人的服饰特点和生活习惯，反映了满清入关以后点螺工艺所产生的变化。

2. 因材施艺、巧色天然

因为螺钿片和螺钿屑的天然彩光在黑漆底子上更显效果，所以点螺漆器的底色几乎都髹黑漆。在黑漆底子上镶嵌点螺，需要合理搭配多种色彩的螺贝。比如五彩片、金耳朵、鲍鱼贝、石决明、夜光螺等等，不同的螺贝色泽各异，同一螺贝在不同角度也会呈现出不同的色彩。因材施艺既需要熟能生巧，也考验工匠本身的审美认知和鉴赏能力。

点螺的分色在不同时期有不同的特点。例如日本东京国立博物馆收藏的明代黑漆嵌螺钿柳塘芦雁圆盒（图八），高7.7、直径42.3厘米。画面中的芦雁或飞翔，或游水，或憩息于岸边，配合柳树、芦苇、坡石、水纹、云气等背景，使得构图极其饱满，生动再现了池塘边群鸟聚集的画面。不过此圆盒虽然采用了薄螺钿镶嵌工艺，但是它的所有纹饰纯靠琐碎细小的螺钿点线面拼接而成，且不刻细纹，用色偏白，没有丰富的色彩变化。它更接近元代的薄螺钿镶嵌风格，与明末清初流行的"千里式"不同，可能是明中晚期的作品。故宫博物院藏明代嵌螺钿鹭鸶莲花纹黑漆洗也是属于这种风格。

图七　辽宁省博物馆藏游春图帽盒

图八　日本东京国立博物馆藏明代黑漆嵌螺钿柳塘芦雁圆盒

明末以后以江千里为代表的"千里式"风格盛行，其配色将螺钿的天然巧色发挥到了框致。例如夜光螺主要有绿、蓝、金、粉红、雪青等色，以其绿色制作松针、树叶，以其粉红制作花卉、房廊，以其金色制作繁星、火焰、金菊等。此外江千里还善于在点螺中加入金银片装饰，金片与螺片同步点植，光彩动人。例如香港中文大学文物馆藏清初螺钿加金银片黑漆花瓶，以连续的圆形小金片嵌成涡线以分隔装饰区域，金片、螺片花叶纹交织辉映，缜密而有动感，其色彩构图至今仍不落俗套。

3. 小器大雅、文人情趣

点螺漆器匠心独具，讲究小而精，犹如螺蛳壳里做道场，在细节上下足了功夫。文人们通过设计将自己的审美情趣和文娱雅好融入其中。比如很多点螺漆器中都还原了旧时文人的室内陈设和审美情趣。南京博物院藏有一件明末"心安制"点螺黑漆盘[7]（图九）。口径12.4、底径8.4、高0.8厘米，圆形，口外撇，口延有三层边饰。盘内以薄螺钿镶嵌出一间雅室，室内一女子作掩口嬉笑状，右侧一男子安坐在圈椅上，手指该女子，似乎在说些什么。室内陈设古趣盎然，架子床上挂着帐钩和青纱帐幔，翘头案和书桌上点了青灯、堆着古籍，盖罐、香炉、茶壶、蒲扇、竹帘、花窗都成了点缀风雅的道具，画面虽小，却精华内敛，生动再现了明晚期简、秀、精、雅的室内陈设和文人气息。

图九　南京博物院藏明末"心安制"点螺漆盘

漆器中的文人诗句也是提升风雅的道具。例如2015年嘉德秋拍上有一对清早期紫檀框点螺仕女诗文砚屏。此对砚屏高36厘米，紫檀木为框座，屏心髹黑漆嵌薄螺钿，正面为仕女图案，背面巧作诗文。诗文一写"堦前舜乐动南薰"，另一写"佩声归到凤池头"，分别出自唐代王维的《大同殿赐宴乐敢书即事》和《和贾至舍人早朝大明宫之作》中句。又如上文所述丹麦国家博物馆藏清早期咸斋款点螺山水诗文盏托（见图三），其中一件题诗曰"满庭诗境飘红叶，绕砌琴声滴暗泉。"这是唐代诗人雍陶《韦处士郊居》中的句子。红叶在风中纷纷飘落，铺满了整个庭院，使人仿佛置身于诗的境界。步上台阶，只听优美的琴乐之声在身边缭绕，原来是隐蔽的泉水叮咚溅落的声响。诗意配合画意，使得画面更加生动。古人以器载道、以诗寄情，在客观上提升了点螺漆器的文化内涵与精神财富。

4. 工匠精神，品牌意识

点螺漆器与良工巧匠密不可分，而江千里则是明末清初最有名的点螺工匠。江千里，字秋水，生卒年不详，籍贯一说浙江嘉兴，亦有说江苏扬州。嘉庆时重修的《扬州府志》记载："康熙初……维扬有江秋水，以螺钿器皿最为精工细巧，席间无不用之。"清中期学者阮葵生在《茶余客话》中说"江千里治嵌漆……皆名闻朝野，信今后传无疑也。"王士祯《池北偶谈》和朱琰《陶说》将其记作姜千里。江千里不仅有精益求精的产品理念，而且还有个性鲜明的品牌意识。他的漆器底部多以螺钿镶嵌"千里"篆书底款，这在当时独树一帜，受到文人的推崇，产生了巨大的社会影响和经济效益[8]。江千里所制漆器留存较少，在明清两代多有仿制。

故宫博物院藏有一件千里式嵌螺钿云龙纹黑漆盒。盒身以薄螺钿镶嵌腾龙与流云纹样，盒盖上有螺钿隶书铭文："式如金，式如玉。君子乾乾，慎守吾椟，不告而孚，不严而肃。及其相视，若合符竹。西白铭。"另有篆书"长春堂""星贲"印，盒盖内

图一〇 明清点螺漆器的各种底款

则嵌有"江千里式"款。所谓"式",即此盒是后世仿江千里的风格所制。它不是故意仿冒江千里之名的赝品,而是学习江氏的漆器风格和工匠精神[9]。

点螺漆器的名款除了江千里以外,传世品中还有"心安制""吴岳桢制""咸斋""居业堂""修永堂"等底款(图一〇)。如日本东京国家博物馆藏明末"吴岳桢制"山水草虫纹点螺角钵、南京博物院藏明末"心安制"点螺漆盘、丹麦国家博物馆藏清"咸斋"款点螺山水诗文盏托和清"居业堂"款点螺梅花形盘。这些底款的源流已难考证,但是却说明了当时人们对品牌价值的认知并不是个别现象。为了彰显特色,增强商品竞争力,强化产品的商标符号和品牌形象,极具传统特色的篆书漆器底款成了一种趋势,为明清点螺漆器的发展史打上了深深的时代烙印。

五　研究明清点螺工艺的现实意义

"明月照千里,秋水映螺光。"以江千里风格为代表的点螺漆器审美因素对明清两代螺钿镶嵌工艺产生了深远的影响,对当代点螺工艺的发展同样有着积极的促进作用。用料、分色、造型、构图、内涵、品牌这些审美要素既是文物研究者的着眼点,也是漆器设计者的创新点。

如何延长点螺漆器的使用寿命、如何增强点螺漆器的装饰性、如何扩大点螺漆器的实用性、如何提高点螺漆器的附加价值,如何将点螺工艺与其他工艺相结合是未来点螺工艺发展的新方向。新中国成立以后,点螺漆器的传承与发展取得了一定的成就。例如20世纪70年代扬州恢复了点螺工艺的再生产、开发了点螺金丝楠木漆砂砚、点螺卷轴画、手表、印章、扇骨等新品。作为文博系统的一员,在认识和研究老漆器、老工艺的同时,也要关注漆艺在新时代的变化。新旧点螺在审美和工艺上各有差异,例如明清点螺是通过打磨使螺钿与漆面处于一个平面上,而当代点螺则是通过涂刷一层层透明的清漆,使螺钿覆盖在漆面之下。另外明清点螺多用天然大漆,而当代点螺则使用了化学漆。明清点螺容易剥落,当代点螺容易发黄。此外老点螺采用自然色拼接而成,细节纹理会以刀针刻出,而新点螺则常用墨水笔画出细纹。此外还有以荧光贴纸代替天然螺钿制成的伪点螺漆器,这些都是传统工艺在新时代所面临的挑战。相信随着日后资料的不断积累,人们对明清点螺工艺的认识会不断加深,对新时代点螺工艺的传承与保护也会更加有利!

注释:

[1] 傅举有:《薄螺钿漆器——中国漆器螺钿装饰工艺之二》,《紫禁城》2008年第2期。

[2] 范蓉蓉:《浅谈传统漆器之"点螺"工艺》,艺博网2011年5月。

[3] 杨海涛:《杯盘处处江秋水——赏江千里的螺钿〈西厢记〉漆盘》,《文物鉴定与鉴赏》2011年第12期。

[4] 南京博物院:《南腔北调:传统戏曲艺术展》,译林出版社2015年,第193页。

［5］朱家溍：《中国漆器全集》第 5 卷，福建美术出版社 1995 年。

［6］何振纪：《明末漆工江千里的螺钿器设计及其名品效应》，《中国生漆》2013 年第 2 期。

［7］南京博物院：《南腔北调：传统戏曲艺术展》，译林出版社 2015 年，第 195 页。

［8］何振纪：《明末漆工江千里的螺钿器设计及其名品效应》，《中国生漆》2013 年第 2 期。

［9］常罡：《"姜千里"抑或"江千里"？——由美国拍卖"姜千里造"款圆盒引发的考辨》，《收藏》2012 年第 7 期。

明清外销绣品对欧洲的影响

罗兴连（广州博物馆）

内容摘要： 中国刺绣历史源远流长，"以针代画"，是我国传统民间工艺的重要组成部分。明清时期，伴随着海上丝绸之路航线的不断扩展，中西文化交流的不断深入，大量质量上乘、图案精美时尚的绣品与陶瓷、漆器、绘画等艺术品远销海外，在欧洲掀起了一股"中国风"（Chinoiserie）。中国明清外销绣品在来样订货的过程中，受到西方艺术风格影响的同时，也对欧洲国家的生活时尚、装饰艺术以及纺织业生产产生了深远影响。

关键词： 外销绣品 海上丝绸之路 欧洲"中国风" 西方装饰艺术

刺绣，又称"绣花""针绣"，是我国古老的手工艺术，有着数千年的悠久历史。古籍中关于刺绣的最早记载应为《尚书·益稷》中提到的舜帝曰："……予欲观古人之象，日、月、星辰、山、龙、华虫作绘；宗彝、藻、火、粉米、黼、黻絺绣，以五彩彰施于无色作服，汝明。"[1]《周礼·考古记》中也记载："……青与赤谓之文，赤与白谓之章，白与黑谓之黼，黑与青谓之黻，五彩备谓之绣。"[2]在不少考古发掘遗址如陕西宝鸡茹家庄西周井姬墓、湖北江陵马山砖厂战国楚墓遗址、湖南长沙马王堆汉墓等出土的众多刺绣残迹，也都说明了中国刺绣艺术源远流长。

中国刺绣在漫长的历史发展过程中，随着养蚕、缫丝业的发展兴盛，刺绣技艺也不断发展提高。到了明清时期，社会经济的稳定发展与文人传统的兴盛而逐渐使刺绣工艺在技艺和审美上达到巅峰。这一时期，海上丝绸之路的航线向全球扩展，欧美主要国家的城市都开通了来往中国的航线。这些带着浓郁东方风情且绣工精湛、图案时尚的绣品随着对外贸易远销到海外，一度风靡欧洲上层贵族时尚圈，对欧洲国家的生活时尚、装饰艺术以及纺织业生产产生了深远影响。

一 明清外销绣品与海外贸易

早在春秋战国时期中国绣品就已经开始流传到国外，在苏联南西伯利亚巴泽雷克第五号古墓中，就出土了中国制造的刺绣鞍褥面。该绣品底料为平纹绢，上用锁绣针法绣出花草、凤鸟等纹饰。凤鸟或立于花枝作鸣叫，或回顾状，或飞跃于花草之间，其艺术特点与我国战国中、晚期出土的刺绣几乎完全一致。因此，可断定为我国春秋战国时期的物品[3]。

汉武帝时张骞出使西域开辟了丝绸之路，中国绣品开始不断西传。明清时期，随着郑和下西洋以及海外航线的扩展，中国丝绸、刺绣不断传到欧洲，这种"美丽如野地上盛开的花朵，纤细可与蛛丝网比美"的神奇物品，一出现就受到当地宫廷、贵族及百姓的欢迎。

中国与欧洲的直接贸易始于16世纪。明嘉靖三十六年（1557），葡萄牙商人在澳门建筑房屋居住，并开启了以澳门贸易据点的贸易活动，西班牙、荷兰商船也多次前来广东、福建以及浙江等沿海地区，希望像葡萄牙一样开展与中国的直接贸易。葡萄牙通过澳门输出的货物主要来自广州，澳门输入的货物也通过广州辐射全国，广州成为当时中国与欧洲国家贸易往来的重要港口。

中国丝绸、绣品等艺术品的外销主要集中在广州，这也促进了广州本地的丝织业和刺绣的发展。明朝正德九年（1514），葡萄牙商人在广州购得龙袍绣片，回国献给国王，得到国王重赏，广绣从此传至欧洲[4]。明正德年间（1506—1521年），广绣已出口至葡萄牙、英国、法国等国家，受到朝廷的青睐[5]。

广绣成了欧洲商人来华贸易的重要商品之一。广绣为粤绣之一，是指以广州为中心的珠江三角洲一带民间刺绣工艺的总称，与蜀绣、苏绣、湘绣并称我国"四大名绣"。广绣构图饱满、繁而不乱，装饰性强；色彩浓郁鲜艳，金银垫绣立体感强、富丽堂皇；绣制平整光滑，手感柔软；品种繁多，应用范围广，有装饰品、日用品、戏服、珠绣品等。

明中叶以后，广东佛山的丝织业发展到十八行，即丝缎行、什色缎行、元青缎行、花局缎行、纻缎行、牛郎纱行、绸绫行、帽绫行、花绫行、金彩行、洋绫绸行等[6]。乾隆年间，广州有绣坊、绣庄 50 多家，分布在状元坊、沙面、新胜街一带，从业人员 3000 多人，并成立了专门的刺绣行会——锦绣行，对行内事物进行统一管理[7]。

英国东印度公司成立后，也多次尝试建立与中国的直接贸易，中国丝绸和绣品也成为英国商人到远东贸易的商品之一。1694 年，英国东印度公司派遣商船"多罗塞"号抵达福建厦门，指定要购买中国的丝绸、织锦和刺绣[8]。

法国是欧洲艺术和时尚的中心，16 世纪的法国，从荷兰、葡萄牙商人手中购买到从中国运回欧洲的丝绸和绣品，为了加强航海、贸易，1604 年，法国国王亨利批准法国在印度成立商业公司，积极开展远东贸易，从中国购买了大量的绣品和织锦[9]。

明清时期，中国销往欧洲的绣品主要分为日常用品、装饰欣赏品以及宗教礼仪用品等类型。日常用品通常有床罩、床单、披巾、鞋、帽、衣裙等；装饰欣赏品有挂画、屏、幛、镜心等；宗教礼仪用品则多为教会僧侣的法衣和教堂饰物。这些制作精美华丽的中国绣品风靡了欧洲上层社会，贵族、僧侣们以使用中国绣品为荣。

二 16—19 世纪部分来华外国游记中对中国绣品的记载

中国的绣品通过葡萄牙、西班牙、荷兰、英等国商人远销到欧洲，受到了上层社会的普遍关注。

同时，这些绣品和精湛的绣工也吸引了来华外国使团、商人以及传教士们的目光，在他们的游记、回忆录等资料中都可找到中国绣品的踪迹。

葡萄牙人传教士克罗兹（Gaspar da Cruz）于 1556 年（嘉靖三十五年）来到中国，并在广州逗留了几个星期。他在其《中国志》中记载："广州有两条很长的鞋匠街，一条卖高级的丝鞋，另一条卖普通的皮鞋；除这两条街外，城内还分布有很多工匠。高级的鞋和靴是用彩色丝包面，用细捻线刺绣。靴的价格从十个克朗到一个克朗，鞋是两个克朗及以下，在有的地方，鞋是三便士。"[10]那些用"细捻线刺绣"的鞋和靴，给他留下了深刻的印象。

1675—1678 年，作为俄国使节出使中国的米列斯库在其《中国漫游》一书中也提到"传到我们这里的丝绸、瓷器、镶金雕花木箱以及漆雕，都充分显示了他们的聪明才智。他们用针刺绣出来的各种鸟兽栩栩如生。……他们画野兽不太成功，因为还不能自如地运用油彩的性能，但是花卉禽鸟的绘制十分逼真，不是用油彩，而是用丝线绣成。"在米列斯库看来，中国刺绣比绘画技艺更加精湛。

1793 年，英国马嘎尔尼使团奉国王乔治三世之命，搭乘东印度公司的商船来到中国，后来在其《旅行日记》和《观察报告》中对中国丝绸和刺绣进行了详细的描述。他认为中国人的室内陈设，是"最美丽的艺术展览"，充分显示了富丽堂皇与优雅的装饰风格；"在桌、椅、床上，随意地铺设着织锦和刺绣品"。"他们（指中国人）的服装上，从来没有重复的图案，而皇帝的服装则用金线绣着龙"。他在报告中对中国丝绸和刺绣品的赞美在英国民众中激起了一股购买中国刺绣的热潮[11]。

1784 年首次到达广州的"中国皇后号"船员摩里纽克兹在其《中国广州的日志》中记载：1784 年 11 月 8 日，他们在广州买了六百幅丝绸刺绣手套等商品，由此可见他们对中国刺绣品的喜爱程度[12]。

19 世纪，英国艺术家波尔西在其《中国美术》一书中也对中国绣品特别是广东刺绣技艺进行了论述："中国人长于刺绣，而广东人此技尤为特长……

广东刺绣多输入欧洲。"[13]

19世纪末，一位美国水手杰伊·弗洛伊德·库尔也于1882—1885年间随船来到中国，并在广州短暂游历，他在其日记中也同样表达了对中国绣品的喜爱："回到广州城，……我们紧随着向导前行。他停留的第一个点就是一家丝绸店，我几乎淹没在齐膝高的贵重织物中。噢！这可是要整整一口袋美元才能买下来啊。哪里还有刺绣和让女士爱不释手的可爱的黑绒围巾。我花了9个墨西哥币，交换了30张白色和彩色的丝绸手帕，然后离开。"[14]

从以上的一些记载我们可以窥见明清时期中国外销绣品及刺绣技艺在西方所引起的关注，这些绣品和技艺传到欧洲，对欧洲的社会生活、装饰艺术及纺织业都产生了深远的影响。

三　明清外销绣品对欧洲的影响

中国绣品通过贸易传到欧洲，风行于欧洲皇室贵族的社交圈中，备受当时贵族的喜爱和赞赏。《十八世纪中国出口艺术品》的作者朱尔丹描述："18世纪，英国贵妇们使用着中国刺绣艺人双面绣刺绣围巾。还有一些时髦的贵妇与小姐将设计、剪裁好的服装、名片，通过东印度公司运送到中国，请中国刺绣匠师刺绣。"[15]法国路易十四是一位热爱中国文化的君主，在他的倡导下，法国宫廷中的床罩、帐幔、椅垫、屏风等都大量使用刺绣装饰。他还多次举办盛大的宫廷庆典，例如1700年1月7日在凡尔赛宫，路易十四亲自举办了名为"中国皇帝"的舞会，该盛典因为服装、舞台设计都受到中国风俗启发具有鲜明的原创性而闻名。参加舞会的男女贵族们，所穿的服饰也都普遍饰以刺绣图案。16—19世纪，欧洲的贵族们通过刺绣来显示自己高贵的身份，他们身穿镶金绣银、奢侈靡丽绣的绣满烦琐图案的服装，贵妇们披上精致的中国刺绣披肩、围巾，穿上刺绣服装，出入社交场合，作为炫耀财富和地位的载体。

中国绣品对欧洲的影响不仅仅局限了作为身份和地位的象征，同样对欧洲的艺术风格也产生了重大影响。中国丝绸、绣品与茶叶、陶瓷等传到欧洲，

于17—18世纪掀起了一股"中国风"（Chinoiserie），欧洲人普遍喜好来自中国的物品，热衷于模仿中国的艺术风格和生活习俗，这一时期欧洲到处都可见到具有中国元素的洛可可艺术风格。洛可可艺术是产生于18世纪的法国，遍及欧洲的一种艺术风格，以轻快、华丽、精致、细腻、烦琐、纤弱、柔和为特征。这一时期传入欧洲的中国绣品对欧洲艺术风格也产生了影响。具有明显东方特质的缠枝花纹、精巧繁复的刺绣图案引起欧洲人对东方的热爱，并加以学习和应用，洛可可艺术风格特征中有着特别的中国趣味，因此洛可可风格又常被称作中国装饰[16]。

在对欧洲艺术装饰风格产生影响的同时，中国丝绸、绣品的传入对欧洲本土纺织刺绣业的影响也是很大的。欧洲人对于刺绣产品的痴迷也引导了欧洲刺绣工艺的发展。1600年，英国女王伊丽莎白一世非常喜欢广东的金银线绣，亲自倡导成立了英国刺绣同业公会，从中国进口丝绸和丝线，加工绣制贵族服饰；英王查理一世即位后，进一步倡导英国人种桑养蚕，发展英国的丝绸业和工艺，广绣技艺传播到英国，被西方学者誉为"中国给西方的礼物"[17]。18世纪，中国的刺绣绷圈传到英国，促进了英国刺绣工艺的发展。1768年，在皇后夏洛蒂的赞助下，刺绣艺人派茜小姐创建了刺绣学校，培养刺绣匠师[18]。17世纪末，中国的刺绣绷圈传到法国，使法国的刺绣工艺也得到了普及。法国国王路易十四是东方刺绣的狂热爱好者，他甚至还亲手为女儿挑选美丽图案。而路易十五的宠姬蓬巴杜夫人更擅长于用绷圈绣制丝绸工艺品，其作品成为宫廷贵族竞相模仿的艺术品。法国普通的家庭主妇也可以利用这种简单易掌握的技术为自己的家庭制作枕套、靠垫、台布……中国刺绣从精神审美到实用技术，全面地征服了欧洲上层与下层社会。欧洲刺绣工艺的普及，一方面可以抵制中国丝织品源源不断地输入，另一方面，作为市场高端产品的刺绣能够给商人们带来极大的利润。中国刺绣对于欧洲刺绣的影响由此可见一斑。

欧洲刺绣与东方刺绣最大的不同在于，东方人善于用各路针法逼真地表现花鸟、人物和风景，主要绣材是丝线。而欧洲人则偏重研究各种刺绣材料，珍珠、磨细的贝壳、宝石甚至金链子，线也不拘泥于丝线，亚麻、棉线、毛线都是常见的绣材。

注释：

[1] 孙佩兰：《中国刺绣史》，北京图书馆出版社 2007 年，第 1—2 页。

[2] 孙佩兰：《中国刺绣史》，北京图书馆出版社 2007 年，第 5 页。

[3] 黄能馥主编：《中国美术全集·织绣卷》，文物出版社 1987 年。

[4] 广州市地方志编撰委员会：《广州市志》卷五（二）工业卷，广州出版社 1998 年，第 756 页。

[5] 郑姗姗：《刺绣》，中国社会出版社 2009 年。

[6] 白芳：《明清时期的广绣外销艺术品》，《福建文博》2014 年第 4 期。

[7] 广州市地方志编撰委员会：《广州市志》卷五（上）工业卷，广州出版社 1998 年，第 756 页。

[8] 孙佩兰：《中国刺绣史》，北京图书馆出版社 2007 年，第 309 页。

[9] 孙佩兰：《中国刺绣史》，北京图书馆出版社 2007 年，第 313 页。

[10] 〔葡〕克罗兹：《中国志》，引自〔英〕C. R. 博豆舍：《十六世纪中国南部纪行》，何高济译，中华书局 1990 年，第 88 页。

[11] 孙佩兰：《中国刺绣史》，北京图书馆出版社 2007 年，第 312 页。

[12] 孙佩兰：《中国刺绣史》，北京图书馆出版社 2007 年，第 312 页。

[13] 孙佩兰：《中国刺绣史》，北京图书馆出版社 2007 年，第 312 页。

[14] 广州博物馆编译：《东方之旅——杰伊·弗洛伊德·库尔日记书信及约翰·库尔·科尔家族捐献文物（1882—1885）》，岭南美术出版社，第 132 页。

[15] 转引自白芳：《明清时期的广绣外销艺术品》，《福建文博》2014 年第 4 期。

[16] 赵坚：《多视角看刺绣》，《江南大学学报》（人文社会科学版），2003 年第 2 期。

[17] 广东省地方史志编纂委员会：《广东省志·丝绸志》，广东人民出版社 2004 年，第 483 页。

[18] 孙佩兰：《中国刺绣史》，北京图书馆出版社 2007 年，第 312 页。

试析广东民间工艺博物馆所藏清代漆器的髹漆工艺与装饰图案

胡 舜（广东民间工艺博物馆）

内容摘要： 漆器作为一种实用与欣赏价值兼具的器具，从距今 7000 年的河姆渡文化时期就已经出现，经历了长期的历史发展，工艺及装饰图案在不断地突破和进步。到了明清时期，漆器的制造达到史上的高潮，工艺技法种类多样，风格各异，装饰图案题材丰富。本文主要对广东民间工艺博物馆所藏清代漆器的髹漆工艺及装饰图案进行探讨。

关键词： 清代漆器 髹漆工艺 装饰图案

一 清代漆器的髹漆工艺

明代漆器的髹漆工艺在元代的基础上有了突飞猛进的发展，尤其是在雕漆方面的成就最为突出，达到了雕漆漆器的巅峰水平。

到了清代，制漆业更加繁盛，制作规模也远远超过明代。清代髹漆工艺在中期以前继承明代的传统，在生产技术和艺术创造方面均有发展，后期工艺创作趋向烦琐精巧，生产技术也获得了进一步的发展。在雕漆、螺钿、百宝嵌、雕填和金漆等工艺方面都有不同程度的突破。清代漆器的髹漆工艺最大的特点就是多种工艺的综合运用，使装饰效果丰富多彩。

1. 雕漆

雕漆工艺起源于民间，始于唐代。雕漆在明清时期得到长足发展，距今已有一千多年的历史。雕漆工艺在明代发展很快，是我国雕漆艺术成熟的时期，并在明永乐、宣德两世盛行。其刀法流畅，藏锋清楚，较宋、元两代的刀法变化要多，雕刻工艺细，表现形象生动。清代的雕漆工艺较之于明代雕漆工艺又有了进一步的发展，与明代的雕漆工艺不同之处是清代的雕漆工艺具有装饰图案严谨细腻，

更重视雕刻技法和工艺的特点，形成了雍容华贵的艺术效果。由于雕漆工艺融合绘画、雕刻、磨制、髹漆等多种工艺于一体，并具有很强的立体感，这种艺术效果更适应人们的审美需求，也是清代髹漆艺人聪明才智和精湛工艺水平的体现。

如图一所示，清乾隆雕漆花卉纹盒是乾隆时期雕漆盒传世品之一。整个盒由牡丹、茶花、菊花、桃子、石榴等花卉为题材进行装饰，构图饱满、主次分明、层次清晰，雕漆工艺在对盒上图案的刻画上表现得淋漓尽致，达到了生动逼真的效果。刀工娴熟、处理细微的特点充分体现出乾隆年间精湛的雕漆技艺。漆层厚，漆质细密，色泽明亮、刀法娴熟的工艺特点，是在继承了明代雕漆风格的基础上，使工艺水平更进一步的发展。这是乾隆时期雕漆显著的特征。清代漆器艺术发展的第一个高峰就是在乾隆时期出现。

图一 清乾隆雕漆花果纹盒

如图二所示，清乾隆雕漆落花流水纹套环式盒是乾隆时期雕漆工艺中的典型代表作品。清代的雕漆继承了明代嘉靖和万历时期的风格，不善藏锋，

刀痕外露，虽有磨工，但远不如明早期那般圆润光滑。尽管如此，清代雕漆工艺在表现形式之丰富、雕刻之精细等方面仍然超越了前代，达到了历史的巅峰。乾隆时期的剔红漆盒，就是乾隆时期雕漆的常用表现形式之一。整个画面构图饱满，盖面由四个环形回纹饰边互相套着，形成对称的格局。在技法上盖面内的落花和流水纹的表现，雕法各异。这些表现手法互相呼应，把剔红工艺呈现得淋漓尽致。

图二 清乾隆雕漆落花流水纹套环式盒

如图三所示，清乾隆雕漆锦纹桃形盒，通体采用朱色漆髹涂，整个盒身雕成挂在枝头上的两个桃子，饰以雕红漆斜格锦地。两个桃子空隙间点缀以叶子。可以看出这一时期剔红工艺的精湛程度，层次分明，枝叶和桃子雕刻得惟妙惟肖。

图三 清乾隆雕漆锦纹桃形盒

2. 雕填

雕填可以分为雕填彩漆、戗彩和戗金三种。《髹饰录》对于填漆是这样说的："填漆既填彩漆也。磨显其文，有干色，有湿色，妍媚光滑，又有镂嵌者，其地锦棱细纹者愈美艳"。《遵生八笺》称："宣德有雕填器皿，以五彩稠漆堆成花色，磨平如画，似更难制，至败如新"。《帝京景物略》称："填漆刻成花鸟，彩填稠漆，磨平如花，久愈新也"。

所谓戗彩就是雕填色漆的花纹凹凸与漆地不齐平的雕填效果。《髹饰录》称其为"戗彩"。戗彩又可以分为两种做法。在小型日用器皿上，如盘盒花纹之类，在推光完成的漆器表面上雕刻花纹，要刻出线的疏密变化，刻线本身的粗细、浓淡变化，然后在雕刻之处填上需要的彩漆，整个画面不需要填刻的阴纹与漆地齐平，能看出雕刻的痕迹，与周围光亮的漆面形成对比。这种工艺直到现在还在沿用。

戗金，就是指在朱色或黑色的单色漆器表面，采用特制的针或细雕刀，进行雕刻或刻划出较纤细的纹样后，在刻划的花纹中上金漆，花纹露出金色的阴纹者，则称戗金漆器。

如图四所示，清乾隆填漆戗金云龙纹菊瓣形盒，采用了填漆戗金技法对盒身进行装饰。在朱色漆地上，饰填彩漆戗金花纹。以五龙戏珠纹来进行装饰，四周饰有祥云纹，云朵外围衬以一圈锦纹饰边。工艺精致，色彩绚丽，磨工细致，吉祥图案与朱红色搭配形成色与意相互衬托表达吉祥之意，反映出乾隆年间彩漆戗金的精湛工艺。

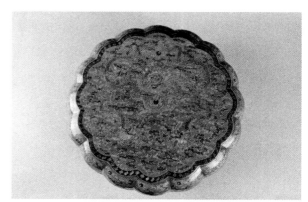

图四 清乾隆填漆戗金云龙纹菊瓣形盒

如图五所示，清乾隆填漆戗金花卉纹梅花形香盒，花纹填嵌饱满清晰，打磨平滑光亮，色彩鲜艳纯正，为乾隆时期填漆戗金漆器的精品。其花纹处理以朱色地衬托缠枝花卉，又借戗金突出主题，使画面繁而不乱，有锦上添花之妙。

图五　清乾隆填漆戗金花卉纹梅花形香盒

由此可以看出填漆戗金工艺在清乾隆时期已达炉火纯青之境，在填漆戗金漆器中多为填、描两种方法同时应用，并配有锦纹作地，形成呼应，从而达到金漆特有的艺术效果。清代填漆戗金工艺成为髹漆工艺发展的重点。

3. 金漆

描金，是在光亮的器身上（一般为黑漆地或朱漆地）描金色花纹，其装饰过程是将漆胎中涂漆打磨完工后再髹涂黑漆或朱漆，作为面漆。在光亮的漆器面上描绘花纹，待漆即将干燥时，用丝绵球着泥金粉，敷在花纹上即成为描金花纹，如过早敷上金粉，不但要黏着多量的金粉，且不会显出明亮的金色。如迟敷金粉，则不易黏着。

清代金漆工艺除了描金工艺外，还有罩金漆和洒金。罩金漆主要在帝王宫殿内的宝座屏风上应用比较多。由于此工艺可以达到与真金和真银相似的效果，所以在家具生产中常被用来代替真金和真银。罩金漆和洒金可分为罩朱髹、罩黄髹，罩金髹、洒金四种做法，前两种不难理解，即罩了透明漆的朱漆和黄漆。尽管它们不是考究的做法，但要做到光滑明澈也并不容易。罩金髹是用金箔或金粉黏着到

打了金胶漆的漆面上，再罩透明漆，北京匠师通称"金箔罩漆"。其优点是金色受到罩漆的保护，不会磨残。但罩漆不能明澈如水而呈微黄，年久还会转深，变成紫下闪金的色泽。

清代金漆工艺是应清代宫廷审美需求而产生的髹漆工艺，为了满足帝王对华美而绚丽艺术效果的需求，具有绚丽多彩、金碧辉煌效果的金漆工艺得以长足的发展，工艺也达到了较高的水平。

如图六所示，清道光彩漆描金团龙卍寿盒是清代彩漆描金的代表作品之一。盖面中心饰以团龙纹、围绕中心饰五蝙蝠、五团寿、牡丹纹等吉祥图案，盒身以凤、牡丹纹围绕，间饰五蝠捧寿纹。龙纹的金色有深浅变化，不同的部分颜色有相对应地漆色，龙头及身部是深黄金色，背鳍及卷云纹是较浅金色。凤头、身及翅尖金色较浅，而其轮廓及眼睛用深金色勾出，并以黑漆点睛。

图六　清道光彩漆描金团龙卍寿盒

如图七所示，清乾隆紫漆描金勾莲纹多穆壶，通体紫色漆地描金，壶身用金漆描绘缠枝莲花纹进行装饰，壶身有五道金色棱线分为五层，每层之间均有一朵描金莲花。方口流，流下描金龙头纹。壶口为僧帽式，盖上有铜葫芦形钮。把上铜链铜珠，便于提携。

多穆壶是蒙古族和藏族人民的生活用具，原意为盛酥油的桶，也有用作盛奶及酒。在清代，由于皇室对西藏及藏传佛教的重视，许多具有西藏民族

图七 清乾隆紫漆描金勾莲纹多穆壶

特色的器物开始进入宫廷，多穆壶即是一例。最早的多穆壶是以木或其他物料制成，需用皮带或金属带箍起来，然后用金属钉固牢，后来在明清时期演变为华美灿烂的法器。清代大量的册封和法事需要大量精美的法器和摆设配合，造办处因此生产了许多这类器物，同时也供清帝赐高僧之用。各种材质均有制作，有金属、漆也有瓷质。

清代漆器虽然基本上是对明代髹漆工艺的继承，但是在一定时期也有自己独特之处。其中除了以上几种髹漆工艺得到了较大的发展

之外，还有螺钿镶嵌和百宝嵌等工艺都有了新的特色和长足的发展。

二　清代漆器的装饰图案

漆器不仅是精美的日用品，而且也是珍贵的工艺品，在清代许多漆器上的纹样，装饰精致、内容丰富，主要包括吉祥图案、佛教图案、花鸟图案和人物风景图案，而吉祥图案在清代相对流传较广。这些纹样、花纹图案变化层次丰富，如一件漆器上的图案可以由不同图案的内容组成，而有的漆器上的图案还分有主体图案和装饰图案两类，主体图案占大部分比例并绘制在醒目的位置，而装饰图案主

要是用来衬托主体图案，优美生动，栩栩如生。这些漆器在制作和髹饰上，都表现出了清代漆器工艺的高超技术。清代的装饰图案在前代的基础上也有了新的发展，在图案题材方面除了几何纹样缠枝花卉装饰图案外，还有在图案的表现手法上，不局限于图案化的表现手法，绘画中常用的写意手法大量应用在清代漆器的装饰图案中，这也是清代装饰图案的特点。

1. 吉祥图案

吉祥图案是具有吉祥意义的图形或文字组成的一种装饰纹样。吉祥图案是传统纹饰的一种，以吉祥物为题材，通过对某种自然现象的寓意，用谐音或附加文字等方法来表现人们对现实生活的愿望和理想。在漆器的装饰图案中，吉祥图案所占的比例也是最大的。吉祥图案的流行反映了人们对美好生活的向往和追求及对吉祥如意的希冀和期待。这种信仰将万事万物加以区别，使人们相信利用这些自然事物能够避灾祛邪，获致吉庆祥瑞。吉祥物，在不同民族、不同文化中普遍存在，是人类共同的基本心理需求和心理特性，实际上，它也是民族文化的一部分。

吉祥图案可以分为很多种类，其中有表现幸福者，如五福，福在眼前；表现美好者，如凤穿牡丹，鸳鸯戏莲；表现喜庆者，如喜相逢，喜上眉梢，双喜；表现丰足者，如年年有余，天下乐；表现平安者，如马上平安，一帆风顺；表现长寿者，如延年益寿，猫蝶，百寿图；表现多子者，如榴开百子，百子图；表现学而优者，如连中三元，鲤鱼跳龙门；表现升官者，如连升三级，一品当朝；表现发财者，如连钱、金锭。吉祥图案盛行于明清两代漆器的装饰图案中，漆器制作者根据所要表达的寓意选择相应图案内容来表达，其中人物、动物、植物和一些具有吉祥寓意的文字的组合。如寓意吉祥的植物纹有松、柏、桃、石榴、荔枝、佛手、竹、梅、莲花、牡丹、月季、水仙、百合、山茶花、灵芝、葫芦、桂花等。

清代的装饰图案，大部分是"图必有意，意必

吉祥"。如图八所示，清乾隆雕漆寿春宝盒，寿春图是这个时期典型的吉祥图案装饰题材，并在清代乾隆时期盛行。在盖面开光内雕聚宝盆，盆内装有盘肠、珊瑚枝、银锭、古钱、犀角、火珠等，盆中升起霞光万道，似熊熊火焰，火焰之上压一个"春"字，春字中圆形开光内雕老寿星。主题图案外围分别由祥云纹、蝙蝠纹、锦纹三圈吉祥纹装饰，侧面是云龙纹饰。在盒的内壁上，黑漆做地，在其上以描金形式写有寿春宝盒四字。在明代以前发现的漆器中很少见这种形式的装饰图案。由此而知，寓意吉祥的图案和文字，在工艺品中开始大量出现是从明代开始，至清代乾隆时期达到了顶峰。

图八　清乾隆雕漆寿春宝盒

在清代图案纹饰中，吉祥图案得到了很大的发展，成为漆器装饰图案领域中的主流。以福、寿、禄、喜为题材的图案几乎到处可见，既反映了人们对生活和对理想的追求，也反映了民间、民俗图案在装饰中的深远影响。

2. 佛教图案

清代皇帝崇信佛教，故与佛教有关的图案在清代漆器中也有所表现，如佛日常明、七佛、梵文、莲花托八宝等，其中佛手是一种果实，因为形状犹如人手，故而被称为佛手。由于佛手自身的名称和产地是印度，使人们把它与佛联系起来，用此物来表达一定的寓意。佛手还因"佛"与"福"谐音，被取作吉祥物，用以表达祝福、祈福之意。莲花有

多种含义，因与佛教有着密切的关系，莲花图案便成为佛教的一种标志。随着佛教的传播和流传，莲花图案也见于世俗世界，漆器上常见有缠枝莲花等图案。

如图九所示，清乾隆彩漆描金勾莲佛日常明盘，内外以黄漆为地，其上以红、黄、绿等色漆彩绘勾莲花图案进行装饰，内填描金"佛日常明"四字。

图九　清乾隆彩漆描金勾莲佛日常明盘

由于清代帝王的礼佛活动频繁，在举行宗教仪式时需使用大量法器，此件佛器就是其中佛前供器之一。此件漆器作品是清代佛教漆器艺术品的代表。由于帝王对佛教的崇信，也使清代艺术品装饰中，佛教题材的装饰图案出现较多。

3. 花鸟图案

清代花卉图案中，常见的花卉图案有菊花、玉兰、牡丹、茶花、芙蓉、绣球、兰蕙、梅花、荔枝、芝草、莲花、秋葵、石榴等，在图案处理手法上，一般主体花卉图案下面布满盛开的花卉，构图饱满而完整，富有完美的整体感。在布局上，一般都以奇数布局，如三朵、五朵或者七朵，采取奇数布局主要是为了使画面的构图形成一朵在中心，其他几朵再均匀分布在其周围，形成主次分明的衬托关系，而使主题更加突出。如图一〇所示，清光绪雕漆花卉纹花盆，整个盆身采取了长方形的构图形式，有莲花的花朵、花苞和花叶布满盆身，形成饱满而生动的画面。采用了雕漆的手法分深浅两层，使莲花的造型和形态层次得以展现。

图一〇　清光绪雕漆花卉纹花盆

4. 人物风景

清代漆器中的人物风景图案，以描绘风景秀丽的山水和生动活泼的人物活动场景为主，装饰图案表现的内容主要不是为了描绘风景人物本身，而是为了抒发艺术家的内心情怀。清代形成了多种艺术形式，彼此之间互相影响互相渗透，漆器艺术也同样受到其他艺术形式的影响，最明显的就是在漆器图案装饰中出现了与中国画中山水人物的表现手法相似的表现形式。通过漆匠们高超的工艺技术，运用了多种表现方式，如雕漆、描金等多种工艺相结合，把漆器中的人物风景图案表现的如临其境。

如图一一所示，清乾隆雕漆勾莲开光山水人物瓶，采用了剔红工艺在瓶身饰以锦纹地，漆地上雕出菊花和牡丹等植物的图案作为装饰，在开光图案的表现上描绘了一幅生动、逼真的观赏山景的风景人物图案，从图中我们可以看到在巍峨的群山中，一

棵松树底下坐着一位老者正在树底下专注地观赏着对面的壮丽山景，在老者的身后有一个孩童静静坐着在给老者热着茶水，而在老者面前还有一个孩童，正用心聆听着老者的循循教诲。此瓶生动细致地描绘了一幅风景人物图案，通过高超的剔红工艺把人物的动态和风景的秀丽表现得淋漓尽致。

图一一　清乾隆雕漆勾莲开光山水人物瓶

通过对以上几种的装饰图案类型进行分析，可见清代漆器作品的装饰图案对明代有所延续，但是也出现了新的变化。清代的吉祥图案、花鸟图案和人物风景图案应用得较多，但是清代统治者信仰佛教，所以佛教题材的装饰图案在清代漆器艺术品中也有所出现。

传播福音与科学考察的产物

——西方传教士在天津所办的博物馆

郭　辉（天津博物馆）

内容摘要： 天津作为近代重要的通商口岸，是西方传教士活动的主要基地之一。博物馆作为西方天主教、基督教各派传教士在天津积极筹建的重要文化工程，在天津现代化进程中占有重要地位。本文在《辛丑条约》签订后基督教在天津稳步发展的历史背景下，结合天津地方史料，追溯西方传教士在天津创办博物馆的起源和发展脉络，重新梳理这段历史。

关键词： 赫立德　桑志华　华北博物院　北疆博物院

1856 年第二次鸦片战争爆发，清政府于 1858 年被迫与英、法、美等国侵略者签订了《天津条约》，规定天主教、基督教等在中国有传教自由，允许外国人到中国内地游历、经商和传教。传教习教之人，当一体矜恤保护，不可欺侮凌虐。1860 年清政府又被迫与英、法、美等国签订《北京条约》，将天津开放为通商口岸。英、美、法等国也开始纷纷在天津建立租界。西方传教士纷沓而至，天主教、基督教也开始大举传入天津。但由于天津地处京畿腹地，开放初期比较保守，人民反抗外来侵略的反洋教斗争比较激烈。1870 年爆发了震惊中外的天津教案。1900 年又爆发了轰轰烈烈的义和团运动。因此，在 1860 年至 1901 年这段时间里，天主教和基督教等在天津的传教活动十分缓慢，基本处于停滞状态。1901 年，清政府被迫与英、美、德、法、俄、日、意、奥、西、荷、比 11 国签订《辛丑条约》。通过此条约，天主教和基督教等宗教团体获得了大量的庚子赔款，有了雄厚的财力基础，并且教会势力受到清政府的保护，在政治经济上有了依靠，有了发展的稳定环境。各教派也改变了以前生硬的传教态度，积极投身天津的各项文化、教育、医疗和慈善事业，并把科学与传教结合起来，得到了巨大发展。以基督教伦敦会赫立德和法国天主教会耶稣会桑志华为代表的来华传教士，为传教和科学研究，赴中国各地考察，搜集了大量的标本藏品，并开始积极在天津筹建博物馆。博物馆在此之后成为天主教、基督教各派传教士在天津开办的重要文化工程。

一　传播上帝的福音——赫立德与华北博物院的建立

赫立德（S. L. Hart），英国伦敦会教士，英国剑桥大学理科毕业，1892 年被派到中国，先在汉口传教，后被调到天津任养正书院院长，自行车飞轮的发明人。义和团运动后，为了纪念早年来中国一同传教的哥哥沃尔福德·赫立德（Walford Hart）[1]，赫立德向英国伦敦会和英国政府建议扩建养正书院并得到赞许，但伦敦会和英国政府并未给予任何经费。于是赫立德向直隶总督兼北洋大臣袁世凯劝捐，袁世凯捐银六千两。有了袁世凯的捐款，再加上《辛丑条约》签订后索取的庚子赔款，赫立德以养正书院楼房作为东楼，在其南北两侧再各建一字式三层大楼，为南楼和北楼。1902 年北楼竣工，新学书院（又称天津英华学院，Tientsin Anglo - Chinese College）在天津正式成立[2]。赫立德出任第一任院长，院址在法租界海大道（今天津市和平区大沽路第十七中学校址）。

在新学书院建校伊始，赫立德就曾多次组织英国教员以游历为名，深入我国的晋、陕、冀、鲁、豫、内蒙古等地，猎获了一些飞禽野兽，采集了一些植物标本，并收集到我国部分地区的人文地理风貌等资料。此外考察队还沿着京奉铁路刭达沈阳、铁岭、新民、宽城子等处进行考察，并深入吉林，对东北各地农业生产以及风俗习惯都做了调查。在胥各庄还调查了车站附近种植染料蓝靛的生产情况。他们的猎获物也都由英国教员苏比尔（A. C. Sowerby）剥制成标本[3]。

由于博物馆在英国十分发达。赫立德认为：通过博物馆，人们可以了解各个国家的风土人情、风俗习惯等。不仅能看到艺术品和各种制品，还可以看到动物和植物无穷无尽的生命形式，以及地球呈现给我们的各种各样的矿物晶体，这些都能开阔我们的心胸，拓展我们的视野。并进一步指出：通过研究这些大自然的瑰宝，我们对主就能多些了解：谁能创造出比主的这些作品更精彩的作品呢[4]。因此，出于宣扬上帝福音的目的，1904 年，赫立德在考察所得藏品标本的基础上，依附于新学书院，建立华北博物院（又称天津英华博物馆，Arglo‐Chinese School Museum），并标榜"化鄙陋为文明，起衰颓为强盛"[5]。

华北博物院面积很小，是与新学书院北楼同时建筑的，和大礼堂相连。只有楼上楼下四间展室，另有一间实习室。赫立德在设计建筑北楼时，就把大礼堂的楼下划在博物院内，作为动物标本陈列室。所藏物品主要包括：一、天然矿物，二、地质矿产，三、南海岛民材料，四、模型，五、各国文字之圣经版本，六、王懿荣旧藏甲骨一部分[6]。其展览以照片、模型和实物展品、标本等多种形式，展现了古代和现代文明成果。其中照片展示了新学书院、剑桥大学的圣乔治学院、剑桥建筑、坎特伯雷大教堂、温莎城堡、伦敦海德公园里面的阿尔伯特亲王纪念碑、爱德华七世国王加冕情景、世界各地名胜古迹和自然风光的照片等内容。模型展出了伦敦摩天轮、圣保罗大教堂、伦敦塔桥、伦敦塔、白金汉宫等内容。标本展示了大象、长颈鹿、犀牛、驯鹿等大多数中国没有的动物，还有来自伦敦大英博物馆赠送的哺乳动物藏品、昆虫、化石和矿物标本等，比如铁矿石、铜矿石、冰岛的方解石、石膏、石英、云母、石榴石、日本的辉锑矿、玛瑙、来自马来半岛的石英矿脉中的金子、各种植物化石、一件螃蟹化石、产自白垩土的化石、蛋化石、红色岩石标本等。各种各样的关于光学的有趣的仪器设备、X 射线装置、天文望远镜等设备也被展出，内容十分丰富。

特别是展览中还专门将基督教早期有关历史、《圣经》翻译出版情况进行了系统的展示。这部分展览将模型和展品按照学习《圣经》的顺序摆放，并认为：看了这些展品的人们就会很容易并且能够真正理解《圣经》的真谛，这是一本最重要的教科书。此外还展示了基督教伦敦会在中国厦门、马达加斯加、南太平洋的传教情况，提出：我们这里所有的展示就是为了告诉大家，那些为了让世界更美好、更幸福，而远离自己舒适的家园、把上帝的福音传播给世界其他地方的人们所做的工作是多么伟大[7]。华北博物院出版《华北博物院指南》（Guide to the Tientsin Anglo‐Chinese School Museum）中对该馆的展览情况进行了详细的介绍。

华北博物院在清末民初天津的外国人中轰动一时，但由于华北博物院附设于新学书院中，普通中国人无法自由地出入该校，导致参观该博物馆的观众很少，社会影响也不是很大。1928 年赫立德退休，继任者栾嘉立（C. H. B. Longman）保管不善，大部分动物标本霉烂，作为垃圾被处理掉，展室也改作大教室，该博物院即停办。

二 科学考察的产物——桑志华与北疆博物院的建立

桑志华（Emile Licent），法国耶稣会传教士，法国著名地质学家、古生物学家、考古学家。1912 年，桑志华获得法国科学院动物学博士学位，当时法国耶稣会传教士韩伯禄已经对中国长江以南的动植物进行了科学考察和采集，并在上海建立徐家汇博物馆。于是桑志华把目光投向了尚属于研究空白的以黄河流域为中心的中国北方地区，提出了搜集中国北部黄河等流域的自然地理和博物资料的设想，得到了法国天主教耶稣会献县教区修道院长 Raphael Gaudissart 神父、法国天主教耶稣会北方负责人普利埃尔（L. Poullier）和法国耶稣会总会长沃尔恩兹（Franz Xaver Wernz）的支持。

1914 年春，桑志华从欧洲经西伯利亚来华，3 月 25 日抵达天津，后赴法国天主教耶稣会献县传教区，从此挂名在该教区。

从 1914 年 7 月 13 日开始，桑志华开始了对我国北方长达 20 余年的考察和采集活动。1914 年他考察了大同、北戴河和太原。1915 年考察了晋南和山海关。1916 年又考察了晋南、陕中、伪河、秦岭、华山和太白山。1917 年考察了晋冀交界处、北京西山、河北琢鹿和蔚县间的海拔 3200 米的小五台山、内蒙古北部戈壁地区和张家口。1918 年春，桑志华又深入中国腹地进行考察。从 1918—1920 年，他先后考察了晋中、陕北榆林府、鄂尔多斯、兰州、凉州、南山、青海湖、塔尔寺、拉卜楞寺、内蒙古大青山区、山西中部、陕西、鄂尔多斯和甘肃等地[8]。其中，桑志华于 1919 年 6 月在甘肃庆阳以北约 55 公里的辛家沟发现了大量的上新世——蓬蒂斯动物化石，这是他发现的第一块未被开垦的处女地，为他以后的发掘提供了明确的线索。

到 1920 年，桑志华收集的各种标本化石，暂时存放的耶稣会天津账房——崇德堂已无法再容纳。"为保存搜集之物，博物院之设立，实为急务。"[9] 1921 年 7 月，天津工商学院开始筹建。耶稣会综合考虑桑志华提出的建立博物院的建议，决定由教会向各方募集资金，在天津工商学院主楼后面建立博物院楼。规划初期，桑志华定名博物院为"黄河白河博物院"（Huang - Ho - Pei - Ho Museum）。1922 年 4 月 23 日，博物院建筑工程开工，由当时著名的比商义品公司建筑师比奈设计监造。全楼三层，高 21 米，面积 300 平方米，为钢筋混凝土结构，设有防盗门和双层窗户。同年 9 月 23 日，该工程竣工。相对于处于中国南方的上海徐家汇博物馆，桑志华和耶稣会传教士认为这座博物院可认定为中国北部疆域的第一所自然博物馆，于是正式定名为"北疆

博物院"。1923 年 4 月 3 日，天津召开了一个科学研究会，桑志华和德日进做了讲演，并把多年来在内蒙古地区搜集的历史古物展览出来。4 月 4 日，博物院正式对外开放[10]。

博物院最初内分三陈列室，三实验室，各项陈列品，均将其体积缩至最小之限度，至不变原有之形态。在实验室内，关于中国自然科学之书籍，均搜罗靡遗。实验室仪器的价值也在十万元以上[11]。

北疆博物院在创办过程中也并没有影响桑志华的继续考察活动。1921 年，桑志华考察了山东的芝罘和威海卫。1922 年，考察了鄂尔多斯南部的萨拉乌苏河、大青山和西夏古迹。他在滴哨沟湾发现的旧石器时代中期的"河套人"顶骨化石和股骨化石，立即引起了欧洲学术界的轰动，因为人类的发源地是否在中亚，是当时长期以来学术界争论不休的问题。因此，1923 年，巴黎博物院派出古生物学家德日进（Pierre Teilhand de Chardin）神父与桑志华联合组成"法国古生物（学）考察团（Mission Paleontologigue）"进行为期两年的考察。1923 年，他们赴鄂尔多斯和宁夏一代考察，特别是对文明中外的旧石器时代晚期的宁夏灵武水洞沟遗址进行了实地考察。1924 年，有到内蒙古哈达（乌拉哈达、今赤峰）、林西、达赍诺尔（克什克腾旗西）、戈壁、喇嘛庙考察。1925 年 8 月，桑志华又赴直隶省阳原泥河湾地区进行考察与发掘，在这里发现了中国更新世地层的动物化石，共 45 个种，其中有 14 个新种，再次震惊了世界。

到 1925 年，桑志华在中国北方的考察历经 3 万余公里[12]。搜集了"三万种植物，三万五千种之特种木质性物，各种奇异难得之哺乳类及爬行类动物，二千种关于人类学及生物学最有价值之标本，七千种关于岩与矿质之标本。此外尤有一万八千基罗之第三及第四地层之动物骸骨，以及各种关于人类学、工商学、农学之报告"[13]。还有介绍各地山川、土壤和动物分布情况的图片 133 幅，照片 3000 余张。"天主教传教士们也送来了大量的文献资料，包括各种涉及人种学、动物学、植物学、古生物学、岩石

学、矿物学以及华北手工业等方面的论文"[14]。

由于最初300平方米的楼房远不能满足博物院如此多的藏品。1925年，桑志华获准动工，在原馆西面再建一座三层楼，作为博物院陈列馆。陈列馆内分三室，每室面积约有165平方米，其中陈列分为两类，一系永久成立者，展出在一楼，展品是地质学、古生物学、史前考古学及人种学的各种标本。二系随时陈列者，展出在二楼，主要陈列动植物标本。1928年，陈列馆经过两年多的建设，对外开放。1929年，又开工在南面兴建一座两层楼房，并在已建楼房之间设置了一条空中通道。1930年工程竣工，三座建于不同时期的建筑连成一体，组成"工"字形。新建筑作为新实验馆，其容积较博物馆扩大两倍，"内计实验室三间、办公室一间、图书馆一间，大厅两间，该大厅专为研究所搜集之地质学（石油学、矿物学、古生物学）等标本而设。两年以来，该项标本，所得几多，充斥满堂，几无隙地，同时旧实验室，亦为标本所占满，可见工作紧张之情形"[15]。至此，北疆博物院形成了陈列馆、实验室、办公室、藏品库、公共博物馆和宿舍的完整格局[16]。

北疆博物院开放后曾先后接待众多参观者。1925年5月17日，法国驻北京大使Martel路经天津时参观了博物馆。1926年11月12日，瑞典王国太子Gustave Adolph携夫人和英国公主玛丽及随员分别来院参观。1926年12月25日，法国巴黎科学院秘书兼巴黎博物院矿物学教授Laeroid博士参观了博物院。此后直到1927年5月以前，智利、瑞典、英国、奥地利等国领事、丹麦国调查蒙古农业团、美国第三次亚洲视察团及俄国、澳大利亚、瑞典等国教授都曾来院参观[17]。博物院还将各种标本分送各学术团体，据1935年出版的《天津工商学院一览》记载，寄送各大博物院之标本不下四五千种，送于国内外各大学为二三千种，其有特别价值者则留存于北疆博物院。从当时各方面综合衡量，北疆博物院不愧为"世界一流的博物馆"（中国古生物学家杨仲健提出）。

三 结语

西方传教士在天津建立的博物馆与近代中国的历史大背景是分不开的。1901年《辛丑条约》签订后，天主教和基督教等宗教团体在津得以稳定发展。以基督教伦敦会赫立德和法国天主教会耶稣会桑志华为代表的传教士，纷纷来到中国。他们或为了传播上帝福音，展示上帝的神奇，以辅助传教；或赴中国各地考察，搜集标本藏品，开展科学研究。华北博物院和北疆博物院在他们的努力下相继在天津建立。华北博物院附属新学书院，北疆博物院与天津工商学院虽是平行关系，但两者建在一起，其日常也为学院提供教学支持。所以，这些博物馆大都是传教士为了传教、辅助教学和从事科学考察与研究的产物。同时这些博物馆主要供教会使用，《华北博物院指南》就指出在这个博物馆里面，我们试图利用我们的优势和手段在小范围内向生活在天津和周边地区的人们展示这些精彩。"小范围内"的定性使这些博物馆的开放程度不够，中国人受益很少，博物馆应有的社会功能不甚健全，面向公众的科学普及与教育的作用并未全面发挥。但我们也要看到在之后的历史进程中，华北博物院虽无疾而终，但北疆博物院却几经整合，后发展成现在的天津自然博物馆，为我们现今天津的博物馆事业打下了坚实的基础。

注释：

[1] 华北博物院：《华北博物院指南》（Guide to the Tientsin Anglo – Chinese School Museum），天津博物馆藏。涂培元《我所知道的新学书院》一文提出赫立德建立新学书院是为了培养符合英国利益的中国人才。

[2] 李建新：《天津宗教史》，天津人民出版社2013年，第300页。

［3］涂培元：《我所知道的新学书院》，《天津文史资料选辑》第 75 辑，第 270 页。

［4］华北博物院：《华北博物院指南》（Guide to the Tientsin Anglo – Chinese School Museum），天津博物馆藏。

［5］王宏钧：《中国博物馆学基础》，上海古籍出版社 1990 年，第 95 页。

［6］中国博物馆协会：《中国博物馆一览》，1936 年，第 52 页。

［7］华北博物院：《华北博物院指南》，Guide to the Tientsin Anglo – Chinese School Museum，天津博物馆藏。

［8］房建昌：《天津北疆博物院考实》，《中国科技史料》2003 年第 1 期，第 9 页。

［9］桑志华：《本校之北疆博物院》，《工商大学校刊》1927 年第 1 期，河北大学档案 1930 – CB1I3 – 1。

［10］王嘉川、王珊：《天津北疆博物院补考》，《中国科技史料》2004 年第 1 期，第 42 页。

［11］天津工商学院出版委员会：《天津工商学院一览》1935 年，第 128 页。

［12］王嘉川、王珊：《天津北疆博物院补考》，《中国科技史料》2004 年第 1 期，第 42 页。

［13］天津工商学院出版委员会：《天津工商学院一览》1935 年，第 127—128 页。

［14］［英］雷姆森著，徐逸凡、赵地译：《天津租界史（插图本）》，天津人民出版社 2009 年，第 221 页。

［15］天津工商学院出版委员会：《天津工商学院一览》1935 年，第 128 页。

［16］李建新：《天津宗教史》，天津人民出版社 2013 年，第 166 页。

［17］《最近参观北疆博物院之来宾姓名》：《工商大学校刊》1927 年，河北大学档案 1930 – CB13 – 1。

关于博物馆内图书馆辅助展览筹备的思考

陶　成（上海世博会博物馆）

内容摘要：博物馆的展览是一项动员多个部门的团体项目。博物馆内的图书馆是博物馆的有机组成部分，应积极为项目提供参考咨询服务：分析各部门读者在项目中的显性、隐性信息需求，按需制定参考咨询服务计划和流程，高效地提供文献资源、检索策略、分析统计，组织、建议中途数据的管理，结合自身特点，发挥自身优势，协助展览的筹备。

关键词：博物馆　图书馆　展览　信息需求　参考咨询

博物馆展览的终极目的在于教育，形式是辅助，内容是关键。构建严谨的展陈大纲，完成翔实的展览内容、组织丰富的表现形式、创作有趣的讲解文稿，都离不开丰厚的文献资源。博物馆大多都有馆内图书馆或资料室，是博物馆的重要组成部分，应成为博物馆各项业务的智慧后盾。对于重要、大型的展览，博物馆内图书馆应提前介入并主动提供参考咨询服务[1]。

一　信息需求分析

博物馆内图书馆深度参考咨询服务应从需求调查开始[2]：展览的策划与实施是一项团队工作，往往由来自展览陈列、学术研究、宣传推广、社会教育、商品开发等多个部门的员工共同组成；同时，信息的准确性是博物馆展览的质量底线；而当下观众的观展习惯则要求展览、活动、产品要更重视视觉化、多媒体、社群化、交互式的传播表达[3]。因此，可视性强、来源可靠、媒体种类多样，基本成了不同职能展览项目工作人员（下称"读者"）的共同信息需求。但由于读者在项目中的分工不同，使用文献的目的和方式不同，他们各自的信息需求也有所差异。图书馆员应及时、分别了解，并有针对性地提供服务：

（一）了解显性信息需求

由于自身工作经验的积累，读者的大部分信息需求是明确的，可以用清楚的自然语言进行陈述。图书馆员应对读者采用行为观察、问卷调查、访谈相结合的方式，了解各类读者的个性化的显性需求[4]：

1. 展览陈列、学术研究部门因为制作展板、多媒体展项、特殊装置、写作讲解词等业务需要，其目标信息通常针对性强、体量庞大、格式多样、层次全面。

2. 社会教育部门因开展讲座、组织活动、编写教材、制作节目等业务需要，其目标信息的主题通常可根据展览主题稍作扩展，视目标受众确定文献层次；同时该部门还需要了解和主题相关的专业机构、学术权威的分布情况，便于拟定活动嘉宾名单与合作机构。

3. 衍生开发部门因需要组织成体系的研发、制作、销售工作，需要了解和展览主题的"点"和"线"（如与主题相关的多维度知识图谱或发展规律），用于衍生品研发体系的组织；同时还需要大量和展览相关的图形元素，用于产品设计。

4. 宣传推广部门因需要设计针对各目标人群、各平台的宣传方案，除需要和衍生品开发部门类似的综述类信息用以确定宣传计划，还需要有故事性或趣味性的内容用于多轮次推广信息编发。

（二）激发隐性信息需求

一般来说，读者在资料收集的过程中呈现出较为明显的资源、渠道偏好。虽然他们也会求助其他博物馆或机构、图书馆、学会、研讨会、网络、电视等渠道，但还是主要依赖个人经验和人际关系[5]，检索的查全性得不到保证，存在一定的认知偏颇的风险。而且该过程中，由于缺少必要的工具、方法，隐性信息需求往往无法察觉。图书馆员可使用制作知识图谱、展示目标文献元数据、提供大数据统计数据等方式，减少读者的信息需求“盲区”。

1. 知识图谱等可视化工具可以有效地展现学科当下热点，描绘学科发展趋势，辅助交叉学科的研究[6]。图书馆员可以利用中文三大数据库供应商——中国知网、超星、万方的分析工具[7][8]：中国知网的文献分析中心可以针对被引次数较高的文献进行统计（图一），超星发现的可视化工具可以揭示主题和重点期刊第一作者（图二）、主要机构之间的关系，万方数据的知识脉络平台可以按年代统计目标文献的共有关键词（图三），供读者参考。

关键词文献

世博会(50) 上海世博会(37) 上海(10) 2010年上海世博会(7) 风景园林(6)
可持续发展(5) 后续利用(5) 对策(4) 2010年世博会(4) 重大事件(4)

题名	作者	来源	年/期	下载	被引
大事件——作为都市发展的新战略工具——从世博会对城市与社会的影响谈起	伦佐·勒卡达内,卓健	时代建筑	2003/04	1538	99
世博会选址与城市空间发展	吴志强,干靓	城市规划学刊	2005/04	1757	86
世博会的经典案例研究之一:1970年大阪世博会	唐子来,付磊	城市规划汇刊	2004/01	2515	48
世界博览会的经典案例研究之四:2000年汉诺威世博会	唐子来,朱弋宇	城市规划汇刊	2004/04	2376	44
世界博览会作为城市空间的解读	孙施文	城市规划汇刊	2004/05	979	38
上海世博会规划与场馆后续利用研究	徐佳,顾峰	技术经济与管理研究	2005/02	1168	37
世博会是上海建设国际化大都市的重要契机	周汉民	城市规划汇刊	2004/02	855	37
世博会的经典案例研究之二:1998年里斯本世博会	唐子来,陈琳	城市规划汇刊	2004/02	2021	37
理性地规划和建设理想城市	郑时龄	城市规划汇刊	2004/01	634	37
世界博览会的经典案例研究之三:1992年塞维利亚世博会	唐子来,赵渺希	城市规划汇刊	2004/03	1798	36

图一 发表在核心期刊、篇名为“世博会”、被引次数最多的150篇文献的共同关键词及文献
（2016年7月20日由中国知网文献分析中心生成）

2. 使用百度指数、清博指数、微博印象这三种在线免费工具，可以了解网页、微信、微博与主题相关热点（图四）。百度指数可以揭示一定时间内，某一关键词的来源检索词、去向检索词和热门问题；

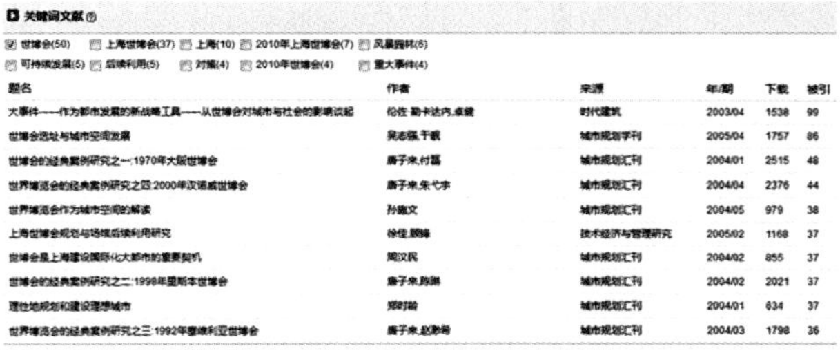

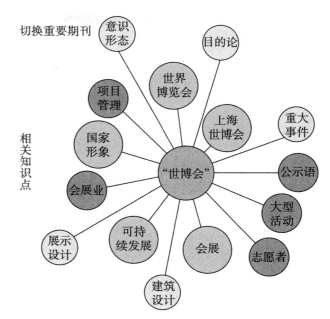

图二 主题为“世博会”的全部图书、学术论文、会议论文的作者统计
（2016年7月20日由超星发现平台可视化工具生成）

清博指数可以统计一定时间内某一主题点赞、阅读次数最多的微信公众号及其热门账号；微博印象可以按月显示和主题相关的其他热门微博主题。

3. 部分数据库的元数据结构非常详尽，可能读者在描述需求时没有提及的信息，如：版权、关联项、引用信息，可能为隐性信息需求，应当及时与读者确认，转化为读者的显性需求[9]。

（三）转化统筹信息需求

图书馆员应该对读者自然语言叙述的需求进行分析，转化成对目标文献类型和内、外在特征的描述。同时，为了检索工作的高效，还应将来自不同部门的需求有机聚类，便于挑选目标资源、制定检索策略、选定检索词，实施统筹检索。

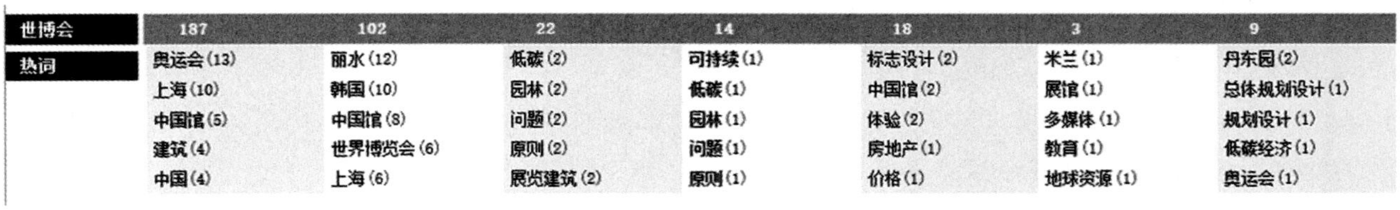

世博会	187	102	22	14	18	3	9
热词	奥运会(13)	丽水(12)	低碳(2)	可持续(1)	标志设计(2)	米兰(1)	丹东园(2)
	上海(10)	韩国(10)	园林(2)	低碳(1)	中国馆(2)	展馆(1)	总体规划设计(1)
	中国馆(5)	中国馆(8)	问题(2)	园林(1)	体验(2)	多媒体(1)	规划设计(1)
	建筑(4)	世界博览会(6)	原则(2)	问题(1)	房地产(1)	教育(1)	低碳经济(1)
	中国(4)	上海(6)	展览建筑(2)	原则(1)	价格(1)	地球资源(1)	奥运会(1)

图三 主题为“世博会”的全部文献的热门关键词
（2016年7月20日由万方知识脉络分析工具生成）

图四　关于"世博会"的整体印象
（2016 年 7 月 28 日由"微博印象"生成）

二　参考咨询服务模式

（一）服务流程

为一个团队项目提供参考咨询服务，是一项系统工程，需要分解任务、根据项目时间节点分配任务优先级、制定计划、确定流程、并由读者参与重要节点的质量控制（图五）。展览项目的各节点通常有时间限制，同优先级的素材进行检索时，应优先检索结构化的、可全文检索的资源，再查找图片、视频、声音等很难准确、全面标引的视觉、流媒体资源。

（二）参考咨询服务的成果

在整个展览项目的过程中，读者的需求是不断变化的，需要实时调整信息检索策略，图书馆员应在关键节点和重要信息需求出现时提供支持。其中

小型博物馆内的图书馆通常没有专职的参考咨询馆员，馆员还需要负责图书馆日常运营工作，无法全程深度地参与展览项目。因此，为平衡自身资源精力，图书馆对展览项目提供的参考服务主要以资源发现、检索策略指导、检索词选择为主，一般性的成果主要以策略性、线索性、结构化的文本为主。具体来说，参考咨询成果可由四部分组成，互相支撑、互为补充、有力支持展览筹备的各个重要环节：

* 主题综述：揭示主题的知识脉络、相关机构和重要人物；

* 资源导航及详细信息：整理目标资源的位置和各资源库具体信息（表一）；

表一　目标资源库的详细信息——以美国数字
公共图书馆（DPLA）为例

元素名称	填写方法	简要样例
数据库名称	复制数据名称原文	DPLA 美国公共数字图书馆
简介	复制数据库简介原文或改写	DPLA 是可检索来自国会图书馆等多家图书馆、档案馆、图书馆数目数据的统一发现平台，目前可以检索 13387070 件资料。
主题	介绍该资源和展览主题的相关性	与美国本土的世博会相关的资源内容丰富、全面，以图片为主。
语种	根据数据库实际情况填写	英语为主，兼有法语、西班牙语、德语等语种
文献载体		图片、文字、声音、视频
主体载体		照片、明信片、菜单、出版物、手稿、音乐、讲话等
完整级别		全文数据库
访问方式		直接访问
获取方式		部分直接下载，部分需和来源机构联系
链接	复制数据库链接	https：//dp.la/
检索技巧	复制数据库已有的检索帮助，或根据实际情况介绍	只有简单检索，可采用布尔逻辑，高级检索方法参见 https：//dp.la/info/help/search/
版权类型	复制数据库版权说明原文，或根据实际情况介绍	部分已经进入公版，可根据具体文献显示页面的"copy status"一项判别

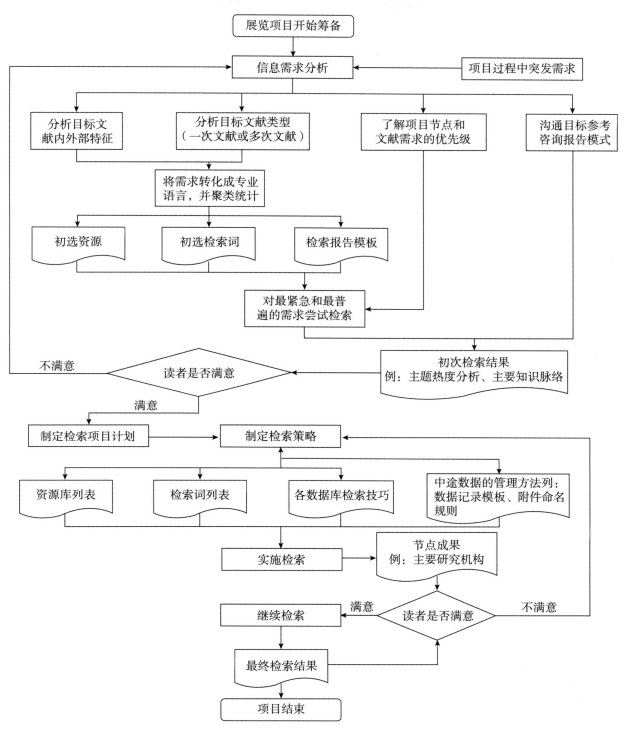

图五 图书馆对展览项目参考咨询服务流程图

● 检索词表：建议各部门读者在本次项目中应选用的检索词；

● 下载数据的记录模板（表二）：供读者管理中途参考资料的模板。

上述各项结构化文档的字段及内容可由图书馆员和读者协商决定，应能独立涵盖读者的各类具体信息需求，符合要素全面、使用方便、制作高效的特征，便于在使用的过程中查找、筛选、排列，或再挖掘。有条件的博物馆也可以用 ENDNOTE 等参考资料管理软件或机构数据管理系统来记录中途数据。

表二　下载数据的记录模板

字段名称	字段释义	字段内容
资料名称	该资料的原名	复制原名
资料类型	该资料的载体类型	从预先拟定的载体类型词表中选择或自由填写
本体类型	该资料本体的载体类型	
大纲编号	该资料可用于展览的具体部分	填入展陈大纲编号
标签	该资料主题或用途的描述标签	自由填写
简述	该资料与主题相关的简述	
引用	该资料的出处	填写链接或储藏位置
保存名称	该资料保存在本地的名称	根据命名规则或自由填写
保存路径	该资料在本地的保存位置	复制资料存储路径

三　参考咨询难点

（一）隐性、分散资源的查找

不少博物馆内图书馆经费、人手有限，很难购买大量数据库，展览涉及的主题可能是丰富多样的，很难使用自有馆藏完成参考咨询服务。如"世博会"这样全学科、多语种、时间跨度大的主题更是需要查询多个国家、多个机构、多个时代的数据库才能完成检索，其中不乏档案、古籍数据库。

为保证查全率和查准率，文献线索较少的情况下，可借鉴古籍检索的循环法：首先利用检索工具查出一批质量较高的文献（通常为硕博论文或行业词典、年鉴、综述等优质三次文献），然后利用这些文献后所附的参考文献进一步扩大文献线索[10]，重复上述步骤，直至线索、资源充足。趣味性、故事性的第一手资料，可以通过主题相关地区的图书馆，查阅当地相应时期的报纸、杂志可以获得。对于图片命中数量太少的情况，可尝试使用 Tineye 或百度搜图等以图搜图的搜索引擎，查找与目标图片视觉特征近似的网络图片。

（二）新兴、小众主题的检索词选择

由于展览涉及主题的多样性，读者有时需要对新兴、小众或自己不熟悉的主题进行检索，这种情况下检索词的选择往往很困难。此时可采用询问专业顾问，或查阅该国图书馆的主题词表、主题知识脉络、行业工具书索引、国家相关主管机关网站，为选择关键词提供参考。如查询"能源"时，可先从国家能源局对我国现有能源分类和发展近况有所了解，再从《能源词典》[11]中选择和展陈大纲接近的词语作为检索词。

（三）存疑图片的校验

在检索的过程中，往往有部分图片资料由于著录信息不详，或与其他资料相互矛盾，存在疑问。此时可以通过扩大检索、再次检索的方式加以佐证。但如依然存疑，也可尝试使用 Tineye 或 Wikicommons 找到其他也显示近似图片的网页进行核实。

四　启示与展望

（一）开启协同采访模式，保障资源建设

虽然多渠道的文献传递服务已减轻了博物馆内图书馆的馆藏建设压力，但在时效方面，文献传递仍不如本地馆藏理想。因此，博物馆的图书馆员应做参考咨询服务的有心人，边服务边积累与本馆主题贴近的资源信息、探索获取方法；同时其他职能部门也应在业务过程中积极提供有价值的资源线索，共同为建设一个汇聚特色资源、提供特色服务、树立特色品牌的博物馆内图书馆做出努力。

（二）开展信息素养教育，提高团队效率

中小型博物馆的图书员人手紧张，无法全程深度为展览提供参考咨询服务，读者应具备一定的信息素养，保证项目全过程的信息检索绩效。同时，图书馆员应在平时积极对各部门读者组织有针对性的培训工作，按需讲解各常用、特色但生僻的数据库、网站、平台的动向和使用方法，确保全馆员工信息素养水平的持续提高[12]。

（三）注重中途数据管理，避免重复劳动

绝大多数科学数据作为科学研究的重要材料没有得到很好的挖掘和利用，随着时间的流逝，在个人笔记中或磁介质存贮的科学数据，渐渐变得不具备可读性而最终被丢弃[13]。展览项目也存在类似情况，往往相同的材料再次使用时需要重复检索，浪费时间与金钱。博物馆可建立中途资料的管理平台，或者采用计算机工作组保存、共享素材数据，并设计中途资料的著录方法，便于查找利用。但无论哪种方法均要设计简洁，否则机构内人员会因为负担重而弃用[14]。

注释：

［1］刘萍：《博物馆内图书馆参考咨询服务的功能与实施》，《中国博物馆》2004 年第 4 期。

［2］丁沫：《关于主题图书馆及主题信息深度服务的思考》，《情报搜索》，2015 年第 4 期。

［3］Falk J H, Dierking L D. Learning From Museums: Visitor Experiences and the Making of Meaning, Museum News, 2000, 80（4）.

［4］周秀会、邹金汇：《基于意义构建理论的信息行为质性研究——以天津工业大学纺织学科科研人员为例》，《图书馆工作与研究》2015 年第 12 期。

［5］陈莹：《自然史博物馆策展人员信息行为之研究》，《台湾师范大学图书信息学研究所在职进修硕士班学位论文》2011 年。

［6］孙颖、冯晨旭：《科学知识图谱对人文社会科学研究情报质量的优化——以基于 CiteSpace 的完美主义热点研究为例》，《图书情报工作》2013 年。

［7］王弋、王亚秋、王煦：《基于知识发现系统的学科知识图谱可视化实证研究——以知识产权研究文献为例》，《高校图书馆工作》2015 年第 6 期。

［8］侯海燕、赵楠楠、胡志刚等：《国际知识产权研究的学科交叉特征分析——基于期刊学科分类的视角》，《中国科技期刊研究》2014 年。

［9］邓胜利、孙高岭：《面向推荐服务的用户信息需求转化模型构建》，《情报理论与实践》2009 年第 6 期。

［10］包和平：《民族古籍检索的原理和方法》，《现代情报》2004 年。

［11］程惠尔：《能源辞典》，化学工业出版社 2011。

［12］王竞：《辅导读者提高古籍利用的效率和质量——兼谈改善我省社科文献检索工作的现状》，《黑龙江图书馆》1985 年第 A 期。

［13］刘明、李娜：《大数据趋势与专业图书馆》，《中华医学图书情报杂志》2013 年第 2 期。

［14］白莉娜：《基于内容分析的图书馆信息支持要素研究》，《情报杂志》2011 年第 5 期。

文本解读与意境架构

——记汤显祖纪念展策展

王　碚　陈　端（苏州戏曲博物馆）

内容摘要：《汤显祖与昆曲：晚明江南最美的遇见——纪念汤显祖逝世 400 周年纪念专题展览》，以"四梦"为主线贯穿，以《牡丹亭》为着眼点，并以闺阁女性热衷于《牡丹亭》的事迹来增加展览的故事性，展示汤显祖与昆曲、江南的世纪邂逅。展览形式基于文本深入挖掘，利用场景造境，利用试听强化，利用园景架构，力求弥合文物与观众在时空上的鸿沟，打造视觉、听觉、感觉的精神场所。

关键词：汤显祖　昆曲　专题展览　策展

一　文本解读——汤显祖与昆曲

（一）主题解读

汤显祖先于英国莎士比亚十四年诞生，后莎士比亚一年逝世。东西伟人，同出其时。四百年前，当伦敦的寰球剧院上演莎士比亚的《仲夏夜之梦》时，东方的中国舞台正在上演汤显祖的《牡丹亭》。2016 年，正值两位伟人逝世 400 周年，斯人已去，伟作流传，全世界的人们用不同的方式来纪念他们：阅读、研究、研讨、演出……大时代背景下的热点是博物馆寻求观众兴趣点的出发点，而汤显祖于昆曲历史是绕不开的话题，在此 400 周年之际，作为中国昆曲博物馆，有义务将这一主题以博物馆特殊的语言——"展览"来呈现。

汤显祖（1550—1616），晚明万历年间的戏曲大家，江西临川人，字义仍，号海若、若士、清远道人。汤显祖出生于书香世家，13 岁起受业于乡人学习王阳明心学，21 岁中举，以擅长时文而名播天下，被称为当代举业八大家之一。正当他准备考进士时，因拒绝权相张居正的延揽而落榜，此后多次应试均

未中，一直到张居正去世之后的第二年，汤显祖 34 岁时，第五次上京应试才得中进士。汤显祖进入官场后，因不善阿谀权贵而历任闲职，一直不得重用。万历十九年（1591）是汤显祖人生的重要转折点，他因上《论辅臣科臣疏》，触怒皇帝以及重臣权贵被贬[1]。万历二十六年（1598）弃官回临川隐居，自此汤显祖便开始从事戏曲活动，直至逝世（1616），此十八年中在玉茗堂完成了他一生最为重要的业绩。

昆曲发源于江苏昆山，因地而名。昆曲的历史之悠久、艺术之精妙、体系之完备，堪称是古典戏剧表演的完美体系。从昆山腔到水磨调，从江南吴门到流传天下，从瓦解衰败到枯枝春发，直至 2001 年 5 月 18 日，昆曲被联合国教科文组织列为"人类口头和非物质遗产代表作"，成为全世界共同保护的古典音乐文化遗存。

昆曲与汤显祖的碰撞，或缘于天然，或缘于传统，是一种可遇不可求的相得益彰。汤显祖"临川四梦"与昆曲的结缘堪称是"晚明江南最美的遇见"，《牡丹亭》原为宜黄腔而作，"四梦"也原非为昆曲而作，但所获盛誉却在昆曲。自晚明江南与昆曲结缘，昆曲即以其清丽的音乐、悠扬的行腔、细腻的表演为"四梦"提供了最适宜的舞台。而江南温山软水下孕育出的才子佳人，则为"四梦"提供了最知心的读者和观众。因此，本次展览主题确定为《汤显祖与昆曲：晚明江南最美的遇见——纪念汤显祖逝世 400 周年纪念专题展览》。

（二）内容解读

展览主题确定之后即需要将主题细化为具体的文字内容，进行深入的研究与文字提炼，此次特展

由中国昆曲博物馆馆长亲自主持，与苏州大学王宁教授及其团队合作，先后举办了三次展览讨论会议，最终确定本次展览分为四个部分：《一生四梦，得意处惟牡丹》《盛开在闺阁里的牡丹》《东风吹梦几时醒》《常留人间是情影》。

"一生四梦，得意处惟在牡丹"是汤显祖自己对四梦的评价，"四梦"之中，《牡丹亭》堪称最为耀目的经典，也寄托了汤显祖的"一生至情"。《牡丹亭》又名《牡丹亭还魂记》。演绎南安太守杜宝之女丽娘与书生柳梦梅因梦成恋，丽娘因情而死，又因情复生，与柳生历经坎坷，终成眷属的故事。此剧写就于万历二十六年（1598），四百余年来，《牡丹亭》曲行天下，文播四海。

"盛开在闺阁里的牡丹"意即江南闺阁女性对《牡丹亭》的狂热追捧，《牡丹亭》自问世起，在江南的抄写刊刻便络绎不绝，形成了《牡丹亭》案头传播的风气。许多知识女性以青春和生命为代价沉浸其中，有学者称其为"致命的阅读"。例如冯小青、俞二娘、吴氏三妇等，故而留下了很多凄婉的故事。

"东风吹梦几时醒"以《牡丹亭》的另外三梦为展示内容，与汤翁最爱《牡丹亭》不同，有些文人最喜爱的却是"四梦"中的其他三梦——《邯郸记》《南柯梦》与《紫钗记》。尤其是《邯郸记》与《南柯梦》，二者既不同于早年的游戏之笔《紫钗记》，也有别于强调情理之辩的《牡丹亭》。作为汤翁人生的"天鹅之歌"，"后二梦"其实寄寓了作者通透的人生感受，包含了作者对于人生和社会的终极思考。

"常留人间是情影"部分以四梦的视频资料为展示内容，此部分内容设置于馆内视听欣赏室，利用馆内丰富的音视频资料，在临展同时播放"四梦"的演出视频，增加观众的感官印象。

二 意境架构——晚明江南最美的遇见

通过对文本的探究，展陈部门与资料部排查馆部藏品，整理出与汤显祖以及四梦有关的昆曲相关资料共计112件备用，其中包括手抄本、手折35册，

实物资料包括张充和使用真丝斗篷、张晓飞绘《牡丹亭》水墨组画等11件，音像资料包括民国时期和新中国成立后的昆曲老唱片20余张，其他文字资料包括《紫钗记全谱》《纳书楹玉茗堂四梦全谱》等46册。根据备用展品清单，策展人员对照展览文字内容进行再次筛选，配合展览内容以及考虑展览的可看性以及连贯性，最终确定展品54件（表一）。

表一　"纪念汤显祖逝世四百周年特展"展品清单

手抄本、手折	《王思任批点牡丹亭》3 册，手抄本，民国（国家三级文物）
	《邯郸梦》（上、下）2 册，手抄本，李蓥冈旧藏，清末民初（国家三级文物）
	《疗妒羹》1 册，手抄本，李蓥冈旧藏，清末民初（国家三级文物）
	《牡丹亭》剧本 1 册，沈传芷藏，20 世纪 50 年代（国家三级文物）
	《邯郸梦》《紫钗记》《南柯梦》手抄小折子 5 册，清末民初（国家三级文物）
	《邯郸梦》5 册，周瑞深昆曲手抄本，当代（国家三级文物）
	《牡丹亭》手抄小折子 5 册，清末民初（国家三级文物）
其他文字资料	《吴吴山三妇合评牡丹亭还魂记》木刻本 2 册，清康熙
	《疗羹炉》2 册，暖红室刻本，民国
	《邯郸记》2 册，暖红室刻本，民国
	《紫钗记》2 册，暖红室刻本，民国
	《按对大元九宫词谱格正全本还魂记词调》2 册，暖红室刻本，民国
	《纳书楹玉茗堂四梦全谱》木刻本 8 册，清乾隆（国家三级文物）
	《紫钗记全谱》木刻本 2 册，清乾隆（国家三级文物）
	《牡丹亭曲谱》石印本 4 册，民国
	《玉茗堂还魂记》2 册，暖红室刻本，民国
实物	张充和早年演唱昆曲《牡丹亭·游园》所用盘金绣真丝斗篷 1 件，民国
	张充和早年演唱昆曲所用点翠头面，民国
	张元和早年演唱昆曲所用彩鞋，民国
音像资料	顾传玠、朱传茗演唱《紫钗记·折柳》A 面《紫钗记·阳关》B 面，蓓开（国家三级文物）
	尚小云演唱《游园惊梦》B 面，胜利（国家三级文物）
	韩世昌演唱《瑶台》A、B 面，胜利（国家三级文物）

展览文本与展览文物的对接意味着如何使脱离了原来生存语境的文物为观众所认可和接受，尽管文物与最初的创造者、使用者毫无关联，但在策展人的匠心独运下，依然可以给予受众持续存在的历史体验。布展工作不能只满足于平铺直叙这些精美物件，更应该去领略其中包含的人文精神，以受众的价值取向和审美标准，通过现代的手法，挖掘文物的精神内涵，赋予文物新的生存语境。不能只满足于领略文物对以往人们生活的艺术表现，更应该让其中蕴藏的精神鲜活起来。形式设计应基于内容设计，在内容主旨明确的情况下，整个展览形式的架构是博物馆与观众沟通的桥梁，博物馆展陈的架构必须从理论性的层面转向人文性、艺术性的层面。

（一）场景·可观

"境非独谓景物也，喜怒哀乐，亦人心中之一境界。故能写真景物，真感情者，谓之有境界。否则谓之无境界。"[2] 同理，于展览当中，境界并不是景物，甚至不是展品，而是写境，甚至是造境。写境即为写实之境，以真实的场景给予观众时空穿越的既视感；造境即为创造出来的理想之境，以辅助的氛围给予观众灵魂深处的共鸣。在展览《盛开在闺阁里的牡丹》部分，主要展品有《吴吴山三妇合评牡丹亭还魂记》木刻本、《疗妒羹》抄本等，展品相对匮乏，然而此部分的文字内容故事性很强，如果策展方式局限于传统方式的陈列，可能导致观众无法理解到此部分的展示内容。因此，策展人员通过道具的借用，让展品与道具产生"互文"的效果，造出"闺阁故事"的理想之境。

串联起《盛开在闺阁里的牡丹》内容的是多位江南女子阅读牡丹亭的传奇故事：首先广为人知的是冯小青，明万历间扬州人，富才情。嫁杭州冯生为妾，为大妇所妒，幽居西湖孤山。小青读《牡丹亭》，为剧中丽娘深情所动，赋诗云："冷雨幽窗不可听，挑灯闲看牡丹亭；人间亦有痴如我，岂独伤心是小青。"明末吴炳为之作《疗妒羹》传奇[3]；吴氏三妇是清钱塘才子吴人的三位夫人。其未婚妻陈同爱《牡丹亭》成痴，为校注《牡丹亭》呕尽心

血，未嫁而卒。吴人后娶谈则，继续评点，婚后不久也亡故。吴再娶钱宜，又承续陈、谈二氏评注。事毕担忧不传于世，变卖首饰刊刻《吴吴山三妇合评牡丹亭还魂记》，成书于康熙三十三年，至今流传；娄江女子俞二娘酷嗜《牡丹亭》传奇，愤惋以终，汤显祖有感其情曾作《哭娄江女子二首》；金凤钿读《牡丹亭》成癖，留身以待汤若士，可惜未能如愿，因投于水；杭州女伶商小玲色艺双绝，以擅演《寻梦》、《闹殇》等称胜一时，某日重演《寻梦》悲不能已，遂殇情于舞台。

李渔曰："情从境转，情与境和，"意即情由境传达，情与境相合。场景的架构是策展的语言之一，内容的情可由场景的境来表达，《盛开在闺阁里的牡丹》部分的故事发生地均指向女子、闺阁，于是策展团队萌发了将闺阁场景打造进临展厅的想法，如果可以将这一部分的藏品放入江南女子的闺阁当中，整个展览便可以"不著一字，尽得风流"。中国昆曲博物馆得天独厚的江南园林在整个意境中已经给予展览必要的语境，这一部分的闺阁场景仅仅需要几件标志性的道具开启观众的"视觉识别系统"：古琴、宫灯、笔墨纸砚、香炉、笔洗、印章……左侧古琴、香炉置案上，当中放《疗妒羹》两种，右侧笔墨纸砚处放置《吴吴山三妇合评牡丹亭还魂记》，宫灯光晕之下，是写上冯小青七言诗的手稿纸卷，整个场景架构力求含蓄，道具在展示场景中即为烘托的手法，通过形象化的语言表现，不须直接诠释说明指意，让观众自去心领神会，这样的场景韵味盎然。

（二）视听·可感

汤显祖与昆曲是一个十分具有故事性、观赏性的展览命题，由于展览面积有限，而此次展览的内容丰富，需要在考虑整体协调的展示效果下合理安排展示内容，文字版面的设计以可以看清为前提尽量设计美观合理，本次展示版面六块：四幅立式展板采用镂空式边框与古典景致获得一致，横版置于通柜当中节约空间，版面设计元素提取了"四梦"的版画内容与馆藏张晓飞绘《牡丹亭》十幅画作的内

容。然而版面与文字给展品提供的仅仅是辅助说明，给观众提供的也仅仅是辅助理解，因此，本次展览将视听欣赏室加入展览区域，设置《长留人间是情影》板块。

数字媒体可以使得陈列展览的主题更加丰富完整，形式更加新颖生动，也可以激发观众观展的积极性与参与性。中国昆曲博物馆展陈提升重新开放之后，在我馆音视频资料库的基础上，开辟音视频欣赏室，作为立体陈列的手段，同时也是参观互动的环节之一。我馆收藏有丰富的与汤显祖"四梦"相关的昆曲音视频资料。作为戏曲类博物馆的独特之处便在于参观博物馆不止于"看"，更在于"听"，音视频立体陈列也是作为非遗类博物馆的特殊展陈手段。这一部分的藏品虽然不具备物质类文化遗产的形式，但同样具备艺术与历史价值，采用循环滚动播放的形式将其展示出来，不仅让其实现自身价值，还可以让观众获得观赏之外的视听享受。视听欣赏室的整体设置是"隔而不绝"，试听欣赏室位于馆内西路"昆曲与生活馆"旁边，采用专业的隔音墙，不仅让欣赏空间不受外界影响，同时也防止内部声音外传，影响其他展厅的参观氛围。

本次展览中的《长留人间是情影》部分的展示即设置于馆内的视听欣赏室，音视频欣赏室在开馆之后每天上午10：30和下午2：30都会播放珍贵的昆曲相关资料，在5月28日汤显祖纪念展开展之后直至9月底展览结束，期间配合展览播放《牡丹亭》《邯郸记》《南柯梦》与《紫钗记》的馆藏精选剧目，作为《长留人间是情影》的展示内容。展览开幕同期播放的是江苏省苏州昆剧院演出的青春版《牡丹亭》全本、上海昆剧团演出的《紫钗记》、《邯郸梦》以及《南柯记·瑶台》。整个展览期间，根据观众的反馈以及综合馆内资源进行剧目的更换。在试听欣赏室的入口处，同样设计了与临展厅整体风格一致的版面指示牌，将试听欣赏室与临展厅的展览内容串联成整体，并用以说明此部分展示的视频播放内容、时间，以及观众注意事项。

（三）庭院·可游

昆曲常论"佳境"、"妙境"与"化境"，"构局之妙，令人且惊且疑，渐入佳境"；而自然和谐，"妙在水到渠成，天机自露"，则为妙境；而艺术最高境界，自然天成，非人力所及的神似境界即为化境[4]。一个展览能让观众可观，谓之佳境；让观众可感，谓之妙境，而让观众可游，谓之化境。所谓化境，往往非人力所及，而是"佳作本天成，妙手偶得之"。中国昆曲博物馆临展厅位于全晋会馆西路小花园前，园中山石、曲沼、花木点缀其间，现存苏州最为精致华美的古典戏台，戏曲文化氛围得天独厚。古典戏台与苏式园林给昆曲博物馆以至美的生存土壤，昆曲相关的藏品无疑在这里得到了最为相关的语境延续。汤显祖纪念特展期间，正值花园枝繁叶茂之际，临展厅的后窗"借景"是我馆展览的一大亮点，布展时均以不遮挡展厅后排窗外借景的前提下设计版面，整个展览的形式设计也着眼于诗意的格调与唯美的意境，文物藏品与园林景致交相辉映，姹紫嫣红，相得益彰，正是"不到园林，怎知春色如许？"

后院借景可谓自然天成，前院空间则需要策展人员仔细雕琢了，展览的互动衍生与宣传教育是决定一场展览的活力因素，于是相关的活动可以在展厅的前院展开。首先，利用临展厅前院内墙体设置大幅海报，在两片竹叶之间，让观众一步入展示空间即进入展示语境，版面设计也与展览主题以及现有的展厅版面协调一致，整体过渡自然。在前院的院景当中设置了柳梦梅与杜丽娘的人像摄影处，人物背后是牡丹亭作为背景，与整个环境融合，是观众参观完展览之后的拍照留念处。

本次"纪念汤显祖逝世400周年专题特展"是中国昆曲博物馆重新开馆之后的第二次临展，与以往的不同之处在于，本次展览是我馆策展团队首次将"造境"引入展示空间，也是首次将视听欣赏室作为临展厅的延续，将试听加入到展览的板块当中，打造了一场视觉、听觉，甚至于触觉、嗅觉、感觉的体验空间，营造让观众流连其间的"精神场"。

注释：

[1] 吴新雷、俞为民、顾聆森：《中国昆曲大辞典》，南京大学出版社 2002 年，第 459 页。

[2] 王国维：《人间词话》（上卷），上海古籍出版社 2008 年，第 2 页。

[3] 吴新雷、俞为民、顾聆森：《中国昆曲大辞典》，南京大学出版社 2002 年，第 109 页。

[4] 吴新雷、俞为民、顾聆森：《中国昆曲大辞典》，南京大学出版社 2002 年，第 52 页。

征稿启事

　　本论丛由苏州博物馆编辑，立足苏州，面向国内外。本论丛宗旨为：以历史唯物主义为指导，积极宣传党和国家的文物法规与相关政策，及时反映苏州文物博物馆工作的新发现和新成果，推动活跃全市文博科学研究。坚持学术性、知识性、资料性兼顾，关注学术热点，开展学术讨论，交流文博信息，传播文物知识。以文博工作者和爱好者为主要阅读对象，努力为促进苏州文博事业的发展和提高专业队伍的素质作贡献。

　　本论丛由文物出版社出版发行，欢迎广大业内外人士热心支持，不吝赐稿。本论丛一年一辑，征稿截止时间为当年5月底。来稿请寄纸质文件一份，并同时提供电子稿。稿件格式（包括题目、作者、作者单位、内容摘要、关键词、正文和注释）请参考最近一期《苏州文博论丛》，文末请附上作者的详细联系方式，包括固定电话、手机和电子邮箱等信息，以便编辑人员和您沟通。本论丛采用匿名审稿制度，稿件一经采用，本编辑部会立即通知作者本人，如在当年10月31日尚未收到编辑部用稿通知，请另投他处。因编辑人员有限，一般不退还稿件，请作者自留底稿。

　　已许可中国学术期刊（光盘版）电子杂志社在中国知网及其系列数据库产品中，以数字化方式复制、汇编、发行、信息网络传播本论丛所收论文。中国学术期刊（光盘版）电子杂志社著作权使用费与本论丛稿酬一并支付，作者向本论丛提交文章发表的行为即视为同意上述声明。

《苏州文博论丛》设置以下主要栏目：

考古与文物研究

文献与历史研究

博物馆学研究

吴文化研究

地址：苏州市东北街204号苏州博物馆《苏州文博》编辑部

邮编：215001

电话：0512 – 67546086

传真：0512 – 67544232

联系人：朱春阳

E – mail：suzhouwenbo@126.com